복 있는 사람

오직 여호와의 율법을 즐거워하여 그 율법을 주야로 묵상하는 자로다.
저는 시냇가에 심은 나무가 시절을 좇아 과실을 맺으며 그 잎사귀가 마르지 아니함 같으니
그 행사가 다 형통하리로다. (시편 1:2-3)

바울의 기도

Praying with Paul

: A Call to Spiritual Reformation

D. A. Carson

바울의 기도

사도 바울에게 배우는 성경적 기도

D. A. 카슨 지음
윤종석 옮김

복 있는 사람

바울의 기도

2016년 8월 26일 초판 1쇄 발행
2023년 8월 23일 초판 5쇄 발행

지은이 D. A. 카슨
옮긴이 윤종석
펴낸이 박종현

(주) 복 있는 사람
주소 서울특별시 마포구 연남동 246-21(성미산로23길 26-6)
전화 02-723-7183(편집), 7734(영업·마케팅)
팩스 02-723-7184
이메일 hismessage@naver.com
등록 1998년 1월 19일 제1-2280호

ISBN 979-11-7083-013-9 03230

이 도서의 국립중앙도서관 출판예정도서목록(CIP)은
서지정보유통지원시스템 홈페이지(http://seoji.nl.go.kr)와 국가자료공동목록시스템
(http://www.nl.go.kr/kolisnet)에서 이용하실 수 있습니다. (CIP 제어번호: 2016019522)

Praying with Paul
: A Call to Spiritual Reformation
by D. A. Carson

Copyright © 1992, 2014 by D. A. Carson
Originally published in English under the title
Praying with Paul 2nd Edition by Baker Academic,
A division of Baker Publishing Group, P. O. Box 6287, Grand Rapids, MI 49516, U. S. A.
All rights reserved.

This Korean translation edition © 2016 by The Blessed People Publishing Inc.,
Seoul, Republic of Korea.
This Korean edition is used and translated by the permission of Baker Publishing Group
through rMaeng2, Seoul, Republic of Korea.

이 한국어판의 저작권은 알맹2 에이전시를 통하여 Baker Publishing Group과 독점 계약한
(주) 복 있는 사람에 있습니다. 신저작권법에 의하여 한국 내에서 보호받는 저작물이므로
무단 전재와 무단 복제를 금합니다.

하나님 아버지와 주 예수 그리스도로부터
은혜와 평강이 너희에게 있을지어다.

| 데살로니가후서 1:2 |

일러두기

성경의 기존 괄호는 [ ], 성경과 본문 내 저자 및 역자의 주는 ( )로 구분하여 표기했다.

차례

서문   008

들어가며: 등한시되는 기도   011

1 ── 기도 학교에서 배우는 교훈   019

2 ── 기도의 틀: 데살로니가후서 1:3-12   051

3 ── 합당한 간구: 데살로니가후서 1:1-12   069

4 ── 남을 위한 기도   087

5 ── 사람들을 향한 열정: 데살로니가전서 3:9-13   113

6 ── 도전적 기도의 내용: 골로새서 1:9-14   137

7 ── 기도하지 않는 구실   161

8 ── 장애물 극복하기: 빌립보서 1:9-11   181

9 ── 주권적이고 인격적이신 하나님   211

10 ── 주권자 하나님께 드리는 기도: 에베소서 1:15-23   247

11 ── 능력을 구하는 기도: 에베소서 3:14-21   269

12 ── 사역을 위한 기도: 로마서 15:14-33   305

후기: 영적 개혁을 위한 기도   334

주   336

찾아보기   343

서문

때로 기도가 어렵게 느껴진 적 없는 그리스도인은 없을 것이다. 그 자체는 놀랍거나 우울한 사실이 아니다. 놀랍지 않음은 우리가 아직도 많은 교훈을 배워야 할 순례자이기 때문이고, 우울하지 않음은 이런 문제로 씨름하는 것도 배움의 일부이기 때문이다.

정작 놀랍고도 우울한 사실은 기도의 부재가 다분히 서구 교회의 특징이 되었다는 점이다. 그것이 성경에 제시된 그리스도인 본연의 삶에 어긋나기 때문에 놀랍고, 어딘지 공허하고 경박하고 피상적으로 보이는 수많은 기독교 활동과 공존할 때가 많기 때문에 우울하다. 게다가 이 못지않게 안타까운 현상이 또 있다. 일부 진영에 감정의 해소를 동반한 열정적 기도는 넘쳐나는 반면, 성경의 기도를 깊이 생각하는 공부의 뒷받침은 전혀 없다는 것이다.

나라도 이런 함정을 늘 피할 수 있다면 좋겠지만 사실은 내게도 똑같은 문제가 있다. 개인 기도와 단체 기도를 개혁하는 데 조금이라도 진전을 이루려면 우선 성경을 새롭게 들어야 하고, 하나님의 도움을 구하여 성경을 우리 삶과 가정과 교회에 적용하는 법을 깨우쳐야 한다.

이 책은 영성의 본질에 관한 현대의 담론에 기초한 기도의 종합신학이 아니다. 그런 시도라면 이미 다른 책을 통해 참여한 바 있다.¹ 이 책의 목적은 훨씬 단순하다. 바울의 몇몇 기도를 살펴보며 오늘 우리에게 말씀하시는 하나님의 음성을 듣는 것이고, 하나님의 영광과 우리의 유익을 위해 기도를 개선할 힘과 방향성을 얻는 것이다.

본래 이 책은 일곱 편의 시리즈 설교였다. 순서대로 일곱 편을 다 전한 곳은 1990년 1월 초 호주의 뉴사우스웨일스에서 열린 교회선교회Church Missionary Society의 '여름 학교'뿐이었다. 인간적으로 말해서 시기가 좋지 않았다. 설 전날에 나의 어머니께서 돌아가셨기 때문이다. 그러나 슬픔 중에도 이미 약속된 설교를 이어가면서, 우리의 연약함 가운데 나타나는 하나님의 능력이 다시금 입증되었다. 뉴사우스웨일스 집회는 주님의 임재와 능력으로 충만했다. 예정대로 집회에 임하도록 권해 준 나의 아버지와 형제, 온정과 격려를 베풀어 준 피터와 조앤 태스커 부부 및 빅터와 델 로버츠 부부 등 그곳의 모든 교역자들에게 감사한다. 이 강해 연구에 관심을 보여준 베이커 출판사에도 감사한다.

그들은 일곱 편의 긴 설교를 책에 맞게 더 짤막한 장으로 고치는 최선의 방법을 실제적으로 제안해 주었다. 시리즈의 본래 구성을 알고 싶은 설교자들은 이 책 '주'의 맨 끝에 덧붙인 '일러두기'를 참조하기 바란다. 끝으로 이번 신판의 '찾아보기'를 정리해 준 조교 대니

얼 안에게 감사한다.

책의 내용은 본래 구두 형태였으나 활자 매체에 맞게 문체를 수정했다. 예상 독자층을 감안하여 실제로 원전을 인용할 때 외에는 참고 도서를 일일이 밝히지 않았다. 아울러 소모임이나 주일학교 교재로 활용하기 쉽도록 각 장 끝에 질문을 수록했다. 질문의 답은 사실적인 (그래서 복습에 유익한) 경우도 있고, 묵상이나 토론이나 더 깊은 공부를 요하는 경우도 있다. 자료를 더 깊이 공부하려는 사람들은 복음연합 thegospelcoalition.org 에서 소그룹용으로 개발한 학습 교재, DVD, 인도자 지침서 등을 활용하면 좋다.

오직 하나님께만 영광을 돌린다.

트리니티 복음주의 신학교에서

D. A. 카슨

들어가며: 등한시되는 기도

20년도 더 전에 나는 이 책 초판(1992년)의 서두에서 서구의 교회에 가장 시급히 필요한 것은 기도라고 주장했다. 직설적인 주장이었다. "가장 시급한 필요"의 다양한 후보들을 제시한 결과 그때마다 기도가 우위였다.

지금도 똑같은 주장이 얼마든지 가능하다. 우선 다른 시급한 필요들을 열거한 뒤 각각 우위를 점할 자격이 있는지 평가해 볼 수 있다. 예컨대 지금은 성경 문맹률이 높아져 가는 시대인 만큼 강력한 흡인력과 영감을 지닌 강해 사역이 시급히 필요하다. 또 탐욕과 소비지상주의가 만연한 시대인 만큼 정직하고 너그러운 성품이 더 많이 요구된다. 뿐만 아니라 성 문란이 심각한 주목은 고사하고 눈길조차 끌지 못하는 시대인 만큼 고상한 척이 아닌 진짜 순결이 아쉽다. 게다가 복음의 본질을 아는 사람이 너무도 적기 때문에 담대하고 표현력이 명확한 전도자들이 필요하다. 이런 절박한 필요들이 우리의 기도 생활을 개혁하는 일보다 확실히 우선되어야 하지 않을까?

시급하게 힘쓸 일을 꼽자면 그 밖에도 많다. 기독교를 증거하는 한 사람으로서 반드시 교회 안에서 서로에게 사랑을 보여야 한다는 주장도 가능하다.요 13:34-35 먹고살기 힘든 사람들이 많은 때일수록 실제적인 면에서 더욱 그러하다. 교회는 인종 화합에도 시급히 앞장서야 한다. 지금은 혼전 관계가 당연시되는 때이고, 무수한 청년 남자들이 서른이 넘도록 거의 책임질 줄 모르는('더 좋은' 사람이 없나 주변을 두리번거리느라 전혀 구혼하여 아내를 얻을 줄 모르는) 때이며, 동성애에 대한 법과 관습의 변화가 온 나라를 휩쓰는 때다. 따라서 결혼이 무엇인가에 대한 명료한 사고가 절실히 필요하다. 한편 유대-기독교 가치관의 상실이 서구에 확산되면서, 대다수 서구 국가에서 윤리적 합의가 점점 붕괴되고 있다. 그 결과 관용의 덕목은 그런 가치관으로부터의 이탈이 개인 또는 문화 전반에 얼마나 허용될 수 있는지 더 이상 고려하지 않는다. 오히려 관용은 많은 영역에서 최고의 덕목이 되었다. 다시 말해서 관용이 널리 합의된 윤리적 틀과 연계되지 않고—"우리는 이 틀에 동의하지 않는 사람들도 **관용한다**"—모든 틀에서 벗어나 있으면, 관용이 최고선이 되어 머지않아 이 새로운 관용에 동의하지 않는 사람들을 지독히도 **관용하지 않게** 될 것이다. 이렇듯 우리가 인지하는 모든 필요가 주목을 끌고자 아우성친다. 그것들 또한 적어도 개인과 집단의 기도 습관을 개혁하는 일만큼 시급하게 다루어야 할 문제가 아닐까?

또 우리는 교회 개척과 선교에 초점을 맞추어야 할지도 모른다. 지난 한 세기 반 동안 복음이 전 세계적으로 확산되었으나 아직도 미전도 종족이 수천 부족에 달한다. 게다가 과거에 복음화된 많은 지역들도 다시 복음화되어야 한다. 유럽이 불가피한 예다. 그런데 현대의 전도 방식이 수많은 가짜 회심을 양산하기 때문에, 심지어 잘 복음화된 듯 **보이는** 많은 지역들에도 신약의 강력한 복음—하나님과 화목하게 할 뿐 아니라 인간을 변화시키는 기쁜 소식—이 절실히 필요하다. 이 분야의 필요야말로 다른 시급한 요구보다 우위를 점해 마땅할 것이다.

이상의 모든 일은 분명히 중요하다. 이 책에서 기도의 개혁을 촉구한다 하여 전도와 예배를 얕보거나 순결과 정직의 중요성을 떨어뜨리거나 체계적 성경 연구를 경시할 생각은 추호도 없다. 하지만 어떤 의미에서 이런 시급한 필요들은 다른 훨씬 더 심각한 결핍의 증상이다. 우리에게 가장 시급하게 필요한 한 가지는 하나님을 아는 더 깊은 지식이다. 우리는 그분을 더 잘 알아야 한다.

하나님을 아는 부분에서 우리 중 다수는 영적 성장이 멎은 문화의 주체들이다. 우리의 종교는 다분히 주관적 필요에 맞추어 재단되어 있고, 그런 주관적 필요는 거의 한결같이 우리가 얻으려는 행복과 만족에서 비롯된다. 참된 행복과 만족이 무엇인지 제대로 알지도 못하면서 말이다. 하나님은 잠재적으로나마 우리의 필요와 갈망을 채워 주는 막강한 존재가 된다. 그분의 지혜와 지식과 능력과 사랑과 초월성과 신비와 영광 등 그분이 어떤 분이신가에 대한 생각은 우리에게 거의 없다. 우리는 그분의 거룩하심과 사랑에 취해 있지 않다. 그분의 사고와 말씀은 우리의 상상력과 견해와 우선순위를 좀처럼 사로잡지 못한다. 우리의 많은 종교적 행위와 언어적 표현은 비참할 정도로 현실성과 진정성을 상실한 채 한낱 공식처럼 느껴진다.

성경적 관점에서 보면 하나님을 깊이 알수록 앞서 언급한 다른 부분들—순결, 정직, 자원하는 희생, 충실한 전도, 더 나은 성경 연구, 개인 및 단체 예배의 개선, 그리스도 안에서 형제자매와 맺는 좋은 관계, 잃어버린 영혼을 향한 마음, 기타 등등—도 더불어 좋아진다. 그러나 하나님을 더 깊이 알려는 뜨거운 열망 없이 그런 것들을 추구하면, 자칫 그분을 구하지 않고 그분의 복이나 능력만 쫓아다닐 수 있다. 그러면 우리는 내면의 친밀함은 외면한 채 기혼자 신분의 혜택만 누리려 하는 얄팍한 연인보다 더 나빠진다. 더 나빠진다고 말하는 이유는 하나님이 그 어떤 아내나 남편보다도 더 나으신 분이기 때문이다. 그분의 사랑은 온전하다. 그분은 자신을 위해 우리를 지으셨고, 우리의 목표와 기쁨은 당연히 그분께 있다.

이 책은 하나님을 더 잘 알아야 한다는 도전에 직접 부응하는 책은 아니다. 다만 그 도전에 없어서는 안 될 작은 일면을 다루는 책이다. 하나님을 알기 위한 기초 단계이자 그분을 알고 있다는 기본 증거는 기도다. 성경적 사고에 근거한 끈질긴 영적 기도다. 로버트 머리 맥체인Robert Murray M'Cheyne은 거의 2세기 전에 "하나님 앞에 홀로 무릎 꿇고 있을 때가 그 사람의 참모습이며, 그 이상은 없다"라고 단언했다. 그런데 그동안 우리는 이 자명한 이치를 무시했다. 물론 일을 조직하고, 기관을 세우고, 책을 펴내고, 언론에 진출하고, 전도 중심의 교회 개척 전략을 개발하고, 제자 훈련 프로그램을 시행하는 법 등은 배웠다. 하지만 기도하는 법은 잊은 게 분명하지 않은가?

대다수의 목회자들이 증언하듯이 서구의 많은 지역에서 개인과 가정과 단체의 기도는 쇠퇴하고 있다. 잘 조직된 '연합 기도회'도 좋지만, 적어도 그중 일부는 하늘에서 임한 부흥의 숨결을 맛본 이 세상의 다른 지역들에서 열리는 기도회와는 천지 차이다. 게다가 그런 행사가 우리 교회들의 기도 습관이나 상당수 신자들의 개인 기도 훈련을 변화시키고 있는지도 심히 의문스럽다.

그보다 더 깊이 파고 들어갈 수도 있다. 기도를 즐거워하는 우리의 마음은 어디로 갔는가? 살아 계신 하나님을 대면하고 있다는 의식, 그분이 맡기신 일을 감당하고 있으며 은혜의 보좌 앞에서 정말 뜨겁게 중보하고 있다는 의식은 어디로 갔는가? 한참의 중보기도 끝에 야곱이나 모세처럼 하나님의 마음을 움직였다는 느낌이 든 적은 마지막으로 언제인가? 우리의 기도는 주로 형식적일 때가 얼마나 많은가?

당신을 조종하거나 죄책감을 유발하려고 이런 말을 하는 것은 아니다. 하지만 우리는 **어찌할** 것인가? 기도 생활을 더 잘해 보려고 한 번쯤 시도했다가 심히 낭패하여 오히려 낙심만 더 깊어진 사람이 우리 중에 많지 않은가? 당신도 나처럼 문제의 심각성이 느껴지지 않는가? 물론 우리 대부분이 놀라운 기도의 용사를 몇 명쯤은 알고 있지만, 그럼에도 대체로 우리가 골방의 씨름보다 조직의 운영에 능한 것은 사실이 아닌가? 중보보다 행정에 능하고, 금식보다 교제에, 예배보다 오락에, 영적인 사모함보다 신학적 정확성에 능하지 않은가? 또한 기도보다 설교에 능하지 않은가? 하나님, 우리를 도와주소서!

무엇이 잘못된 것일까? 이 같은 서글픈 실태는 하나님을 아는 우리의 지식 수준을 보여주는 일종의 지표가 아닐까? 우리도 J. I. 패커^{J.I.Packer}의 말에 동의해야 하지 않을까? 그는 "그 무엇과도 다르게 기도는 인간을 평가하는 영적 척도이며, 따라서 어떻게 기도하느냐는 우리가 평생 직면할 가장 중요한 질문이다"라고 썼다.¹ 지금처럼 기도를 무시하면서 서구 교회에 닥쳐오는 다른 도전들에 제대로 부응할 수 있을까? 야고보서 말씀 속에서 진리가 울려 퍼지지 않는가? "너희가 얻지 못함은 구하지 아니하기 때문이요 구하여도 받지 못함은 정욕으로 쓰려고 잘못 구하기 때문이라."^{약4:2-3}

그래서 지금부터 기도에 대한 실제적 조언을 바울의 몇몇 기도에 대한 긴 묵상과 조합해 보려 한다. 우리의 신학과 윤리와 실천이 하나님의 말씀을 통해 개혁되어야 하듯이 기도도 마찬가지다. 요컨대 이 책의 주목적은 바울의 일부 기도를 숙고하면서 우리의 기도 습관을 거기에 맞추는 것이다. 기도할 제목, 주장할 논거, 합당한 우선순위, 기도를 결정짓는 교리적 내용 등을 알아볼 것이다. 모세나 다윗이나 예레미야나 다니엘의 기도를 공부해도 이 같은 목표에 이를 수 있겠으나, 여기서는 비록 제한적이나마 바울과 특히 그의 간구에 초점을 맞추려 한다. 바울의 기도 원리에서 그치지 않고 어떻게 그리스도인들이 그 기도 신학을 수용하여 자신의 기도로 시도할 수 있는지도 살펴볼 것이다. 나아가 영속적 쇄신과 참된 개혁은 말씀을 취하여 우리 삶에 적용해 주시는 성령의 역사를 통해서만 가능하기에, 글을 쓰는 나나 읽는 당신이나 자주 멈추어 성령께 기도하는 게 중요하다. 책의 내용 중에서 무엇이든 성경적으로 충실하고 유익한 부분을 성령께서 취하여 우리 삶 속에 적용해 주심으로 우리의 기도가 영원히 변화되기를 바란다.

복습과 묵상을 위한 질문

1. 당신의 지역 교회에 가장 시급한 필요는 무엇인가? 당신의 관점을 이야기해 보라.

2. 이 책의 관건은 성경적 기도를 격려하는 데 있지만, 살아 계신 하나님을 제대로 알지 못해도 분명히 기도는 가능하다. 어떻게 그럴 수 있는가? 마땅히 피해야 할 부류의 기도가 있는가? 있다면 어떤 기도인가?

1.

기도 학교에서 배우는 교훈
Lessons from the School of Prayer

지금까지 영적 순례의 길을 걸어오는 동안 나의 기도 생활을 다분히 빚었고 지금도 빚고 있는 두 가지 원천이 있으니, 곧 성경과 더 성숙한 그리스도인들이다.

물론, 둘 중 권위가 덜한 쪽은 선배 성도들의 조언과 지혜와 모본이었다. 고백하건대 나는 기도 학교의 썩 훌륭한 학생은 못 된다. 그래도 몇 페이지에 걸쳐 그들의 조언과 모본을 살펴볼 가치가 있다. 내게 기도를 가르친 두 원천 가운데 더욱 비중 있고 권위 있는 쪽은 그다음에 살펴볼 것이다.

다음은 더 성숙한 그리스도인들이 내게 가르쳐 준 교훈 중 일부다.

1. 충분히 기도할 수 없는 이유는 기도 계획이 없기 때문이다.

영적 삶에 부지중에 빠져드는 사람은 없다. 기도 훈련도 저절로 되지 않는다. 기도를 계획하지 않는 한 기도의 영역에서 자라 갈 수 없다. 다시 말해 기도에만 전념할 시간을 의식적으로 따로 떼어 놓아야 한다는 뜻이다.

실제 행동을 보면 우리가 무엇을 최우선에 두는지 알 수 있다. 아무리 기도에 헌신하겠다고 주장해도 실제로 기도하지 않는 한 행동은 말을 부인한다.

정해진 기도 시간이 중요한 근본적 이유가 거기에 있다. 기도하려는 막연한 바람이 이를 통해 꾸준한 실천으로 굳어진다. 자주 언급되는 바울의 기도를 살펴보면,[롬 1:10, 엡 1:16, 살전 1:2] 그가 기도 시간을 구체적으로 떼어 놓았다는 인상을 받는다. 예수께서도 그러셨던 것 같다.[눅 5:16] 물론 규칙성 자체만으로 효과적인 기도가 보장되는 것은 아니다. 진정한 경건은 흉내 내기가 아주 쉬워서, 황량한 사촌인 형식적 종교가 그 자리를 빼앗곤 한다. 또한 생활 방식에 따라 기도하는 방식이 달라져야 함도 사실이다. 예컨대 교대 근무를 하는 사람은 기도 시간을 계속 바꾸어 정해야 할 것이다. 두 살배기 쌍둥이를 둔 엄마는 비교적 자유로운 상황 속에서 생활하는 사람에 비해 기력도 여가도 없을 것이다. 하지만 모든 악조건을 충분히 인식하고 율법주의가 될 모든 위험성을 제대로 파악하고 나면, 결국 남는 사실이 있다. 기도를 계획하지 않는 한 누구도 기도하지 않으리라는 것이다. 우리가 기도를 거의 하지 않는 이유는 기도할 계획이 없기 때문이다. 지혜로운 계획이 서 있으면 확실히 잠깐이라도 자주 기도에 힘쓸 수 있다. 짧게라도 자주 기도하는 게 가뭄에 콩 나듯이 길게 기도하는 것보다 낫다. 물론 최악의 경우는 아예 기도하지 않는 것이며, 기도를 계획하지 않는 한 그 패턴이 우리를 지배할 것이다. 습

관을 고치려면 여기서부터 출발해야 한다.[1]

2. 실제적 방법을 동원하여 잡념을 물리치라.

그리스도인의 길을 한동안 걸어온 사람이라면 누구나 공감할 것이다. 우리의 개인 기도는 이런 식으로 흘러갈 때가 있다. "사랑하는 주님, 예수님의 공로로 주님 앞에 오게 해주시니 감사합니다… (자동차 열쇠를 어디에 두었더라? 아니, 이러면 안 되지! 다시 기도로 돌아가야지!) 하늘에 계신 아버지, 우선 저희 가정을 지켜 주시기를 간구합니다. 물리적으로만이 아니라 삶의 도덕적, 영적 차원에서도 지켜 주소서… (지난주 설교는 정말 형편없더군. 참, 그 리포트를 내가 기한 내에 쓸 수 있을까? 아, 또 이러면 안 되지!) 아버지, 이름은 기억나지 않지만 저희가 후원하는 그 선교사 부부가 진실된 열매를 맺게 하소서… (이런! 오늘 아들의 자전거를 고쳐 주기로 약속했는데 깜빡 잊을 뻔했잖아)." 이런 잡념으로 고생하는 그리스도인이 나뿐인가?

다행히 공상을 다스리고 잡념을 떨치기 위해 당신이 할 수 있는 일이 많이 있다. 가장 유익한 일 중 하나는 소리 내어 기도하는 것이다. 그렇다고 남에게 방해가 될 정도로 큰 소리로 하거나 심지어 경건을 과시해야 한다는 뜻은 아니다. 그냥 입술을 움직이는 정도로 기도를 말로 표현하면 된다. 생각을 단어와 문장으로 표현하는 데 에너지를 쏟아야 하므로, 곁길로 빠지지 않고 사고를 정리하고 통제할 수 있다.

성경을 읽으며 기도하는 것도 좋은 방법이다. 무작정 기도를 시작하는 그리스도인의 경우 때로 아무거나 생각나는 대로 기도하다가 시계를 보면 기껏해야 3, 4분밖에 지나지 않았을 수 있다. 이런 경험은 때로 패배감과 낙심과 심지어 절망을 유발한다. 이런 문제를 극복하는 좋은 방법은 다양한 성경 본문으로 기도하는 것이다.

다시 말해서 기도와 성경 읽기를 하나로 묶는 것은 매우 적절한 방법일 수 있다. 읽는 방법이야 얼마든지 있다. 하루에 한 장씩 읽는 그리스도인들도 있다. 하루에 석 장씩 읽고 일요일에만 다섯 장씩 읽는 사람들도 있는데, 그렇게 하면 1년에 성경을 일독할 수 있다. 현재 나는 한 세기 전에 로버트 머리 맥체인이 개발한 방법을 따라 신약과 시편은 1년에 두 번, 나머지 구약은 한 번씩 읽고 있다. 어떤 방법으로 읽든 중요한 것은 본문을 천천히 생각하며 읽는 것이다. 그래야 일부나마 의미를 도출하여 삶과 연결시킬 수 있다. 그런 진리와 함축된 의미는 많은 묵상 기도의 토대가 될 수 있다.

이런 계획에 약간 변화를 주어 성경 속의 여러 기도를 모델로 삼을 수도 있다. 내용을 잘 읽고 의미를 깊이 생각한 다음, 자신과 가정과 교회와 그 밖의 많은 사람들을 위해 그와 비슷하게 기도하면 된다.

이와 마찬가지로 찬송가의 예배를 주제로 한 가사들로 기도하는 것도 매우 유익할 수 있다. 생각과 마음을 한동안 한 방향으로 집중하는 데 분명히 도움이 된다.

어떤 목사들은 방 안을 왔다 갔다 하면서 기도한다. 아는 선배 한 명은 주기도문으로 기도하는 습관을 들인 지 오래되었는데, 각 소절의 의미를 깊이 생각하면서 그것을 중심으로 자신의 기도를 배열한다.[2] 그런가 하면 이런저런 방식으로 기도 목록을 작성하는 사람들도 많이 있는데, 여기에 대해서는 뒤에서 더 자세히 살펴볼 것이다.

이른바 일기를 쓰는 훈련도 도움이 될 수 있다. 영적으로 성숙하고 훈련된 그리스도인들이 교회사의 여러 시기에 '영성 일기'라는 것을 썼다. 일기의 내용은 아주 다양하다. 청교도들은 자신이 경험한 하나님, 그들의 생각과 기도, 승리와 실패 등을 기록하곤 했다. 그리고 윌로크릭Willow Creek 교회 담임목사인 빌 하이벨스Bill Hybels는 오늘 자신이 한 일과 생각에 이어 내일을 위한 기도를 한 페이지에 기록한다.[3] 또한 현재 적어도 한 곳의 신학교는 재학 기간 동안 학생들에게 이런 일기를 의무적으로 쓰게 하고 있다.

일기의 참된 가치는 내가 보기에 여러 가지다. 1)속도를 늦출 수밖에 없으므로, 기도 시간이 확보된다. 더불어 기도를 기록하면서 공상에 빠질 수는 없다. 2)자신을 성찰하게 된다. 성찰하는 삶만이 가치 있는 삶이라는 옛말도 있다. 수시로 시간을 내서 자신의 마음과 생각과 양심을 하나님의 말씀에 비추어 성찰하고 그 결과에 대응하지 않는다면, 스스로를 의롭게 여기는 유해한 찌꺼기가 덕지덕지 달라붙을 것이다. 3)자신의 영적 방향과 기도를 차분하고 명확하게 표현할 수 있다. 이는 다시 자아 성찰로 이어져 성장을 북돋는다. 이렇듯 일기를 쓰면 잡념을 따돌릴 수 있다.

하지만 이는 많은 영적 훈련 중 하나일 뿐이다. 모든 훈련이 그렇듯이 이 훈련에도 위험 요소가 있다. 이런 틀을 형식적으로 따르는 사람은 스스로에게 속아 훈련 자체를 목표로 여기거나, 훈련으로 인해 자신의 영적 위상이 높아진다고 생각할 수 있다. 그래서 나는 신학생들에게 단체로 이런 훈련을 요구하는 데 반대하는 편이다(일기 쓰기 자체를 적극적으로 독려할지라도 말이다). 참된 영성은 결코 강요될 수 없다.

이런 위험에 주의하면서 다음의 두 원리를 잘 융합하면 당신의 기도 생활이 크게 향상될 수 있다. 기도 시간을 미리 떼어 놓으라. 그리고 실제적 방법을 동원하여 잡념을 물리치라.

3. 인생의 여러 시기에 가능하면 짝기도의 관계를 가꾸라.

미혼자는 기도 짝을 동성의 사람으로 정하라. 기혼자로서 이성을 기도 짝으로 정하려면 그 짝을 당신의 배우자로 하라. 이유인즉 진정한 기도는 고도의 친밀함을 동반하는데, 한 분야의 친밀함은 흔히 다른 분야의 친밀함으로 전이되기 때문이다. 실제로 지난 세기에 켄터키 주에 부흥이 있은 후 성 문란이 **증가했다**는 증거가 있다. 하지만 올바른 길을 걷기 위해 아무리 장애물을 뛰어넘어야 한다 해도, 적절한 짝기도의 관계를 가꾸기 위해 힘쓰라.

이 부분에서 나는 큰 복을 받았다. 대학 시절의 여름방학 때 어느 미혼 목사가 나를 따로 불러 함께 기도하자고 했다. 이후 석 달 동안 우리는 매주 한 번씩 월요일 밤마다 만났다. 한 시간 정도 기도한 때도 있고 훨씬 오래 한 적도 있다. 그는 누구보다도 내게 기도의 원리를 많이 가르쳐 주었다. 그에게 배운 한두 가지 교훈에 관해 뒤에서 자세히 나누겠지만, 일단 여기서는 이 같은 일대일 제자 양육의 중요성을 강조하고 싶다.

내 인생의 여러 시기에 그런 비슷한 기회가 찾아왔다. 박사 과정 졸업반 즈음에는 다른 대학원생과 둘이서 매주 하룻밤씩 시간을 정해 놓고 기도했다. 이후 결국 나도 결혼을 했다(좀 늦은 편이었다). 대부분의 부부처럼 우리 역시 함께 기도하는 시간을 한결같이 지속하기가 쉽지 않았다. 우리네 삶은 속도가 정신없이 빠를 뿐 아니라 인생의 시기마다 특별한 짐이 있다. 예컨대 학령기 이전의 자녀가 두세 명 있으면 부모는 일찍 일어나야 하고 저녁이면 녹초가 된다. 그래도 우리는 계획대로 하려고 노력했다. 식사 기도―예의 "감사합니다"를 벗어나 더 큰 관심사로 확대될 수도 있지만―와 별개이자 개인 기도 및 성경 읽기 시간과도 별개로, 우리 가정은 날마다 하나님의 얼굴을 구한다. 아이들이 어렸을 때는 아내나 내가 가정의 대표로 기도할 때가 절반쯤 되었고, 나머지 날에는 아이들도 함께 소리 내어 기도했다. 가정 예배에 참신하고 혁신적인 요소를 반영하는 것이 중요함을 깨달았으나, 그것은 다른 주제다. 아이들이 십 대가 되면서 방식도 꽤 바뀌었다. 지금은 자녀들이 다 집을 떠났으므로, 아내와 둘이서만 성경을 읽고 한 사람이 대표로 기도한다. 대개 그 전에 특별히 우리의 관심을 끄는 내용에 대해 대화를 나눈다. 잠자리에 들기 전에도 늘 함께 기도하는데 대체로 아주 짤막하게 한다. 하지만 그 외에도 우리는 함께 살아온 여러 시기에 매주 한 번씩 저녁 시간을 떼어 놓고 기도했다. 많은 경우 몇 주 동안 잘되다가 뭔가 일이 생겨 한동안 중단된다. 그러면 다시 시작했다. 그 시간에 우리는 가정, 교회, 학생들, 각종 시급한 문제, 자녀, 우리 삶의 방향과 가치, 당면한 사역 등을 위해 기도했다.

기도할 줄 안다면, 누군가를 찾아 그에게 기도를 가르쳐 줄 것을 고려해 보라. 가르친다고 해서 정식 강습을 한다는 말은 아니고 짝기도의 관계를 통해 개인적 모본을 보여주면 된다. 이렇게 짝을 이루어 본보기가 되다 보면 자연스럽게 이런저런 질문이 나올 것이고, 그것이 더 깊은 나눔과 제자 훈련으로 이어질 것이다. 제자들이 예수께 기도를 가르쳐 달라고 청한 것도 사실은 그분의 기도 생활을 보았기 때문이다.[눅 11:1]

기도를 잘 모른다면, 이 분야에서 더 성숙한 누군가를 찾아 한동안 짝기도의 관계를 맺을 것을 고려해 보라. 그런 사람을 찾을 수 없다면, 성장 수준이 당신과 비슷한 그리스도인과 그런 관계를 가꾸어 보라. 함께 여러 유익한 진리들을 깨달을 수 있다. 짝기도의 관계는 거기서 나누는 교훈 때문에도 귀하지만, 훈련과 상호 감시와 규칙성이 수반된다는 점에서도 동일하게 귀하다.

이런 관계는 다양한 형태로 존재할 수 있다. 내가 아는 몇몇 목사들은 소수의 사람들을 모아 새벽에 만나서, 한 시간이나 그 이상 중보기도에 전념한다. 기본 원칙은 그룹마다 조금씩 다르다. 교외 지역의 일부 교회들은 모든 교인을 상대로 새벽 기도회를 열기도 한다. 교외 주민들의 상충되는 스케줄을 감안할 때 하루 중 그때가 공적인 기도회를 열기에 가장 좋은 시간일 수 있다. 그러나 여기서 내

주안점은 잘 선별된 기도의 용사들이 모이는 더 사적인 그룹에 있다. 이런 그룹의 기본 원칙에는 다음과 같은 것들이 포함될 수 있다. 1) 참석에 동의한 사람들은 정해진 기간 동안(약 6개월) 불평 없이 개근해야 한다. 물론, 질병 등 예기치 못한 상황에서는 예외다. 2) 그들은 삶 속에 당파심, 원한, 곪은 분노, 교만 등의 그늘이 조금도 없는 그리스도인이라야 한다. 다시 말해서 그들은 성품이 올바르며, 다른 신자들 특히 다루기 힘든 사람들을 진정으로 사랑해야 한다. 3) 험담하는 사람들은 안 된다.

이런 일단의 기도 짝들을 필두로 하여 하나님께서 강력한 사역과 넘치는 복을 베푸신 사례가 거듭되어 왔다. 그들은 하나님의 존전 외에서는 수년간 정체가 드러나지 않을 수도 있다. 어떤 소그룹은 자라서 더 큰 기도회가 되고, 어떤 소그룹은 배가하는 대로 분립하여 똑같은 원칙을 고수한다.

정확한 방식이야 어찌되었든 경건한 짝기도의 관계를 가꾸는 일은 매우 중요하다.

4. 모델을 정하되 잘 선택하라.

다른 사람의 기도를 신중하고 사려 깊게 들음으로써 누구나 기도를 향상시킬 수 있다. 듣는 대로 다 따라 해야 한다는 말은 아니다. 어떤 사람들은 자신의 성격대로 격의 없이 대화하듯 기도한다. 그런 분위기의 단체에서 회심했을 수도 있다. 어떤 사람들은 하나님 앞에 정말 박식하게 기도를 아뢴다. 그들의 기도는 형식도 장중하고 어휘나 문체도 고어적 성격을 띤다. 어느 쪽 극단도 그 자체로 좋은 모델은 아니다. 둘 다 좋은 모델일 수 있으나 상대적인 외형상의 습관 때문은 아니며, 단지 문화적 또는 개인적 특이성 때문은 더욱 아니다. 좋은 모델을 찾거든 그들의 내용과 열성은 공부하되 어구는 흉내 낼 것 없다.

좋은 모델이라 해서 좋은 기도에 대한 처방과 균형이 정확히 일치하는 것은 아니다. 그들은 모두 정말 진지하게 기도한다. 모두가 논거를 활용하며, 성경에 제시된 목표를 추구한다. 그중 일부는 당신을 전능자의 보좌 앞으로 데려가는 것 같고, 일부는 삶과 사역의 상황이 아주 힘들어도 중보기도에 특히 충실하며, 일부는 그들의 폭넓은 비전으로 인해 더욱 눈여겨볼 만하다. 모두의 공통된 특성은 기도에 회개와 담대함이 놀랍게 섞여 있다는 점이다.

다시 한번 말하지만, 내 삶은 영향력 있는 모델들을 통해 복을 받았다. 우선 나의 부모를 언급해야 한다. 내 기억 속의 어머니는 자식들이 아주 어렸을 때도 아침마다 부산한 삶에서 물러나 성경을 읽고 기도하곤 했다. 성장기에는 우리 집에 침례교 목사였던 아버지의 서재가 있었는데, 아침마다 거기서 아버지의 기도 소리가 들려왔다. 기도한다는 것을 알 만큼은 소리가 컸지만 내용을 알아들을 만큼 크지는 않았다. 그는 매일 보통 45분 정도 기도했다. 기도하지 못한 날도 있으련만, 내 기억 속에는 단 하루도 없다.

아버지는 캐나다의 퀘벡에 교회를 개척했다. 힘겨운 시절이었다. 당시에는 박해가 심했고 더러 무자비한 박해도 있었다. 1950년부터

1952년 사이에 침례교 목회자들만 통산 8년간 옥살이를 했다. 아버지의 회중은 많지 않아서 신자들은 대개 두 자릿수의 범주에서 바닥권이었다. 일요일 오전 11시 예배가 끝나면, 아버지는 피아노를 치며 세 자녀를 불러 함께 노래를 부르곤 했고, 그동안 어머니는 저녁 준비를 마쳤다. 그런데 1950년대 후반의 어느 일요일에는 아버지가 통 보이지 않았다. 피아노 앞에도 없었다. 이곳저곳 찾아다니다가 서재의 문이 빠끔히 열려 있는 것을 보았다. 문을 마저 열고서 보니, 아버지는 큰 의자 앞에 무릎 꿇고 기도하며 숨죽여 울고 있었다. 이번에는 내용도 들렸다. 아버지는 방금 자신의 설교를 들은 소수의 교인들을 위해, 특히 교회에는 꾸준히 나오지만 아직 그리스도 예수를 믿지 않는 몇 사람의 회심을 위해 하나님께 중보하고 있었다.

아버지는 교회의 위계 서열상 높은 사람이 아니었다. 큰 교회를 섬기거나, 책을 쓰거나, 교단의 고위직 일을 맡은 적도 없다. 그가 기도할 때 쓰던 어휘와 특이한 문체도 분명히 따라 할 만한 수준은 아니었다. 하지만 하나님께 깊이 감사하며 증언하거니와 나의 부모는 위선자가 아니었다. 영적 허세로 가득하고 실천은 빈약한 위선이야말로 자녀에게 남길 수 있는 최악의 유산이다. 나의 부모는 그와 반대로 허세는 거의 없고 실천은 잘 훈련된 분이었다. 두 분의 기도 제목은 성경 속의 기도들을 중심으로 한 중요한 내용이었다. 때로 내 자녀들을 보며 드는 의문이 있다. 만약 주께서 내게 30년을 더 허락하신다면, 아버지인 나는 그들에게 기도의 사람으로 기억될까? 아니면 자주 집을 비운 채 알쏭달쏭한 책이나 많이 쓴 소원한 사람으로 기억될까? 조용히 그런 생각만 해도 하루를 점돈할 수 있을 때가 많다.

청소년기 이후에도 내게는 다른 기도의 모델들이 많이 있었다. 지금도 생각나는 두 여인이 있다. 그들은 교회 기도회에서 기도할 때마다 늘 큰 비전을 품었고, 절박하고 현실감 있게 기도했으며, 무엇보다 긍휼이 차고 넘쳤다. 그들의 기도는 성경의 진리와 맥을 같이하면서도 사람들을 사랑하는 마음에서 우러난 것이었다. 그런가 하면 세계복음주의협회(당시의 명칭)를 통해 만난 일부 기독교 지도자들의 기도 또한 기억난다.

마틴 로이드 존스Martyn Lloyd-Jones의 공적인 기도도 더러 내 기억에 남아 있다. 특히 로이드 존스가 세상을 떠나기 몇 달 전에 그의 딸이 내게 전해 준 말 때문에 심히 부끄러웠던 일을 잊지 못한다. 그는 딸에게 부탁하여 자신이 나를 위해 꾸준히 기도했음을 알렸다. 내가 자신과 교분을 나눈 측근의 일원도 아닌데 말이다. 불현듯 나는 그의 기도 사역이 얼마나 광범위하며, 그가 얼마나 헌신적으로 복음의 사역자들을 위해 중보하는지 깨달았다.

모델을 정하되 잘 선택하라. 그들이 기도하는 내용과 기도의 폭넓음과 열정과 뜨거움은 본받되 어구는 흉내 내지 말라.

5. 기도 제목을 관리하는 방법을 개발하라.
기도 목록을 작성하여 기억을 돕지 않으면 광범위한 사람들과 일들을 위해 충실히 기도하기 힘들다. 이런 목록의 형태는 다양하다. 많은 교단과 선교 기관과 일부 큰 지역 교회는 자체적으로 기도 목록을 펴낸다. 그러나 이는 해당 기관에 관심이 많은 이들에게는 요긴한 도움이 될 수 있으나, 그 외의 사람들에게는 약간 멀게 느껴질 수 있다. 그런데 멀긴 하지만 이를 상쇄할 만큼 엄청난 유익을 주는 기도 목록이 하나 있다. 『세계 기도 정보 Operation World』라는 간행물인데,[4] 기도를 돕는 간결하고 정확한 정보가 실려 있어 1년에 걸쳐 나라와 지역별로 전 세계를 위해 기도할 수 있다. 이는 우리의 지평을 넓혀 주고 세계 교회와 세상의 필요에 대한 관심을 높여 준다는 점에서 귀한 자료다.

그러나 기도에 힘쓰는 많은 그리스도인들에 따르면 이런 간행된 정보 외에도 각자의 기도 목록을 작성하는 게 지혜롭고 유익하다. 이 또한 형태는 다양하다. 앞서 간략히 언급한 일기 쓰기에 이것까지 포함시킬 수도 있다. 일기를 쓰되 공책의 왼쪽에 기도 제목과 날짜와 관련 성경 구절을 적고, 오른쪽에 응답을 적는 방식이다. 이렇게 하면 기도 제목을 잘 생각해서 **구체적으로** 쓰게 되는 이점이 있다. 포괄적인 중보기도도 중요하지만, 이는 구체적 응답과 연결시키기가 쉽지 않다.

나 역시 이를 비롯한 여러 방식으로 기도 제목을 적어 보았는데, 그중 다년간 사용했던 것은 중국의 베테랑 선교사(1935-1950년)였다가 세계 선교의 교육자로 왕성하게 활동한 J. 허버트 케인 J. Herbert Kane 의 방식이었다. 모든 인쇄된 목록과 별개로 나는 기도하는 서재에 종이 폴더를 두었고 대개 여행할 때도 이를 가지고 다녔다. 그 안의 첫 번째 종이는 꾸준히 기도해 줄 사람들의 명단이었다. 나와 직접 연관된 사람들로, 명단에는 아내를 비롯하여 자녀들과 친척들이 포함되어 있었고, 세계 각지의 많은 친한 친구들이 그 뒤를 이었다. 아울러 우리가 속해 있는 지역 교회와 내가 현재 가르치는 신학교 등의 기관 이름도 같은 종이에 있었다. 물론 이 사람들과 기관들을 위한 정확한 기도 제목은 필요에 따라(예컨대 자녀들이 자라면서, 또는 친한 친구의 삶이나 사역에 특별한 도전이 닥치면서) 그때그때 바뀌었다. 하지만 그들을 향한 내 부담의 골자는 내 능력과 이해의 한계 내에서나마 성경이 우리에게 원하는 바에 근거했다.

폴더 안의 두 번째 종이에는 얼마간 있다 사라질 중단기적 제목을 적었다. 임박한 사역의 책임도 이에 해당했다. 그중 전해 들은 각종 위기나 기회는 대개 잘 모르는 그리스도인들과 관계된 것이었다. 곧 역사 속으로 사라질 일(이 책을 쓰는 일처럼!)이거나, 아니면 나와 너무 멀어서 영영 기억하지는 못할 사람이나 상황이었다. 다시 말해서 첫 장의 초점은 내가 늘 기도해 주는 사람들이었던 반면, 두 번째 장에는 단기나 중기로 기도해 줄 수 있으나 무기한으로는 아닌 사람과 상황을 기록했다. 그래서 첫 장의 경우 대상은 그대로인데 구체적 필요가 자주 바뀌었고, 두 번째 장은 단기적 필요가 주를 이루면서 이름과 제목도 수시로 첨삭되었다.

폴더 안의 그다음 종이는 내 영성 계발 그룹의 학생 명단이었다. 트리니티 복음주의 신학교에서 특별히 내가 맡아 지도하던 학생들로, 종이에는 각자의 배경, 학과, 가정, 개인 신상 등이 적혀 있었다.

물론 해마다 명단이 바뀌었다.

그 외에도 폴더는 편지로 가득했다. 기도 편지와 개인적인 편지도 있었고, 간혹 상단에 누군가의 이름이 적힌 별도의 쪽지도 있었다. 나는 이것을 모두 알파벳순으로 철했다. 편지가 새로 오면 기도 제목이 될 대목에 눈에 띄는 색으로 표시한 뒤 폴더의 해당 위치에 끼웠다. 동시에 같은 발신자의 이전 편지는 빼냈으므로, 기도 폴더는 늘 최신의 상태를 유지했다. 기도 시간마다 나는 편지 속의 사람들과 그들의 상황을 위해 하나님께 중보했다. 맨 위의 것부터 시작해서 차례로 한 장씩 넘기되 기도를 마친 편지는 다시 맨 밑에 두었다. 그래서 명단이 알파벳순이긴 하지만, 그날그날 대하는 첫 글자가 달랐다.

이것이 최선의 방식이라는 말은 아니다. 나에겐 잘 맞았고, 나는 만족했다. 목록의 규모를 키우기보다는 더 자주 기도하기를 원했다. 이 방식은 신축성이 있어 확장 가능하고 늘 최신이기도 했지만, 무엇보다 기도에 도움이 되었다. 학생들에게 나는 졸업 후에도 나의 중보기도를 원한다면, 내게 꾸준히 편지를 보내야 한다고 말했다. 그렇지 않으면 그들을 대부분 잊을 게 뻔했다.

결국 나는 방식을 바꾸었다. 편지 대신 이메일을 보내오는 선교사들과 이전 제자들, 친구들이 갈수록 많아졌기 때문이다. 아주 오랫동안 일일이 인쇄하여 기존의 폴더에 끼워 넣어 왔지만, 최근에는 디지털 목록을 실험 중이다. 분류 방식은 예전과 같은데, 평소의 기도 제목뿐 아니라 이메일까지 철할 수 있다. 하지만 아직 종이 편지를 보내오는 사람들도 있어서 옛 방식을 아주 버리지는 못했다. 분명히 조만간 해결할 것이다.

어떤 방식이 되었든 기도 제목을 잘 관리하라. 사람은 결코 깎아내릴 대상이 아니라 기도 목록에 올릴 대상이다. 그렇게 하기로 작정한다면 우리 모두가 더 지혜로워질 것이다.

6. 찬양과 자백과 중보를 혼합하되 중보할 때는 최대한 성경에 의지하여 간구하라.

이 조언을 뒷받침하는 근거는 이론과 실천 양쪽 모두에 있다.

이론적 근거를 가장 잘 제시하려면 양극단을 머릿속에 떠올려 보면 된다. 한쪽 극단의 판단에 따르면, 하나님께 뭔가를 구하는 것은 부적절한 일이다. 그분은 엄연히 주권자이시므로 우리의 조언이 필요 없다. "모든 일을 그의 뜻의 결정대로 일하시는 이"$^{엡 1:11}$에게 이것저것 조르는 것은 실로 약간 건방진 일이다. 유한하고 무지한 죄인이 구한다고 해서 우주의 경로를 바꾸실 그분이 아니다. 그분께 합당한 반응은 당연히 예배다. 우리는 그분의 성품과 행위로 인해 그분을 예배해야 한다. 또 우리는 그분의 길을 외면할 때가 많으므로 죄도 수시로 자백해야 한다. 그분께 간구한다는 것은 필시 참된 경건을 오해한 처사다. 경건이란 전능자의 뜻에 복종하는 것이지 중보기도로 그 뜻을 바꾸려는 게 아니다. 따라서 간구 기도는 기껏해야 주제넘은 일이고, 최악의 경우 거룩하신 주권자 하나님을 지독히 모욕하는 일이므로 배격되어야 한다. 게다가 하나님께서 정말 주권자시라면, 누가 구하든 말든 어차피 그분이 원하는 대로 하실 것 아닌가.

물론 그리스도인이 이런 입장을 받아들인다면 다분히 모슬렘과 똑같이 생각하는 것이다. 즉 하나님을 바르게 대하려다 운명론까지는 몰라도 일종의 신학적 결정론에 매이고 말 것이다.

반대쪽 극단은 "기도가 변화를 낳는다"라는 구호로 시작된다. 그들에겐 간구 기도가 전부다. 사람들이 죽어서 지옥에 간다면, 이는 당신이나 나나 누군가가 기도하지 않았기 때문이라는 뜻이다. 성경에 "너희가 얻지 못함은 구하지 아니하기 때문"약4:2이라 하지 않았던가? 물론 예배와 자백에도 적절한 자리가 배당되어야 하지만, 그들에게 그 둘은 한낱 자기만족으로 전락할 수 있는 요소다. 예배는 재미있고, 죄를 자백하면 안도감이 들 수 있다. 하지만 정말 하나님을 위해 일하려면 그분과 씨름하면서 야곱처럼 "당신이 내게 축복하지 아니하면 가게 하지 아니하겠나이다"창32:26라고 부르짖어야 한다. 중보기도를 하지 않는 것은 그리스도인으로서 책임을 회피하는 일이다. 간구는 하나님께 모욕이 되기는커녕 오히려 그분을 영화롭게 한다. 그분은 자기 백성의 중보기도에 응답하여 복 주기를 기뻐하시는 분이기 때문이다. 사실 당신이 기도로써 몸부림치고, 자주 금식하고, 예수의 이름으로 간구하고, 중보기도에 수많은 시간을 들이면, 하늘에서 만복이 임할 수밖에 없다.

물론 그리스도인이 이런 입장을 받아들인다면 기도를 꼭 마법처럼 대하는 위험에 빠질 것이다. 아주 오랫동안 주문만 제대로 외우면 바라던 결과가 이루어진다는 식이기 때문이다.

언뜻 보기에도 이 양극단은 성경적 기도의 균형을 잃은 데다 하나님을 지나치게 단순화한다. 이 문제는 9장과 10장에서 더 자세히 살펴보겠지만, 그 논증을 미리 내다보면서 여기서 기억할 것이 있다. 성경에 그려진 하나님은 절대적 주권자이신 동시에 기도를 들으시고 응답하시는 분이라는 점이다. 이를 인식하고 이 양면적 진리대로 행하는 법을 배우지 않는 한 우리의 하나님관은 왜곡될 것이다. 뿐만 아니라 우리의 기도는 아무것도 구하지 않고 체념하는 운명론과 진정한 신뢰를 찾아보기 힘든 필사적 떼쓰기 사이에서 갈팡질팡하기 쉽다.

성경의 하나님을 조금만 알고 묵상해도 그분이 절대적 주권자이시자 철저히 인격적으로 응답하시는 분임을 인정할 수밖에 없다. 그래서 성경에는 영광을 돌리는 찬양과 경배의 예도 많지만 중보기도의 예도 그 못지않게 많다. 사실 "그리스도인의 기도의 명백한 특징은 간구다. 간구야말로 일의 실상을 보여주는 기도라서 그렇다. 그것은 신자에게 하나님이 만복의 근원이시며, 모든 면에서 부족한 인간은 그분께 철저히 의존할 수밖에 없는 존재임을 일깨운다."[5]

이 양쪽을 모두 유익하게 담아낸 여러 예시 가운데 기도를 아버지와의 인격적 관계로 보는 견해는 적잖이 도움이 된다. 어린 아들이 아버지에게 여러 가지를 구한다고 하자. 모두 아버지의 능력으로 줄 수 있는 것들이다. 이때 아버지는 첫 번째 것은 곧바로 주고, 두 번째 것은 나중으로 연기하고, 세 번째 것은 거절하고, 네 번째 것에는 조건을 달 수 있다. 아들이 주문을 제대로 외운다고 해서 무조건 받으리라는 보장은 없다. 그건 마법이다. 아버지가 뭔가를 거절할 수 있음은 그것이 아들에게 좋지 않음을 알기 때문이다. 나중으로 연기할 수 있는 까닭은 어린 아들의 수많은 요구가 순간적인 기분 탓임을 알기 때문이다. 설령 꼭 필요한 것이라 해도 아버지는 아들이 바른 태도로 구할 때까지 기다릴 수도 있다. 그러나 무엇보다도, 지혜로운 아버지는 그저 뭔가를 주는 것보다 아들과의 관계를 더 중시한다. 공급도 그 관계의 일부이지만 결코 전부는 아니다. 부자가 그저 함께 산책을 나갈 수도 있다. 아들은 꼭 뭔가를 얻거나 답을 알기 위해서가 아니더라도 그냥 함께 있는 게 좋아서 자주 아버지에게 말을 걸 것이다.

물론 이런 비유가 완전하지는 못하다. 하지만 아주 중요하게 기억해야 할 것은 기도가 마법이 아니며, 하나님이 주권적인 것 못지않게 인격적인 분이라는 사실이다. 간구가 기도의 전부는 아니지만 성경의 하나님께 드리는 지속적인 기도에는 반드시 간구도 포함된다. 게다가 우리는 자기중심적인 죄에 너무 쉽게 빠지므로, 거룩하신 하나님께 나아갈 때 죄를 회개하고 자백하는 것도 필요하다. 그런가 하면 그분의 사랑과 용서하심, 영화로우신 존재 자체에 초점을 맞추어 넘치는 기쁨과 찬양으로 그분께 나아갈 때도 있다. 성경에 하나님을 대하는 여러 모습이 풍요롭게 조합되어 있듯 그것이 우리의 삶 속에도 그대로 이식되어야 한다. 결국 이 풍요로운 조합은 우리가 성경의 하나님과 더불어 마땅히 누려야 할 관계의 다양한 요소들이 반영된 것이다.

이런 '이론적인' 근거 외에 몇 가지 지극히 실제적인 문제도 있다. 우리가 기도하는 대상이 지금까지 말한 그런 하나님이라면, 그분께 간구하고 중보할 때 운명론적이거나 마술적인 관점에서 생각해서는 안 된다. 그와 반대로 인격적이고 관계적인 범주에서 생각해야 한다. 우리가 하늘 아버지께 뭔가를 구함은 그분이 많은 복을 기도를 통해서만 주시기로 정하셨기 때문이다. 기도는 자기 백성에게 복을 주시기 위해 그분이 정하신 수단이다. 그러므로 우리는 그분의 약속을 주장하면서, 그분의 뜻과 가치관과 성품과 목적에 맞게 기도해야 한다. 그렇다면 실제로 **그 일을 어떻게 할 것인가?**

하나님의 약속과 뜻, 가치관과 성품과 목적을 어디서 배울 것인가? 우리는 그 모든 것을 그분이 은혜로 주신 성경에서 배운다. 그래서 우리는 하나님께 기도하고 뭔가를 구할 때 최대한 성경에 의지하여 간구해야 한다. 이것이야말로 지극히 **실제적인** 방법이다.

다른 책에서 말했듯이 나는 이 방법을 처음 배울 때 망설였다.[6] 그 배움은 나를 월요일 밤마다 따로 불러 기도를 가르쳐 준 그 목사를 통해 시작되었다. 초기에 망설였던 경험을 여기에 되풀이해 말할 생각은 없다. 다만 내가 그에게서 배운 교훈이 있다. 하나님께서 우리에게 원하시는 기도 제목을 성경에 비추어 깊이 생각하는 것이 중보기도의 가장 중요한 요소 중 하나라는 점이다.

이것은 피상적인 문제가 아니며, 답을 얻기가 좀처럼 쉽지 않다. 사려 깊고 균형 잡힌 답을 얻으려면 성경의 각 부분과 전체를 더 깊이 알아 가야 한다. 예컨대 가족들을 위해 기도할 때 식구별로 정확히 무엇을 구해야 하는가? 왜 그런가? 나와 가까운 사람이 불치병에 걸렸을 때 뭐라고 기도할 것인가? 왜 그런가? 치유해 주시도록, 또는 고통이 없도록, 또는 믿음과 인내를 주시도록, 또는 그대로 받아들이도록 기도할 것인가? 또 상대가 75세라면 29세의 경우와는 어떻게 다를 것인가? 왜 그런가, 혹은 왜 그렇지 않은가? 하나님께 겸손히 요청해도 되는 것과 담대히 주장해야 할 것이 따로 있는가? 만일 그렇다면 각 범주에 해당되는 것들은 무엇인가?

이 주제로 아주 유익한 책을 쓸 수도 있을 것이다. 단, 저자는 성경에 정통할 뿐 아니라 실제로 기도에 관해 오랜 세월 훈련되어 있어야 한다. 그런 책은 아무리 잘 써도 미완인 부분이 많을 수밖에 없다. 훌륭한 기도란 하나님과의 관계에서 맺는 열매이지 복을 얻어 내는 기술이 아니기 때문이다. 게다가 수많은 상황에서 우리는 뭐라고 기도해야 할지 전혀 모른다. 그럴 때 기도에 열심인 그리스도인은 바울이 어떤 뜻으로 이런 말을 썼는지 배운다. "이와 같이 성령도 우리의 연약함을 도우시나니 우리는 마땅히 기도할 바를 알지 못하나 오직 성령이 말할 수 없는 탄식으로 우리를 위하여 친히 간구하시느니라. 마음을 살피시는 이가 성령의 생각을 아시나니 이는 성령이 하나님의 뜻대로 성도를 위하여 간구하심이니라."롬 8:26-27 우리의 중보기도는 과녁을 빗나갈 수 있다. 많은 경우에 우리는 성경과 하나님을 충분히 잘 모르기 때문에 뭐라고 기도해야 할지 자신이 없다. 다행히 그리스도인이 기도하는 동안 성령께서 말 없는 탄

식으로 아버지께 중보하셔서 우리를 도와신다.7

최대한 성경에 의지하여 간구하기가 쉽지 않음을 솔직히 인정해야 한다. 이런 능력에서 자랄수록 그리스도인들이 배우는 사실이 있다. 성령의 중보에 의지해 기도할 수밖에 없는 상황이 무수히 많다는 것이다. 그러나 그 점을 인정한―사실은 강조한―상태에서 이제 우리는 반드시 이 훈련에 힘써야 한다. 그렇지 않고서야 하늘 아버지께서 무엇을 원하시는지 어떻게 배울 수 있다는 말인가? 그분이 원하시는 기도 제목과 그 이유, 그리고 그분께 나아가는 방법을 어떻게 알 것인가?

7. 모든 영적 지도자는 공적인 기도를 숙련하라.

주일학교 교사, 목회 사역자, 전도 소그룹 리더 등 어떤 부류의 영적 지도자이든 관계없다. 어느 곳에서든 지도자로서 공적으로 기도해야 할 경우가 있다면, 공적인 기도를 숙련해야 한다.

어떤 사람들은 이 조언을 아주 부정하게 여긴다. 너무 홍보성이 짙고 대외적 이미지에 신경 쓰는 듯한 냄새를 풍긴다는 것이다. 그들은 사적인 기도든 공적인 기도든 어차피 하나님께 기도하는 것이므로, 그분만 생각하면 되지 남을 의식할 필요는 없다고 말한다.

하지만 이런 반론은 요지를 놓친 것이다. 물론 하나님을 기쁘시게 하려는 기도와 동료인 인간을 기쁘게 하려는 기도 중 택일해야 한다면 주저 없이 전자를 택해야 한다. 그러나 관건은 그게 아니다. 이는 듣는 사람들을 기쁘게 하는 문제가 아니라 그들에게 교훈과

덕을 끼치는 문제다.

이런 관점을 지지하신 분은 궁극적으로 예수 자신이다. 돌이 옮겨진 나사로의 무덤 앞에서 예수는 하늘을 우러러보시며 이렇게 기도하셨다. "아버지여, 내 말을 들으신 것을 감사하나이다. 항상 내 말을 들으시는 줄을 내가 알았나이다. 그러나 이 말씀 하옵는 것은 둘러선 무리를 위함이니 곧 아버지께서 나를 보내신 것을 그들로 믿게 하려 함이니이다."요 11:41-42 보다시피 예수께서도 기도하실 때 청중이 들어야 할 내용을 어느 정도 의식하셨다.

요지는 비록 대상이 하나님이라도 다른 사람들도 함께 듣는 것이 바로 공적인 기도라는 사실이다. 물론 하나님께 기도하기보다 사람들을 감동시키려고 더 애쓴다면, 이는 기도하는 사람의 지독한 위선이다. 그래서 예수는 당대의 많은 공적인 기도를 엄히 책망하시면서 사적인 기도가 우선임을 역설하셨다.마 6:5-8 하지만 그렇다고 공적인 기도를 완전히 버려야 한다는 뜻은 아니다. 사적인 기도가 흘러넘쳐서 공적인 기도가 되어야 한다는 뜻이다. 나사로의 무덤에서 보여주신 예수의 본보기로 미루어 판단하건대, 자신의 기도가 분명히 하나님을 향한 것일지라도 그 기도를 듣는 사람들이 있다는 것은 염두에 둘 충분한 이유가 있다.

요컨대 공적인 기도는 교육의 기회다. 기도하는 사람은 그 기회를 통해 모든 듣는 이에게 교훈이나 격려, 혹은 덕을 끼칠 수 있다. 전례문을 사용하는 교회에는 많은 기도문이 잘 작성되어 있다. 그러나 어떤 사람들의 귀에는 그것이 부자연스럽게 들린다. 전례문을 사용하지 않는 교회의 경우 많은 기도가 너무 뻔하다. 기도문보다 지연스럽지도 않을뿐더러 대부분 잘 작성되는 편도 아니다. 양쪽 모두의 상황에 알맞은 답은 더 많은 기도문을 신중하고 참신하게 준비하는 것이다. 꼭 구구절절 다 써야 한다는 말은 아니다(그래도 좋겠지만 말이다). 다만 적어도 기도가 어느 방향으로 갈지 미리 세심히 생각해서 준비해야 한다. 필요하다면 간단히 적어서 외워도 좋다.

공적인 기도는 책임이자 특권이다. 지난 세기, 영국의 위대한 설교자 찰스 스펄전$^{Charles\ Spurgeon}$은 자신의 강단을 공유하는 것을 개의치 않아 했다. 때로는 그가 있을 때도 다른 사람들이 그의 교회에서 설교했다. 하지만 예배 중 '목회자의 기도' 순서만은 그가 있을 때면 꼭 그가 맡았다. 이 결정은 자신의 기도가 남들의 기도보다 더 힘이 있다는 제사장적 신념에서 비롯된 것이 아니다. 그보다는 교인들을 향한 그의 사랑과 기도를 중시하는 마음, 공적인 기도로 하나님께 중보할 뿐 아니라 성도들에게 교훈을 주고, 그들을 세우고 격려해야 한다는 확신에서 비롯된 것이었다.

기독교 제자도의 많은 측면을 비롯해, 특히 기도는 정식 교육보다 본보기를 통해 더 효과적으로 전수된다. 좋은 기도란 배우기보다 체득되기가 더 쉽다. 더불어 기도의 모델을 선택해야 한다는 말이 옳다면, 그 진리의 이면으로 우리도 남들에게 모델이 될 책임이 있다. 그러므로 교회 예배를 인도하든 가정 예배를 인도하든, 성경 공부 소모임에서 기도하든 큰 집회에서 기도하든, 당신의 공적인 기도를 숙련하라.

8. 기도가 될 때까지 기도하라.

이것은 청교도들의 조언인데, 단지 우리의 기도가 대체로 끈질겨야 한다는 뜻은 아니다. 물론 성경에서는 끈질긴 기도를 거듭 강조한다. 엘리야는 하나님의 약속대로 기도했음에도 일곱 번이나 기도한 후에야 하늘에 구름 조각이 나타났다. 주 예수는 여러 비유로 끈질긴 기도를 독려하셨다.눅 11:5-13 하나님은 장황한 기도에 딱히 감동하지 않으시며, 말수가 많다는 이유만으로 더 잘 도와주시는 것도 아니다. 어떤 세대들은 그 사실을 배울 필요가 있다. 하지만 우리 세대가 배워야 할 사실도 있다. 하나님은 태만 죄에 불과한 부류의 짧은 기도에 감동하지 않으신다. 불성실과 영적 경박성이 조합되어 기도가 짧아진다 해서 더 잘 도와주시는 것도 아니다. 분명히 우리 세대는 끈질긴 기도를 배워야 하며, 이 점에 대해서는 뒤에서 다시 살펴볼 것이다.

하지만 청교도들이 서로 "기도가 될 때까지 기도하라"고 권면한 것은 그런 의미가 아니다. 그들의 말은 그리스도인들이 한 번을 기도하더라도 충분히 오랫동안, 충분히 솔직하게 기도해서, 적잖은 기도에 수반되는 형식주의적이고 비현실적인 느낌을 넘어서야 한다는 뜻이다. 특히 우리는 그저 의무만 다하려고 서둘러 몇 분밖에 기도하지 않을 때 그런 감정에 빠지기 쉽다. 기도의 영 안에 들어가려면 한동안 기도를 지속해야 한다. "기도가 될 때까지 기도하면" 결국 우리는 하나님의 임재를 즐거워하고, 그분의 사랑 안에 안식하며, 그분의 뜻을 소중히 여기게 된다. 심지어 암담하고 괴로운 마음으로 기도를 드릴 때도 어쨌든 자신이 하나님과 함께 일하고 있음을 느낀다. 요컨대 우리는 독자들에게 "성령으로 기도"하라고 권면한 유다의 말뜻을 조금이나마 알게 된다.[유 1:20] 아마 그 말은 우리가 위험하게도 성령으로 기도하지 **않을** 수 있다는 의미일 것이다.

C. S. 루이스[C. S. Lewis]가 인용한 작자 미상의 시에도 거의 동일한 관점이 배경에 깔려 있다.

주여, 사람들은 말하기를
제가 주님과 대화할 때
목소리가 하나뿐이니, 모두
일인이역의 꿈이라 합니다.

정말 그럴 때가 있으나
그들의 생각대로는 아닙니다.
제 안에서 할 말을 찾으려 해도
아, 우물이 메말라 있습니다.

텅 빈 저를 보신 주님은
듣던 자리에서 내려오시어
제 둔한 입술로 말씀하시고
몰랐던 생각을 깨우십니다.

굳이 답하실 필요가 없으니
우린 둘 같으나
영원히 주님 홀로이시고, 저는
꿈꾸는 게 아니라 주님의 꿈입니다.[8]

루이스도 지적했듯이 여기서 "꿈"이라는 표현은 너무 범신론적이며, "아마 각운을 살리려고 동원되었을 것이다."[9] 이 무명의 저자가 신학자라기보다 시인인 것만은 분명하다. 그래도 이 시에는 중요한 사실이 담겨 있다. "너희 안에서 행하시는" 하나님께서 과연 "자기의 기쁘신 뜻을 위하여 너희에게 소원을 두고 행하게 하시"는 분이라면,[빌 2:13] 당연히 자신의 영으로 우리의 기도를 도우신다는 것이다. 기도의 원리를 배운 그리스도인이라면 누구나 경험으로 이 말씀의 의미를 조금이라도 안다. 청교도들은 그것을 깊이 알았다. 그래서 "기도가 될 때까지 기도하라"고 서로 권면했다. 이런 조언을 빌미로 신종 율법주의를 만들어서는 안 된다. 성경에 아주 짧고 급한 기도의 놀랄 만한 예들도 나와 있다.[느 2:4] 그러나 서구 세계에는 이 조언이 절실히 필요하다. 우리 가운데 많은 이들의 기도가 초인종을 누르고 누가 나오기도 전에 달아나 버리는 개구쟁이 아이들과 같기 때문이다. 기도가 될 때까지 기도하라.

이상은 내가 다른 그리스도인들에게 배운 몇 가지 교훈이다. 하지만 그것이 무슨 규정이나 시험 기준이나, 심지어 '방법론' 같은 지침이라는 인상은 추호도 남기고 싶지 않다. 그런 점에서 J. I. 패커의 말을 곱씹어 볼 만하다.

우선 자명한 이치가 있다. 모든 건강한 부부 관계와 마찬가지로 각 그리스도인의 기도 생활에도 일반화될 수 있는 공통점이 있는가 하면, 어느 누구의 기도 생활과도 비교될 수 없는 독특한 점도 있다. 당신은 당신이고 나는 나여서 하나님과 교제하는 법도 각자 찾아야 한다. 공작이나 요리는 책대로 하면 되지만 기도에는 그런 처방전이 없다. 설명서대로만 하면 결코 실수할 수 없다는 논리는 불가능하다. 기도는 목공이나 요리가 아니라 살아 계신 하나님과 그분의 아들 예수 그리스도와의 인격적 관계다. 적극적으로 우정을 가꾸어 나가는 과정이며, 우리의 통제보다 하나님의 통제 하에 있다. 결혼 지침서처럼 기도에 관한 책도 기계적 미신처럼 대해서는 안 된다. 기술만 숙달하면 모든 어려움이 풀릴 것처럼 생각해서는 안 된다. 기도에 관한 책의 목적은 시도할 만한 일들을 제시하는 데 있다. 다른 친밀한 관계에서도 그렇듯이 기도할 때도 당신에게 맞는 것을 시행착오를 통해 알아내야 한다. 기도는 기도하면서 배우는 것이다. 우리 중에는 말수가 많은 사람도 있고 과묵한 사람도 있다. 늘 입으로 표현하는 사람도 있고, 하나님을 사모하는 마음으로 침묵을 가꾸는 사람도 있다. 방언으로 기도하는 사람도 있고, 일부러 방언을 삼가는 사람도 있다. 이 모두가 하나님께서 본래 각자에게 주신 기도일 수 있다. 성경의 지침을 벗어나지 않되 그 지침 내에서 존 채프먼[John]

Chapman의 말처럼 "자신에게 통하는 방법으로 기도하고, 통하지 않는 방법으로는 애쓰지 말라." 기도의 규칙이라면 그것뿐이다.[10]

복습과 묵상을 위한 질문

1. 그동안 당신이 다른 사람들의 기도를 들으면서 기도에 대해 배운 긍정적 측면과 부정적 측면을 각각 열거해 보라.

2. 앞으로 6개월 동안 당신의 기도 생활을 향상시키기 위해 힘쓸 수 있는 실제적인 방법들을 열거해 보라.

3. 그리스도인 설교자들과 교사들이 "하나님의 말씀을 기도하는 마음으로 묵상하라"고 권할 때 그 말은 어떤 의미인가?

2.

기도의 틀

The Framework of Prayer

| 데살로니가후서 1:3-12 |

데살로니가 교인들을 위한 바울의 기도

¹바울과 실루아노와 디모데는 하나님 우리 아버지와 주 예수 그리스도 안에 있는 데살로니가인의 교회에 편지하노니 ²하나님 아버지와 주 예수 그리스도로부터 은혜와 평강이 너희에게 있을지어다.
³형제들아, 우리가 너희를 위하여 항상 하나님께 감사할지니 이것이 당연함은 너희의 믿음이 더욱 자라고 너희가 다 각기 서로 사랑함이 풍성함이니 ⁴그러므로 너희가 견디고 있는 모든 박해와 환난 중에서 너희 인내와 믿음으로 말미암아 하나님의 여러 교회에서 우리가 친히 자랑하노라.
⁵이는 하나님의 공의로운 심판의 표요 너희로 하여금 하나님의 나라에 합당한 자로 여김을 받게 하려 함이니 그 나라를 위하여 너희가 또한 고난을 받느니라. ⁶너희로 환난을 받게 하는 자들에게는 환난으로 갚으시고 ⁷환난을 받는 너희에게는 우리와 함께 안식으로 갚으시는 것이 하나님의 공의시니 주 예수께서 자기의 능력의 천사들과 함께 하늘로부터 불꽃 가운데에 나타나실 때에 ⁸하나님을 모르는 자들과 우리 주 예수의 복음에 복종하지 않는 자들에게 형벌을 내리시리니 ⁹이런 자들은 주의 얼굴과 그의 힘의 영광을 떠나 영원한 멸망의 형벌을 받으리로다. ¹⁰그날에 그가 강림하사 그의 성도들에게서 영광을 받으시고 모든 믿는 자들에게서 놀랍게 여김을 얻으시리니 이는 [우리의 증거가 너희에게 믿어졌음이라].
¹¹이러므로 우리도 항상 너희를 위하여 기도함은 우리 하나님이 너희를 그 부르심에 합당한 자로 여기시고 모든 선을 기뻐함과 믿음의 역사를 능력으로 이루게 하시고 ¹²우리 하나님과 주 예수 그리스도의 은혜대로 우리 주 예수의 이름이 너희 가운데서 영광을 받으시고 너희도 그 안에서 영광을 받게 하려 함이라.

— 데살로니가후서 1:1-12

데살로니가후서 1:11-12에 나오는 바울의 기도를 살펴보기 전에, 잠시 멈추어 사도인 그가 직접 닦은 기초를 생각해 보아야 한다. 바울의 간구는 "이러므로 우리도 항상 너희를 위하여 기도함은"[살후 1:11]이라는 말로 시작된다.[1] 여기서 "이러므로"란 무엇을 가리키는가? 아마도 인사말[살후 1:1-2]만 제외한 이전의 전부를 가리킬 것이다. 당시의 서신이 흔히 그랬듯이 바울도 첫 인사 후에 대개 감사의 문단으로 편지를 시작한다. 이 부분은 주로 그의 특정 독자들의 상황에 세심히 맞추어져 있다. 그런데 이번 경우에 그는 3절에서 시작되는 감사("형제들아, 우리가 너희를 위하여 항상 하나님께 감사할지니…")와 이어지는 전체 사고의 흐름(10절까지)을 염두에 두고서 11-12절의 기도로 들어간다.

다시 말해서 3-10절은 바울이 기도할 때 품은 사고의 틀이다. 바울이 기도하는 내용과 이유를 다분히 그 틀이 지배한다. 여기서 3-10절의 의미를 상세히 다 풀어낼 수는 없지만, 잠시 멈추어 그 기도의 틀에 두드러진 두 가지 특징을 살펴보아야 한다. 그래야 바울의 기도를 이해할 수 있다.

은혜의 징후들로 인한 감사

"형제들아, 우리가 너희를 위하여 항상 하나님께 감사할지니 이것이 당연함은 너희의 믿음이 더욱 자라고 너희가 다 각기 서로 사랑함이 풍성함이니 그러므로 너희가 견디고 있는 모든 박해와 환난 중에서 너희 인내와 믿음으로 말미암아 하나님의 여러 교회에서 우리가 친히 자랑하노라." 살후 1:3-4 바울의 중보기도를 지배하는 사고의 틀에서 감사는 분명 근본적인 요소다. 그렇다면 그는 무엇이 감사한가?

　흔히 우리가 감사하는 이유는 무엇인가? 우리는 식사 기도를 통해 음식을 주신 하나님께 감사한다. 신청했던 대출금이 잘 나오거나 새 차를 사서 처음 시동을 켤 때 등 물질적 복을 받았을 경우 감사한다. 운전 중 위험한 상황을 가까스로 모면했을 때도 안도의 감사가 새어 나올 수 있다. 또한 중병에서 회복되면 감사의 기도가 진지하고 뜨거울 수 있다. 물론 아는 사람이 최근에 회심했다는 소식을 들었을 때도 잠깐 감사를 드릴 수 있다. 하지만 대체로 우리의 감사는 물질적 행복이나 안락과 밀접하게 연관되어 있는 것 같다. 가장 자주 감사하는 제목을 돌아보면 자신이 가장 중시하는 게 무엇인지 알 수 있다. 이는 엄연한 진리다. 물질적 형통으로 인한 감사의 비율이 높은 것은 그만큼 우리가 물질적 형통을 중시하기 때문이다.

그래서 바울의 감사를 처음 접하면 당혹스럽거나 심지어 낯설어 보일 수 있다. 그 주안점이 흔히 우리가 버릇처럼 떠받드는 것들이 아니기 때문이다. 바울은 자신의 편지를 받는 그리스도인들에게서 나타나는 은혜의 징후들로 인해 감사한다.

1. 바울은 독자들의 믿음이 자라고 있음에 감사한다.

그는 "너희의 믿음이 더욱 자라"기 때문에 하나님께 감사한다고 했다.^{살후 1:3} 믿음이 자란다고 한 것으로 보아 최초의 회심을 가리키는 말은 아니고 주님을 점점 더 의지한다는 뜻이다. 사실 **믿음**(헬라어로 피스티스^{pistis})이라는 단어에는 '충절', '충실'이라는 뜻도 있으며, 이 문맥에서 '충절'은 '신뢰'와 그리 멀지 않다. 주님과 그분의 복음을 더 신뢰할수록 그분과 복음을 향한 충절도 깊어질 수밖에 없다. 그리고 신뢰가 깊어지면 믿을 만한 사람이 된다. 데살로니가 교인들은 믿음에서 자라고 있었다. 어제의 성취로 만족하지 않고 영적 성숙을 향해 힘껏 발돋움하고 있었다. 그래서 바울은 그것으로 인해 감사한다.

2. 바울은 그들의 사랑이 풍성함에 감사한다.

문맥상 바울이 생각한 것은 하나님을 향한 사랑이 아니고(물론 그분을 향한 사랑도 풍성하다고 전제된다), 얄팍하거나 한낱 감상적인 감정은 더더욱 아니며, "너희가 다 각기 서로 사랑"하는 실재적 사랑이다.^{살후 1:3} 서로를 향한 사랑이 자라고 있다면, 이는 그들이 예수의 제자라는 근거가 될 수밖에 없다. 그런 사랑이 예수를 따르는 사람들 특유의 표라고 그분이 친히 말씀하지 않으셨던가? 요 13:34-35

이 개념을 좀 더 깊이 살펴볼 필요가 있다. 이상과 목표를 공유한 긴밀한 공동체는 대개 사랑과 용납과 내적 단결을 다지기가 비교적 쉽다. 예컨대 지역의 등반 동호회, 조기 축구회, 잘 단합된 지역 교회 등에서 어느 정도의 깊은 동지애를 흔히 볼 수 있다. 물론 이런 단체도 권력 다툼이나 회원 간 분란이나 치사한 족벌주의 때문에 흉하게 분열될 수 있다. 그래도 이런 단체에서는 어느 정도의 투명한 사랑이 드물지 않다.

하지만 이상적으로 교회는 다르다. 교회의 구성원은 무한히 다양하다. 가난한 사람과 부자, 배운 사람과 무학자, 현실적인 사람과 공상가, 세련된 사람과 투박한 사람, 귀족과 평민, 잘 훈련된 사람과 무질서한 사람, 치열한 사람과 태평한 사람, 외향적인 사람과 내성적인 사람, 그리고 그 사이에 속한 모든 부류가 있다. 이들을 하나로 묶어 주는 **유일한** 끈은 예수 그리스도께 충성하고 헌신하는 공통된 마음이며, 그 마음은 그들을 향한 그분의 형언할 수 없는 사랑에서 비롯된다.

그래서 지역 교회가 분노와 곪은 원한의 온상이 되는 것은 늘 비참하고 가슴 아픈 일이다. 이런 딱한 상태는 단순히 사회적, 경제적, 기질적, 교육적, 기타 측면에서 사람들을 하나로 묶어 주는 요소가 거의 없기 때문에 터져 나올 수 있다. 그러므로 가장 중요한 일차적 충성의 대상을 놓치면 그리스도인들은 싸우게 마련이다. 그리스도 예수 안에서 누리는 하나님의 사랑보다 사회적, 인종적, 경제적, 기질적 동질성이 더 중요해지면 우상 숭배가 고개를 처들어 그분을 욕되게 한다. 예수 그리스도를 깊이 사랑한다는 고백이 그분을 똑같이 사랑한다고 고백하는 사람들을 향한 사랑으로 나타나지 않는다면, 마땅히 우리는 그 고백이 얼마나 진지한 것인지 되물어야 한다.

그러나 이것을 긍정적으로 여길 수도 있다. 예수 그리스도께 사랑받고 그분을 사랑한다는 이유만으로 그리스도인들 사이에 사랑이 풍성해진다면, 이 사랑은 그들의 삶에 은혜가 임했다는 틀림없는 징후가 되기 때문이다. 바울은 데살로니가 교인들의 소식을 들으면서 그들의 풍성한 사랑에 감동했다. 그런 사랑은 하나님의 역사일 수밖에 없기에 바울의 감사는 그분께로 향한다. 이런 사랑의 표현은 무엇보다도 은혜의 확실한 증거다. 데살로니가 회중은 소수의 영적 엘리트층만이 아니라, "너희가 다" 이 사랑에 사로잡혀 있었다. 이것은 부흥의 모습이며, 이로 인해 바울은 감사한다.

3. 바울은 그들이 환난 중에 인내함에 감사한다.

물론 이 같은 감사는 형식상 앞에서 언급한 두 종류의 감사와는 약간 다르다. 그래도 그의 논리를 따라가 보면, 이 또한 틀림없는 감사다.

중요하게 눈여겨볼 대목은 바울이 기도 골방에서 혼자서만 하나님께 감사하고 만 게 아니라는 점이다. 데살로니가 교인들은 믿음과 사랑이 자라남에 따라, 영적으로 충분히 강건해져 박해와 환난을 견디며 인내했다. 그들의 한결같은 인내가 어찌나 돋보였던지 바울은

"하나님의 여러 교회에서" 그것을 자랑했다.^살후 1:4 "내가 얼마나 훌륭한 교회를 개척했는지 보라!"고 말했다는 뜻이 아니다. 결코 그런 식의 자화자찬이 아니다. 그보다 바울의 말은 이런 의미였다. "하나님의 은혜가 데살로니가 교인들의 삶 속에 얼마나 강력하게 역사하고 있는지 보았는가? 그들이 버거운 박해와 각종 환난을 견디는 모습은 정말 훌륭해서 하나님의 은혜를 설득력 있게 증언해 준다네. 그들은 성장하는 믿음과 사랑으로 무장하고 전진 또 전진한다네. 얼마나 귀한 모본인가! 우리 모두에게 얼마나 격려와 자극이 되는가!" 이렇듯 그의 자랑은 다른 교회들 앞에서 하나님께 올려 드리는 더 많은 찬양과 감사나 다름없다.

우리는 무엇으로 인해 하나님께 감사하는가? 다른 서신에 바울은 "위의 것을 찾으라"고 말한다.^골 3:1 우리가 애지중지하는 게 하늘의 영역에 속해 있다면 우리 마음과 생각도 하늘의 모든 귀한 것들 쪽으로 기울겠지만, 우리가 애지중지하는 게 한낱 덧없는 땅의 영역에 속해 있다면 우리 마음과 생각도 한낱 덧없는 것들 쪽으로 기울 것이다. 우리의 보물이 있는 곳에 마음도 있다고 주께서 친히 가르치셨다.^마 6:19-21

그렇다면 이것은 우리의 기도와 어떤 관계가 있는가?

우리의 기도를 바울과 비슷한 사고의 틀로 가꾸려면, 그리스도인들의 삶 속에서 은혜의 징후를 찾아 그것으로 인해 하나님께 감사해야 한다. 바울은 무작정 특정 그리스도인들이 도달한 성숙의 수준에 대해 감사한 뒤, 그보다 더 성숙하게 해달라고 구한 것이 아니다(그런 점도 조금 있지만 말이다). 그의 구체적인 감사 제목을 보면, 그가 어떤 가치관의 틀을 품고 중보기도에 임했는지 알 수 있다. 똑같은 틀을 우리도 시급하게 가꾸어야 한다.

최근 하나님께 감사한 제목이 무엇인가? 예컨대 지역 교회의 교인들이나 그리스도인 일꾼들을 쭉 훑어가면서 그들의 삶 속에 나타나는 은혜의 징후로 인해 조용히 하나님께 감사한 적이 있는가? 서로 안에서 그리스도를 점점 닮아 가는 모습, 신뢰와 신임과 사랑과 진정한 영적 강건함 등의 증거를 목격할 때 우리는 하나님을 찬양하는가?

더 읽어 보면 두드러진 특징이 또 하나 나온다.

장래의 신원伸寃에 대한 확신

환난 중에도 충실한 데살로니가 교인들로 인해 감사한 바울은 이어, 그 충실함 자체가 "하나님의 공의로운 심판의 표"로서 "너희로 하여금 하나님의 나라에 합당한 자로 여김을 받게" 한다고 말한다.살후 1:5 이는 그들이 단지 충분한 인내를 보임으로써 그 나라에 들어갈 자격을 얻는다는 뜻이 아니다. 반대로 그들이 이미 그 나라에 받아들여졌음이 인내를 통해 입증된다는 의미다. 인내는 하나님 나라에 들어갈 자격의 증거이자, 그 나라에 들어가기에 "합당한 자로 여김"을 받는 이유다. 그들의 삶의 결정적 전환점은 복음을 처음 믿을 때 이미 찾아왔다. "우리의 증거가 너희에게 믿어졌음이라."^{살후 1:10} 그 회심을 넘어서서 지금 바울은 진정한 그리스도인은 궁극적으로 참고 견딘다는 것을 전제한다. 이 전제는 성경에 일관되게 나타난다.^{마 24:13, 요 8:31, 히 3:14, 요일 2:18-19} 그리스도인들은 넘어지고 실족하여 도마처럼 의심하고 베드로처럼 주님을 부인할 수 있으나, 결국 도마의 고백에 "아멘" 하며^{요 20:28} 베드로와 함께 울게 된다.^{마 26:75}

여기서 5-10절을 상세히 강해할 수는 없다. 다만 바울이 방금 제시한 두 가지 주제에만 주목하면 된다. 이를 바탕으로 그의 논리는 다음 단계로 넘어간다. 1)문맥상 "하나님의 나라"는 궁극적으로 완성된 나라, 싸움이 종식된 하나님의 통치, 새 하늘과 새 땅에 이루어질 그분의 최종 승리를 가리킨다. 비슷하게 2)데살로니가 교인들이 보여준 인내도 무턱대고 버티는 오기가 아니라, 바로 그 영광스러운 최종 나라를 지향하는 한결같은 견딤이다. 그리스도인들은 자학하지 않는다. 고난 자체가 선하다는 미련하고 절망적인 신념 때문에 고난을 자원하지 않는다. 그들이 선뜻 고난을 견딤은 늘 목표를 바라보기 때문이다. 이렇듯 이 두 가지 주제는 우리를 그리스도인의 목표 가까이로 데려간다.

바로 그 목표가 바울이 5-10절에 말하는 내용이다. 그렇다고 그가 "하늘" 자체에 초점을 맞춘 것은 아니다. 그의 초점은 이미 시작된 새 하늘과 새 땅이 신자들에게, 그리고 그들을 대적하는 세력에게 어떤 의미가 있느냐는 것이다.

1. 신자들에게는 장차 신원이 있다.

"환난을 받는 너희에게는 우리와 함께 안식으로 갚으시는 것이 하나님의 공의시니… 그날에 그가 강림하사 그의 성도들에게서 영광을 받으시고 모든 믿는 자들에게서 놀랍게 여김을 얻으시리니 이는 [우리의 증거가 너희에게 믿어졌음이라]."살후 1:7, 10

이런 절절한 기대감이 서구의 많은 복음주의 진영에서 점차 상실되고 있다. 얼마 전까지만 해도 우리는 종말론 때문에, 즉 종말에 벌어질 일에 대한 이견으로 싸웠다. 시시콜콜한 추측성 이론 때문에 분열까지 불사한 그리스도인들도 많았다. 다행히 지금은 그런 지엽적 문제로 싸우려는 사람은 별로 없다. 서로 포용하면서 귀한 소득을 얻었다. 그러나 그 과정에서 우리는 다른 것을 잃었다. 종말론의 지나친 강조에 과잉으로 대응하다 보니, 우리 중 많은 사람들은 소소한 문제로 인한 분열만 버린 게 아니라 종말론의 핵심에 대한 관심까지 버렸다.

우리는 주님의 재림에 대한 기대감을 잃고 있다. 그런데 보다시피 바울의 사고의 기초는 바로 그 기대감에 있다. 설령 핵심 진리를 부인하지 않는다 해도, 많은 이들에게 그 진리는 능력을 잃었다. 그것은—영광 중에 다시 오실 주님을 사모하는 마음, 현 상태의 우주가 종식되리라는 기대감, 의인과 악인이 영원히 최종 분리되리라는 확신—이미 지금부터 인생을 변화시키는 궁극적 실체임에도 불구하고 우리에게 그저 신경信經의 한 조항이 되고 말았다.

이는 뼈아픈 상실이다. 그래서 우리는 "좀이나 동록이 해하지 못하며 도둑이 구멍을 뚫지도 못하고 도둑질도 못하"는[마 6:20] 천국 은행에 투자해야 하는데도, 자칫 유혹에 넘어가 시간과 에너지와 돈을 그저 일시적이고 덧없는 일에 거의 다 쏟아부을 수도 있다.

  종말에 대해 아주 성경적이고 뜨끔한 설교를 마지막으로 들어 본 게 언제인가? 다음과 같은 진리들을 그저 형식적으로가 아니라 진심으로 이해하며 뜨겁게 노래하는 회중들은 어디로 갔는가?

> 대속하신 구주께서 구름 타고 오실 때
> 천만 성도 함께 모여 주의 뒤를 따르네
> 할렐루야 할렐루야 우리 구주 오시네
>
> 엄숙하신 주의 위풍 모든 사람 뵈올 때
> 주를 팔고 십자가에 못을 박던 자들이
> 슬피 울고 가슴 치며 참 메시아 뵙겠네
>
> 주가 당한 고난 흔적 모든 사람 볼 때에
> 구원받은 모든 성도 주께 경배 드리네
> 할렐루야 할렐루야 주님 다시 오시네
>
> 고대하던 예수께서 영광 중에 오실 때
> 왕의 왕이 되신 주를 우리 환영하겠네
> 할렐루야 할렐루야 주여 어서 오소서

「대속하신 구주께서」(새찬송가 174장),
찰스 웨슬리$^{Charles\ Wesley}$, 1758년(원작 존 세닉$^{John\ Cennick}$, 1752년)

다음과 같은 찬송가를 간절한 기대감을 품고 부르는 사람들이 우리 중에 얼마나 되는가?

저 요단강 건너편에 화려하게 뵈는 집
나를 위해 예비하신 집일세
강가에는 생명나무 꽃이 만발하였네
주의 얼굴 그곳에서 뵈오리

주가 내게 부탁하신 모든 역사 마친 후에
예비하신 그곳에서 쉬겠네
성도들이 주의 영광 할렐루야 부를 때
나의 음성 그 노래에 합하리

「저 요단강 건너편에」(새찬송가 243장),
캐리 E. 브레크$^{Carrie\ E.\ Breck}$, 1898년

이렇듯 마지막 날 신자들에게는 신원이 있다.

2. 그러나 다른 사람들에게는 보응이 있다.

"너희로 환난을 받게 하는 자들에게는 환난으로… 갚으시는 것이 하나님의 공의시니 주 예수께서 자기의 능력의 천사들과 함께 하늘로부터 불꽃 가운데 나타나실 때에 하나님을 모르는 자들과 우리 주 예수의 복음에 복종하지 않는 자들에게 형벌을 내리시리니 이런 자들은 주의 얼굴과 그의 힘의 영광을 떠나 영원한 멸망의 형벌을 받으리로다. 그날에 그가 강림하사 그의 성도들에게서 영광을 받으시고."살후 1:6-10

보응의 개념을 불쾌하게 여기는 사람들이 많이 있다. 그들에 따르면 이런 "눈에는 눈"의 신학은 기독교 복음의 높은 경지에 이르지 못한 것이다. 그들에게는 은혜가 지배하고, 용서가 복수를 몰아내는 게 복음이다. 보응은 쩨쩨하고 가혹한 복수이며, 그리스도를 따르는 사람들에게 전혀 어울리지 않는다. 그분은 "아버지, 저들을 사하여 주옵소서. 자기들이 하는 것을 알지 못함이니이다!"라고 부르짖으신 분이다. 따라서 그들에게는 이 본문이 쓸데없이 구약의 원시적 수준으로 퇴보한 것에 지나지 않는다.

하지만 이런 분석은 통하지 않는다. 단순히 공정성의 차원에서만 보더라도 마찬가지다. 몇 년 전에 영국의 법정에서 충격적 사건에 대한 재판이 있었다. 한 군인이 홧김에 총으로 자기 아내와 아기를 살해했다. 그는 정신이상 상태였다고 변명하지 않았고, 살인을 부른 자신의 분노와 잔인성 때문에 아주 확연히 죄책감과 수치심에 짓눌려 있었다. 판사는 그가 이미 충분히 고통당했다는 이유로 결국 그에게 무죄를 선고했다.

이 사건에서 정의와 공정성은 어디로 갔는가? 옳고 그름의 기준이 조금이라도 있는가? 보응에 대해 해야 할 말이 있지 않은가?

사실 기독교의 복음은 보응의 기본 개념에 단단히 기초하고 있다. 악이 발생하면 대가가 치러져야지 그렇지 않으면 하나님 자신께 욕이 된다. 만약 하나님이 표면상 사랑과 용서를 이유로 악을 영영 간과하신다면, 이는 그분이 불의에 지독히 무관심하다고 자인하시는 것과 같다.

십자가를 충분히 깊이 생각해 본 그리스도인이라면 누구나 점차 깨닫는 진리가 있다. 하나님은 엄격하게 정의를 시행하시는 분만도 아니고 사랑으로 너그럽게 용서하시는 분만도 아니다. 그분은 완전한 거룩함과 완전한 사랑을 겸비하신 주권자다. 그 거룩함은 보응을 요구하지만, 그 사랑은 친아들을 보내 그 보응을 우리 대신 당하게 하셨다. 십자가는 하나님께서 보응을 요구하신다는 논박할 수 없는 증거인 동시에 하나님의 무한한 사랑의 표현이다.롬 3:21-26 그래서 기독교적 관점의 용서는 결코 십자가와 분리될 수 없다. 다시 말해서 용서는 결코 사랑만의 산물이 아니며, 얄팍한 감상주의의 산물은 더더욱 아니다. 용서란 범죄가 실제로 발생했고, 그 범죄를 상쇄하기 위한 희생이 실제로 치러졌을 때에만 가능하다.

그런데 사람들이 그 희생을 거부하면 어떻게 될까? 그들이 악착같이 자신을 우주의 중심으로 보고, 추호도 하나님을 하나님으로 인정하지 않는다면 어떻게 될까? 그들의 삶 전체가 "나는 내 방식대로 한다!"라는 절규라면 어떻게 될까?

하나님이 하나님이실진대 그럴 때는 반드시 보응이 있어야 한다. 그렇지 않으면 도덕적 질서가 몽땅 무너진다. 하나님의 형언할 수 없는 사랑으로, 예수께서 우리 같은 죄인들을 하나님과 화목하게 하시고자 보응을 당하셨다. 그런데 우리가 보응을 받아 마땅한 존재임을 인정하지 않고 그분이 베푸시는 용서를 받아들이지 않는다면, 각자가 직접 그 보응을 당하는 수밖에 없다.

교만한 독립을 주장하는 사람들은 최악의 경우에 너무 완악해져, 하나님의 용서의 기쁨을 아는 사람들을 경멸할 수 있다. 직접 나서서 그들에게 최대한 해를 가할 수도 있다. 데살로니가 교인들이 바로 그런 상황에 처해 있었다. 그들이 소중히 여기는 것마다 지독한 박해의 대상이 되었다. 그렇다면 그 결과는 무엇인가? "너희로 환난을 받게 하는 자들에게는 환난으로… 갚으시는 것이 하나님의 공의시니."살후 1:6-7

그런 사람들의 최후는 좋을 게 없다. 어떤 사람들이 생각하는 지옥은 죄인들이 한 번만 더 회개할 기회를 달라고 애걸복걸하는데, 하나님이 인심 사납게 "미안하다. 기회는 이미 지나갔다. 너무 늦었다"라고 선언하시는 곳이다. 하지만 실제는 그보다 무한히 더 섬뜩하다. 지옥에 회개가 있다는 증거는 성경 어디에도 없다. 성경에 따르면 악과 자기중심성은 영원히 지속되며 심판도 마찬가지다. 사람들은 지독히도 하나님을 하나님으로 인정하지 않을 것이다. 그분의 절대적 의를 고백하지 않고, 그분의 정의로운 요건에 수긍하지 않고, 스스로 우주의 중심이 되려는 집요한 욕심을 버리지 않고, 자신의 반역죄를 자인하지 않고, 하나님께서 친아들의 희생을 통해 죄인들에게 베푸시는 용서를 받아들이지 않을 것이다. "이런 자들은 주의 얼굴과 그의 힘의 영광을 떠나 영원한 멸망의 형벌을 받으리로다."살후 1:9

타락한 세상 질서 안에서는 그런 사람들이 한때 아주 강하고, 필연적으로 옳고, 꽤 똑똑해 보였다. 그러나 그리스도인들이 알고 있듯이 세상이 끝날 때 하나님의 계시와 복음의 주장은 마침내 신원될 것이다. "그날에 그가 강림하사 그의 성도들에게서 영광을 받으시고 모든 믿는 자들에게서 놀랍게 여김을 얻으시리니."살후 1:10

바울은 그것을 바로 알았고 또 기록했으며, 이는 문맥상 아주 중요한 대목이다. 그의 기도는 기본적으로 종말을 내다보고 있다. 즉 하나님의 백성에게 신원이 있을 것과 "하나님을 모르는 자들과 우리 주 예수의 복음에 복종하지 않는 자들"살후 1:8에게 보응이 임할 것을 염두에 두고 있다. 그의 강조점을 보면 우리의 많은 기도가 부끄러워진다. 우리는 실용적이고 물질주의적인 사회에서 저마다 안락과 성취와 인정을 추구하다 보니, 십자가에 달려 멸시받으신 메시아를 따르기가 어렵다. 종말을 바라보지 않으면 그렇다. 목표를 새 하늘과 새 땅에 두지 않으면, 이생에서 우리의 가치관과 결정은 다분히 근시안적이고 시시하게 느껴질 뿐 아니라, 오염되어 근본적으로 빗나가게 된다. 단도직입적으로 말해서 그리스도인들이 장차 올 세상을 지향하지 않아도 성경적 영성이 오래도록 살아남을 수 있을까? 지금의 문맥에서 본다면, 장차 올 세상을 지향하지 않아도 우리가 제대로 기도할 수 있을까?

지금까지 살펴보았듯이 "이러므로 우리도 항상 너희를 위하여 기도함은"살후 1:11에서 "이러므로"란, 첫째로 기도 대상자들에게서 은혜의 징후를 찾아내 감사한다는 뜻이고, 둘째로 예수께서 재림하실 때 하나님의 백성에게 그분의 완전한 신원이 있을 것을 확신한다는 뜻이다. 바로 이런 사고의 틀 속에서 바울은 데살로니가 교인들을 위한 기도로 들어간다.

복습과 묵상을 위한 질문

1. 바울의 감사 제목은 무엇인가? 당신의 감사 제목은 무엇인가?

2. 사람들의 삶을 볼 때 마땅히 하나님께 가장 깊이 감사해야 할 이유들은 무엇인가? 왜 그런가?

3. 예수의 재림에 대한 기대감은 바울의 가치관과 기도에 어떤 영향을 미쳤는가?

4. 영원한 가치를 내다보며 살아가도록(또한 기도하도록) 우리를 독려하는 신약의 가르침은 그 밖에 어떤 것들이 있는가?

3.

합당한 간구
Worthy Petitions

| 데살로니가후서 1:1-12 |

데살로니가 교인들을 위한 바울의 기도

¹바울과 실루아노와 디모데는 하나님 우리 아버지와 주 예수 그리스도 안에 있는 데살로니가인의 교회에 편지하노니 ²하나님 아버지와 주 예수 그리스도로부터 은혜와 평강이 너희에게 있을지어다.

³형제들아, 우리가 너희를 위하여 항상 하나님께 감사할지니 이것이 당연함은 너희의 믿음이 더욱 자라고 너희가 다 각기 서로 사랑함이 풍성함이니 ⁴그러므로 너희가 견디고 있는 모든 박해와 환난 중에서 너희 인내와 믿음으로 말미암아 하나님의 여러 교회에서 우리가 친히 자랑하노라.

⁵이는 하나님의 공의로운 심판의 표요 너희로 하여금 하나님의 나라에 합당한 자로 여김을 받게 하려 함이니 그 나라를 위하여 너희가 또한 고난을 받느니라. ⁶너희로 환난을 받게 하는 자들에게는 환난으로 갚으시고 ⁷환난을 받는 너희에게는 우리와 함께 안식으로 갚으시는 것이 하나님의 공의시니 주 예수께서 자기의 능력의 천사들과 함께 하늘로부터 불꽃 가운데에 나타나실 때에 ⁸하나님을 모르는 자들과 우리 주 예수의 복음에 복종하지 않는 자들에게 형벌을 내리시리니 ⁹이런 자들은 주의 얼굴과 그의 힘의 영광을 떠나 영원한 멸망의 형벌을 받으리로다. ¹⁰그날에 그가 강림하사 그의 성도들에게서 영광을 받으시고 모든 믿는 자들에게서 놀랍게 여김을 얻으시리니 이는 [우리의 증거가 너희에게 믿어졌음이라].

¹¹이러므로 우리도 항상 너희를 위하여 기도함은 우리 하나님이 너희를 그 부르심에 합당한 자로 여기시고 모든 선을 기뻐함과 믿음의 역사를 능력으로 이루게 하시고 ¹²우리 하나님과 주 예수 그리스도의 은혜대로 우리 주 예수의 이름이 너희 가운데서 영광을 받으시고 너희도 그 안에서 영광을 받게 하려 함이라.

— 데살로니가후서 1:1-12

바울이 제시하는 영적 틀을 본받아 그를 따른다 해도 여전히 남아 있는 질문이 있다. 살아 계신 하나님께 우리는 구체적으로 무엇을 간구할 것인가? 가장 중요한 것들로 인해 감사드리며 영원한 가치를 마음의 최우선 순위에 두고 살기로 작정했다면, 이제 우리는 무엇을 위해 기도할 것인가?

바울의 간구

데살로니가 그리스도인들을 위한 바울의 기도에서 두 종류의 간구를 살펴볼 수 있다.

1. 바울은 하나님께서 이 그리스도인들을 부르심에 합당하게 해주시도록 기도한다.

"이러므로 우리도 항상 너희를 위하여 기도함은 우리 하나님이 너희를 그 부르심에 합당한 자로 여기시고."살후 1:11 하나님께서 그리스도인들을 합당하게 해주셔야 하는 이 부르심은 약간의 설명을 필요로 한다. 신약의 일부 저자들에게 하나님의 부르심은 그분의 초청과 같다. 예컨대 혼인 잔치의 비유마 22:1-14에서 왕이 아들을 위해 준비한 혼인 잔치에 많은 사람들이 청함을 받지만, 그들은 가지 않는다.마 22:3,8-9 여기서 '청하다'로 옮겨진 단어는 통상적으로 '부르다'로 번역되는 동사다. 그래서 이 비유는 "청함(직역하면 '부름')을 받은 자는 많되 택함을 입은 자는 적으니라"마 22:14라는 말로 끝난다.

그러나 바울의 글에서는 하나님의 부르심이 언제나 소기의 결과를 낳는다. 즉, 하나님의 부르심을 받은 사람은 확실히 구원을 받는다. 이것이 로마서 8:29-30보다 더 명확히 나와 있는 곳은 없다. "하나님이 미리 아신 자들을 또한 그 아들의 형상을 본받게 하기 위하여 미리 정하셨으니 이는 그로 많은 형제 중에서 맏아들이 되게 하려 하심이니라. 또 미리 정하신 그들을 또한 **부르시고 부르신** 그들을 또한 의롭다 하시고 의롭다 하신 그들을 또한 영화롭게 하셨느니라." 부르심을 이런 식으로 쓰면, 하나님의 부르심이란 곧 구원받고 그분께 속하여 그분의 소유로 받아들여진다는 뜻이다.

바울은 결코 우리가 자격이 있어 하나님의 부르심을 받는다고 생각하지 않았다. 자신이 교회를 멸하려고 박해에 여념이 없을 때 하나님이 개입하여 은혜로 불러 주셨음을 잘 아는 그가 어찌 그럴 수 있겠는가?갈 1:13-15 따라서 바울은 데살로니가 교인들이 부르심을 받기에 합당하게 해달라고 기도한 게 아니다. 그들은 이미 부르심을 받은 그리스도인이었다. 그래서 이제 바울은 그들이 그 부르심에 합당하게 살기를 위해 기도한다. 더 구체적으로 말해서 그는 하나님이 친히 그들을 부르심에 합당하게 해주시도록 기도한다. 이를 위해 교인들은 모든 면에서 성장하여 하나님을 기쁘시게 해야 한다. 그러면 하나님께서 그들을 기뻐하시고, 결국 부르심을 받은 대로 합당하게 살았다고 판단해 주실 수 있다. 요컨대 그들은 "부르심을 받은 일에 합당하게 행"해야 했다.[엡 4:1]

하나님의 값없는 은혜로 우리는 용서받고 "하나님의 상속자요 그리스도와 함께한 상속자"[롬 8:17]가 되었다. 그 값없는 은혜로 의롭다 하심을 얻고, 성령을 받고, 영생을 맛보았다. 하지만 바울은 우리가 그 부르심에 합당하게 되기를 원한다. 부르심을 받을 때는 우리 중 누구도 전혀 합당하지 못했다. 그러나 바울은 이제 우리가 그때와 달라지기를 원하여 그 목표를 놓고 기도한다. 그의 기도대로 우리는 그리스도인이자 살아 계신 하나님의 자녀라는 신분에 온전히 합당해져야 한다. 십자가를 지신 예수의 사랑에 합당해져야 한다.

이것이 실제적 차원에서 어떤 의미인지는 뒤에서 좀 더 살펴볼 것이다. 다만 바울의 모범적 기도에 근거하여 이미 분명해진 사실이 있다. 우리가 주로 간구할 제목이 성공, 재물, 인기, 건강, 똑똑함, 실적, 행복, 외모 따위여서는 안 된다는 것이다. 또한 바울이 우리에게 모든 문제가 사라지게 해달라는 기도를 가르친 것은 더더욱 아니다. 그의 기도는 앞서 말한 틀에 지배당한다. 즉, 그는 이미 하나님께 감사했던 은혜의 징후들이 더 많아지도록 기도하고, 영원한 가치를 내다보며 기도한다.

장차 우리의 인생을 결산할 날이 올 것을 그는 알았다. 마지막 날에 하나님은 사실상 이렇게 물으실 것이다. "내가 네게 준 구원으로 무엇을 하였느냐? 은혜로 너를 부른 나에게 어떻게 반응하였느냐? 그 부르심에 조금이라도 합당하게 살았느냐?"

이것은 바울의 단골 주제 중 하나다. 우리는 성숙한 그리스도인으로 자라 가야 한다. 이상한 역설이지만 결국 바울이 사람들에게 늘 하는 말은 이미 받은 신분답게 되라는 것이다. 우리는 그리스도 안에서 베푸신 값없는 은혜로 말미암아 이미 하나님의 자녀가 되었으므로, 이제 모든 면에서 자녀다워져야 한다. 하나님께서 은혜로 불러 주셨으므로, 그 부르심에 합당하게 살아야 한다. 예컨대 점점 더 거룩해지고, 자아를 부인해야 하며, 사랑이 많아지고, 성품이 온전해지고, 하나님을 아는 지식과 그분의 말씀에 젖어 들어야 한다. 또한 하늘 아버지를 즐거이 신뢰하며, 그분께 순종해야 한다.

우리 스스로는 연약하고 훈련이 부족하여 그렇게 될 수 없다. 그것이 바울이 기도를 드리는 이유다. 거룩하신 하나님께 "부르심에 합당한 자"로 여겨지려면 도움을 구해야 한다. 그래서 바울은 기도한다. 데살로니가 교인들에게 그냥 더 열심히 하라고 말하는 게 아니라, 하나님이 그들을 부르심에 합당하게 해주시도록 그 목표를 위해 기도한다. 이는 그들의 삶 속에 하나님께서 철저히 역사하셔서, 결국 하나님의 양에 찰 만큼 그들을 합당하게 해달라는 기도와 같다.

성경 본문은 우리에게 묻는다. 당신이 가정과 교회와 자녀를 위해 이런 식으로 기도한 때가 마지막으로 언제인가? 우리는 자녀가 그리스도인의 신분에 합당하게 살기를 위해 기도하기보다 시험에 합격하고, 좋은 직장에 취직하고, 행복해지고, 너무 멀리 빗나가지 않기를 위해 더 열심히 기도하지 않는가?

대다수는 어느 부모에게 "자녀들이 어떻게 지내고 있습니까?"라고 물은 뒤 이런 대답을 들어 봤을 것이다. "아, 아들은 아주 잘 지내고 있습니다. 연구 물리학자인데, 실적이 좋아서 회사에서 최연소 임원이 되었답니다. 딸도 아주 잘 지내지요. 컴퓨터 프로그래밍 분야에서 일하는데, 벌써 팀장을 달았더군요."

"영적으로는 어떻습니까?"

긴 침묵이 흐른다.

"안타깝게도 지금은 주님과 진정으로 동행하고 있지는 않지만, 언젠가는 돌아오기를 바라고 있습니다."

물론 첫 번째 대답은 단순히 사생활의 문제일 수도 있다. 내심 자녀를 깎아내리지 않으려는 부모의 자상한 배려일 수 있다. 그러나 이는 뒤바뀐 우선순위의 표출일 경우가 많다. 명색이 그리스도인이라는 부모들이 나의 영향으로 자신의 똑똑한 자녀가 사역자나 선교사가 되려고 공부하고 있다며, 나에게 노발대발할 때가 있다. 그런가 하면 어떤 부모들은 자녀의 물질적 형통으로 인해서는 기뻐하면서, 자녀가 자신을 지으신 하나님께 전혀 무관심한 데 대해서는 일말의 걱정도 없다.

소위 성공이나 재물 같은 것들이 앞으로 30년 후에는 어떻게 보일까? 40억 년 후에는 어떨까? 영원의 관점에서 볼 때 우리가 자신과 자녀와 동료 신자들을 위해 가장 우선적으로 기도해야 할 제목은 무엇일까? 우리가 마지막으로 그런 것을 위해 기도한 적은 언제인가? 우리를 하나님의 부르심에 합당하게 해달라고 기도한 적이 마지막으로 언제인가?

2. 바울은 하나님께서 각 그리스도인의 믿음에서 난 선한 목적을 능력으로 이루어 주시기를 기도한다.

"이러므로 우리도 항상 너희를 위하여 기도함은 우리 하나님이…모든 선을 기뻐함과 믿음의 역사를 (하나님의) 능력으로 이루게 하시고."살후 1:11 다른 서신에서 바울은 하나님이 친히 우리 안에서 행하셔서, 그분의 선하신 목적을 위해 소원을 두고 행하게 하신다고 말했다.빌 2:12-13 그런데 여기서는 믿음에서 난 **우리의** 선한 갈망을 위해 하나님이 능력을 주시도록 기도한다.¹ 이 말은 무슨 뜻인가?

이것은 아주 놀랍고도 중요한 개념이다. 바울의 말에는 이런 전제가 깔려 있다. 복음을 믿고 예수 그리스도께로 회심한 하나님의 사람들은 근본적으로 변화되어 이제 선을 행하려는 새로운 갈망이 싹트고, 믿음에서 난 행위가 따라온다. 그런 행위는 단연 그리스도인다운 계획이고 목표다.

예컨대 그들은 이런 생각을 하기 시작한다. '어떻게 하면 옆집 사람에게 전도할 수 있을까? 내가 우리 동네에서 성경 공부를 시작할 수 있을까? 저 집의 딱한 할머니는 최근에 남편과 사별하고 친구도 없어 보이는데, 도와줄 방법을 찾아야겠다. 이 근처의 고등학생들을 돌보려면 어떻게 해야 할까? 우리 교회를 찾아오는 방문객들을 어떻게 환영할 수 있을까? 재소자선교회의 이쪽 지회에 내가 할 만한 일이 있을지도 모른다.'

물론 모든 일을 다 할 수 있는 그리스도인은 없으며, 우리 중 누구도 그것을 시도해서는 안 된다. 하지만 우리 모두는 뭔가 중요한 일을 할 수 있다. 동시에 우리는 이런 계획이 바울의 표현을 빌리자면, 선과 믿음에서 비롯되었음을 인식해야 한다. 바울은 그리스도인들이 이런 목적을 가꾸기를 기대했다.

그는 거기서 한 걸음 더 나아간다. "모든 선을 기뻐함과 믿음의 역사를 (하나님의) 능력으로 이루"어 달라는 기도는 놀랍기 그지없다. 그리스도인들에게 영적 사고에서 비롯된 건강한 목적이 싹틀 것을 전제한 그는, 이제 하나님이 친히 그 목적을 받아 역사하셔서 그것을 실현하고 열매를 맺으시도록 기도한다.

그리스도인이 할 만한 일에 대해 온갖 좋은 구상은 가지고 있으나, 막상 착수하는 일은 하나도 없을 수 있다. 반대로 조직을 꾸리고 행정에도 곧장 돌입하지만, 가끔씩 우연히 말고는 우리의 기독교적 꿈에 대해 하나님의 결정적 승인과 복을 구하지 않을 수도 있다. 그러나 사실 하나님이 우리 안에서 우리를 통해 일하지 않으시면, 영적 열매가 지속적으로 맺힐 수 없다. 그분이 능력을 주지 않으시면, 우리의 선한 목적은 삶을 변화시키고 사람들을 바꾸어 놓는 능력을 발휘할 수 없다. "여호와께서 집을 세우지 아니하시면 세우는 자의 수고가 헛되며 여호와께서 성을 지키지 아니하시면 파수꾼의 깨어 있음이 헛되도다."^시 127:1 주께서 믿음에서 난 우리의 선한 목적을 이루어 주지 않으시면 늘 불모의 흉작을 면할 수 없다. 허망한 꿈으로 끝나든 생명력 없이 활동만 부산하든, 양쪽 다 영적으로 무기력하기는 마찬가지다.

그래서 우리는 자신의 의제와 우선순위를 돌아보며 거듭 물어야 한다. 물론, 소속 교회나 선교 단체의 구성원들과 지도자들에 대해서도 마찬가지다. "우리의 취지와 목적은 무엇인가? 사명과 방향은 무엇인가? 우리가 그리스도를 위해 시도해야 할 일은 무엇인가?" 그리고 질문의 답이 나오거든 하나님께서 그분의 크신 능력으로 이처럼 선한 목적이나 믿음에서 난 행위에 풍성한 열매를 맺어 주시도록 중보해야 한다.

기도의 목표

"우리도… 기도함은… 우리 주 예수의 이름이 너희 가운데서 영광을 받으시고 너희도 그 안에서 영광을 받게 하려 함이라."^살후 1:11-12 지금까지 간구의 제목을 열거한 바울은 이제 그런 기도의 두 가지 목표를 밝힌다.

1. 바울은 주 예수의 영광을 구한다.

"우리 주 예수의 이름이 너희 가운데서 영광을 받으시고"라는 첫 번째 목표는 새삼스러울 게 없다. 바울의 관심과 간절한 소원은 그리스도인들이 부르심에 합당하게 여김을 받고, 하나님이 믿음에서 난 그들의 선한 목적을 이루어 주시는 것이다. 그러나 그에게 이것은 결코 궁극적 목적일 수 없다. 물론 귀한 목적이고 지극히 바람직한 기도 제목이다. 하지만 이는 부차적 목적일 뿐이며, 궁극적 목적은 신자들의 성숙과 열매의 결과로 주 예수께서 영광을 받으시는 것이다.

그리스도인의 지고지순한 소원은 온전히 예수 그리스도께 찬송이 돌아가는 것이다. 그분의 영광을 우리가 가로채려 하면 늘 우리의 목표가 비참하게 변질된다. 교회 꽃꽂이, 안내, 설교, 환자 심방, 중고등부 지도, 기도회 참석 등을 할 때 자신이 경건하며 잘 섬긴다고 칭찬받기를 은근히 탐한다면, 이는 우리가 누리는 구원을 더럽히는 것이다. 구원의 목적은 우리를 하나님과 화목하게 하는 데 있다. 우리 삶의 중심, 존재의 근거와 목표가 하나님이어야 하기 때문이다. 사실 바울은 다른 서신에 그리스도를 가리켜 "만물이 다 그로 말미암고 그를 위하여 창조되었"다고 말했다.^{골 1:16} 그분이 하나님과 함께 세상을 창조하셨다. 모든 죄의 뿌리는 하나님처럼 되어 중심을 차지하려는 욕심이다. 따라서 사역을 스스로 중심에 설 수단으로 생각한다면 그리스도인의 봉사는 이교로 변한다. 그리스도인의 삶이 이교에 예속되도록 길들여진다.

굳이 그리스도인으로서 아주 멀리까지 순례를 가지 않더라도 암담한 깨달음을 얻을 수 있다. 최고의 열정에서 비롯된 최선의 봉사라도 속된 사심에 잔뜩 물들기 일쑤라는 사실을 말이다. 우리는 이런 죄도 자백하고 힘써 극복해야 한다. 바울도 이 문제를 인식하고 기도의 목표를 제대로 밝혔다. 그는 "우리도… 기도함은" 너희가 훌륭한 그리스도인으로 인정받게 하려 함이라든지, 너희의 인내와 영성과 능력이 로마 제국 전역에 명성을 떨치게 하려 함이라고 하지 않았다. 그는 "우리 주 예수의 이름이 너희 가운데서 영광을 받으시"게 하려 함이라고 썼다.

정리하자면, 바울의 첫 번째 기도의 목표는 주 예수의 영광이다. 그런데 두 번째 목표는 더욱 뜻밖이다.

2. 바울은 신자들의 영광을 구한다.

바울은 "우리도… 기도함은… 우리 주 예수의 이름이 너희 가운데서 영광을 받으시고 **너희도 그 안에서 영광을 받게 하려 함이라**"살후 1:11-12고 썼다. 이 말은 무슨 뜻인가? 처음 읽을 때는 약간 이상하다. 앞에서 예수의 영광에 절대적 중요성을 부여한 바울이 이제 와서 한 발짝 물러나 우리도 약간 자화자찬할 자격이 있다고 말하는 것인가?

물론 바울의 말뜻은 그렇게 단순하거나 엉성하지 않다. 그는 "나는 여호와이니 이는 내 이름이라. 나는 내 영광을 다른 자에게… 주지 아니하리라"사 42:8 하신 하나님의 단호한 뜻을 잘 알고 있었다. 하지만 영광에도 등급이 있어 그리스도인의 영광을 논함은 지극히 적절한 일일 수 있다. 바울이 다른 곳에서 말했듯 하나님이 부르시고 의롭다 하시는 모든 사람, 즉 진정으로 구원받는 모든 사람은 언젠가 영화롭게 된다.[롬 8:30] 언젠가 그들은 온전해져서 예수의 부활하신 몸과 똑같은 차원에서 부활의 몸을 누리면서, 찬란한 새 하늘과 새 땅에 살게 된다. 하지만 바울이 힘주어 말했듯이 이미 지금도 우리는 "그와 같은 형상으로 변화하여 영광에서 영광에 이르"고 있다.[고후 3:18]

종말에 영화롭게 되면 우리는 모든 죄와 부패에서 벗어나 흠도 없고 점도 없이 하나님의 온전하고 충만한 임재의 복을 누릴 것이다. 그러나 그리스도인들은 이미 지금도 변화되어 "영광에서 영광에" 이르는 중이다. 이 세상에서 다음 세상으로 건너뛰는 일이야말로 사상 최대의 문화 충격일 텐데, 그 도약의 주인공들이 미리부터 준비하여 충격을 줄이고 있는 셈이다. 따라서 최종 변화가 아무리 경이로울지라도 그 전에 이미 수많은 일련의 변화가 선행된다. 우리는 종말의 절정에 달할 영화榮化를 내다보며, 현재에도 점점 더 그리스도를 닮아 간다.

우리가 하나님을 영화롭게 한다는 말은 본래 그분께 없던 것을 드리는 게 아니라, 그분의 것을 당연히 그분께 드린다는 뜻이다. 하지만 우리가 영화롭게 된다는 말은 방금 말한 의미대로 그분을 더 닮는다는 뜻이다. 타락한 우리에게는 본래 없던 특성을 그분의 힘과 능력으로 드러내는 것이다. 물론 그리스도인이 이 영광을 누려도 예수 그리스도께 돌아갈 영광은 조금도 줄어들지 않는다. 바울의 생각은 정반대다. 우리의 영화 자체가 그분 덕분에 가능하므로, 우리의 영화는 그분을 영화롭게 하는 가장 웅대한 수단이 된다. 반항적이고 자기중심적인 인간이 하나님의 자녀가 되어 점점 그분의 성품을 닮아 가다가, 결국 삼위일체 하나님의 임재 안에서 완전한 실존의 복을 충만히 누린다고 생각해 보라. 이것은 우리의 노력으로는 불가능한 일이다. 우리가 영화롭게 되면 그리스도께 영광이 돌아간다. 우리가 그분을 닮아 가면 찬송받으실 분은 마땅히 그분이시다. 마지막 날 예수 그리스도는 그분의 은혜로 변화된 우리 때문에 영광받으실 것이고, 우리는 그분이 우리를 위해 이루어 주신 일 때문에 그분 안에서 영광을 받을 것이다.

이렇듯 바울은 다시 종말론으로 돌아간다. 역사의 끝을 내다보는 게 그의 습관이고, 종말에 비추어 살아야만 그리스도인의 삶에 충실할 수 있다는 게 그의 확신이다. 이미 보았듯이 사도의 기도는 그런 관점에서 비롯되었고, 그것이 그의 사고의 틀이다.^{살후 1:5-10} 그런데 이제 종말의 비전이 그의 간구의 궁극적 목표에까지 영향을 미친다. 그리하여 종말의 의미는 지금 여기를 사는 그리스도인들에게로 접목된다. 물론 그는 하나님이 약속하신 최종 신원과 맥을 같이하여 그리스도인들이 종말에 영화롭게 되기를 바란다. 하지만 그는 또한 충만한 종말을 내다보고 준비하는 지금부터 이미 그들이 점점 변화하여 "영광으로 영광에" 이르기를 바란다.

요컨대 바울의 기도의 두 가지 목표는 그리스도께서 우리 안에서 영광을 받으시고, 우리도 그분 안에서 영광을 받는 것이다. 그리하여 바울은 나에게 묻듯이 당신에게도 묻는다. 이 두 가지 목표를 집념이자 궁극적 관건으로 분명히 눈앞에 두고서 기도한 적이 마지막으로 언제인가?

기도의 근거

바울은 "우리도… 기도함은… **우리 하나님과 주 예수 그리스도의 은혜대로** 우리 주 예수의 이름이 너희 가운데서 영광을 받으시고 너희도 그 안에서 영광을 받게 하려 함이라"살후 1:12고 썼다. 다시 말해서 바울은 데살로니가 교인들이 그저 더 열심히 하도록 기도한 게 아니다. 기도를 마치면서 그는 교인들에게 그런 인상을 남기고 싶지 않았다. 물론 어떤 면에서는 바울도 그들이 열심히 하기를 바랐다. 하지만 그가 늘 인식했듯이 만약 우리가 더 열심히 한다면, 이는 하나님의 은혜가 우리 안에 강력하게 역사하기 때문이다.

그리스도인이 늘 상기해야 할 사실이 있다. 우리는 구원도 은혜로 받았듯 성화와 영화도 은혜로 받는다. 바울이 하나님께 나아가 간구한다는 사실 속에 그 점이 내포되어 있다. 즉, 그는 하나님께 뭔가를 해달라고 구하고 있다. 물론 그가 그분께 역사해 달라고 간구한 내용—이 그리스도인들을 부르심에 합당하게 여겨 주시고, 그들의 믿음에서 난 선한 목적을 그분의 능력으로 이루어 달라는 내용—에서 그리스도인들이 스스로 추구해야 할 목표도 따라 나온다. 하지만 그가 하나님의 역사를 구하고 있다는 것은 이런 간구가 하나님의 은혜로만 응답될 수 있음을 깊이 인식하고 있다는 뜻이다.

우리는 은혜로 열매를 맺고, 은혜로 인내하고, 은혜로 서로를 더 사랑한다. 하나님을 아는 깊은 지식과 거룩함도 은혜로 귀히 여기게 된다. 그래서 바울은 지금까지 구한 모든 것이 은혜로만 가능함을 독자들에게 상기시키면서 기도를 맺는다. 구주께서 주시는 은혜가 없이는 그분이 우리 삶 속에서 영화롭게 되실 수도 없고, 우리의 최종 영화도 불가능하다.

아주 중요하게 눈여겨볼 것은 바울의 기도에 나타난 비범한 전체론적 사고다. 사도의 이 기도는 사소한 간구나 단발적 요청이 아니며, 응답하실 하나님도 우리 삶에 예외적으로 개입하여 괴력을 발휘하시는 분이 아니다. 우리는 자신을 기본적으로 혼자서 잘 해내되 간혹 신의 도움이 조금 필요한 존재로 생각해서는 안 된다. 잘 다듬어진 기도로 복을 조금 얻어 내는 게 아니다. 이런 관점은 이교의 마법과 거의 다를 바 없으며, 원시적 정령 숭배와 종이 한 장 차이다. 바울의 비전은 훨씬 넓고 전체론적이다. 그는 과거에 받은 은혜를 기억하며 우리 삶의 방향—새 하늘과 새 땅의 궁극적 본향—을 깊이 생각한다. 최종 완성과 최종 신원을 내다보며, 그 종말에 비추어 어떻게 살아야 할지 통찰한다. 이 비전을 통해 우리는 하나님의 우주 안에 제대로 놓인다. 우주는 그분으로 말미암아 그분을 위해 지어졌고, 그분께 책임을 다해야 하며, 그분을 통해 구속救贖된다. 이 비전의 지배를 받으면, 우리가 우선순위를 어디에 두어야 할지 분명해진다. 바울의 간구와 명시된 목표는 이 비전과 완전히 일치한다.

무엇보다 그는 우리가 이 방향으로 나아가려면 삶의 구석구석에 하나님의 은혜가 임하여, 그분께서 우리의 기도에 응답해 주셔야 함을 떠올린다. 그런 응답 자체가 하나님의 사람들의 점진적 변화이자, 동시에 주 예수의 영광이다. 요컨대 바울의 기도는 총체적 비전을 품는다.

1952년에 플로렌스 채드윅Florence Chadwick이라는 젊은 여자가 캘리포니아 본토까지 헤엄쳐서 건너기 위해 카탈리나 섬의 해변에서 물속에 뛰어들었다. 그녀는 이미 장거리 수영에 노련했고, 영국해협을 양방향으로 헤엄쳐서 건넌 최초의 여성이기도 했다. 그날은 날씨가 추웠고 동행하는 보트가 잘 보이지 않을 정도로 안개가 자욱했다. 수영한 지 열다섯 시간이 되었을 때 그녀는 그만두려 했으나 트레이너가 견디라고 독려했다. 해안이 그리 멀지 않다며 해낼 수 있다고 거듭 다그쳤다. 하지만 그녀는 몸도 마음도 지칠 대로 지쳐 결국 수영을 중단하고 물 밖으로 나왔다. 보트가 해안에 닿고 보니, 그녀가 포기한 지점은 불과 해안까지 1킬로미터도 되지 않는 거리였다.

이튿날 그녀는 기자 회견을 열어 말했다. "변명하고 싶지는 않습니다. 물에서 꺼내 달라고 한 사람은 저입니다. 하지만 해안이 보이기만 했어도 저는 성공했을 것입니다."

두 달 후에 그녀는 그 말을 입증해 보였다. 맑고 청명한 날 다시 바다에 뛰어들어 건너편 해안까지 수영으로 주파했다.

그리스도 안의 형제자매들이여, 우리의 모든 기도의 중심에 성경적 비전이 있어야 한다. 하나님이 어떤 분이시고, 지금까지 어떤 일을 해오셨는지, 우리는 누구이고, 어디로 가고 있으며, 무엇을 아끼고 중시해야 하는지가 그 비전에 다 들어 있다. 그러한 비전에 이끌릴 때 우리는 그리스도를 점점 닮아 가고, 영원에 비추어 살아가며, "아멘, 주 예수여, 오시옵소서"라는 교회의 숙원을 진심으로 함께 부르짖을 수 있다. 우리의 기도는 성경적 비전에서 비롯되어야 한다. 그래야 하나님 마음의 관심사가 곧 우리 기도의 가장 중요한 관심사가 된다.

복습과 묵상을 위한 질문

1. 우리는 하나님께 우리가 아는 그리스도인들을 그분의 부르심에 합당하게 해달라고 기도해야 한다. 이 말은 무슨 뜻인가? 이러한 간구를 각자의 기도에 어떻게 포함시키겠는가?

2. 지금까지 추구한 목적 중 믿음에서 난 선한 목적은 무엇인가? 그 목적을 하나님께서 이루어 주시도록 얼마나 기도했는가? 이 부분에서 기도를 향상시키기 위해 취할 수 있는 구체적인 조치는 무엇인가?

3. 데살로니가 교인들을 위한 기도에서 바울의 두 가지 목표는 무엇인가? 이 같은 목표를 당신의 기도에 어떻게 접목시킬 수 있는가?

4.

남을 위한 기도

Praying for Others

많은 사람들이 생각하는 교회는 대체로 좋은 곳이다. 교제와 우정을 나눌 수 있는 곳이며, 때로 직장 등의 긴장된 관계의 압박감에서 벗어날 수 있는 제법 안전한 안식처가 되기도 한다. 최선의 경우 교회에는 미적인 감각과 고급 파이프 오르간도 있을 수 있다.

그렇다, 교회는 좋은 곳인데 딱 한 가지가 문제다. 반감을 주는 교인들이 많다는 것이다. 사람 없는 교회, 사람 없는 예배를 마음껏 누릴 수 있다면 얼마나 좋을까. 물론 모든 사람을 말하는 것은 아니다. 괜찮은 사람들도 있다. 하지만 상당수의 교인들이 당장 어딘가로 멀리 가 버린다면 분명히 교회는 훨씬 더 놀라운 곳이 될 것이다.

그러나 이렇듯 익살맞게 불만을 표출하는 순간 우리는 혼자만 옳은 척하는 자신의 모습에 쓴웃음을 짓지 않을 수 없다. 포고^{Pogo}라는 옛날 만화의 명대사에 그것이 잘 표현되어 있다. "적을 만나고 보니 바로 우리였다."

사실 교회는 사람들이며 나도 그중 하나다. 교회는 건물이 아니고, 왕국이나 목사는 더더욱 아니다. 교회는 사람들이다. 게다가 우리는 다 타락한 사람들이다. 물론 용서받았고 성화의 과정에 있지만, 그래도 새 하늘과 새 땅의 특징인 완성과는 아직 거리가 멀다. 한마디로 교회란 바로 우리다.

사실 성숙하고 통찰력 있는 그리스도인 지도자들은 그리스도인의 삶과 봉사의 모든 측면을 항상 사람들과 연관시킨다. 그들은 추상적 매력만 보고 프로그램을 짜지 않는다. 마치 하나님의 사람들이 프로그램을 성사시키기 위해 존재한다는 듯, 프로그램을 옹호하려고 사람들의 헌신을 요구하는 일은 더더욱 없다. 아무리 미적으로 보기 좋고 학식적으로 뛰어난 제안일지라도 모든 제안을 평가할 때 늘 사람들에게 유익한가를 따진다. 그 앞뒤가 바뀌지 않는다.

마찬가지로 교회의 성숙한 설교자들이 설교를 작성하는 주목적은 자신의 학식, 유머, 언변, 주해 실력 따위로 명성을 얻기 위해서가 아니다. 그들이 작성하는 설교는 사람들을 돕기 위한 것이다. 사람들을 양육하고 교훈하고 꾸짖고 책망하고 격려하고 도전하기 위한 것이다.

나아가 지도자를 뽑을 때도 우리는 카리스마, 권력, 교육, 학식, 자신을 홍보하는 능력, 교회 내에 파벌을 조성하려는 욕심 따위에 근거하지 않는다. 오히려 우리는 이렇게 묻는다. "사람들을 그리스도께로 가장 잘 인도할 지도자는 누구인가? 하나님의 사람들을 가장 잘 양육하여 교회를 세울 지도자는 누구인가? 하나님의 사람들에게 가장 유익한 것이 무엇인가?"

물론 프로그램이 **반드시** 학문적인 면에서 부실하고, 설교자가 **반드시** 아무렇게나 주해하거나, 지도자의 학식이 **반드시** 부족해야 한다는 뜻은 아니다. 천만의 말이다. 그런 부분에서 어느 정도 전문성을 갖추면 "하나님의 사람들에게 가장 유익한 것이 무엇인가?"라는 기본적인 질문에 답하는 데 도움이 될 수 있다. 그러나 이 기본 질문만은 결코 다른 것으로 대체되어서는 안 된다. 설교와 프로그램과 지도자는 그 자체로 목표가 아니라 본래 하나님의 사람들을 섬기기 위한 것이다.

물론 어떤 사람은 우리의 궁극적 목표는 하나님을 섬기는 것이지 사람들을 섬기는 게 아니라며 반론을 제기할 수 있다. "우리는 무엇보다 살아 계신 하나님의 종이므로, 그분을 기쁘시게 하는 게 목표여야 한다. 하나님의 사람들을 섬긴다는 논리는 분명히 약간 빗나간 것이다. 우리가 헌신하여 섬길 대상은 우선 하나님 자신이 아니겠는가?"라고 주장할 수 있다.

어떤 면에서 지당한 반론이다. 그리스도인은 그저 인도주의자가 아니다. 사람들을 섬기는 일을 최고선으로 생각하거나 하나님을 섬기는 일과 똑같이 여겨서는 안 된다. 한때 모든 어린 학생들이 「아부 벤 아담 Abou ben Adam」이라는 시를 외우던 시절이 있었는데, 그리스도인은 그 시에 교묘하게 표현된 근본적 과오를 범해서는 안 된다. 아부 벤 아담은 하나님을 사랑하는 사람들의 명단에 자신의 이름이 없음을 환상 중에 알게 된다. 약간 당황한 그는 기록하는 천사에게 자신을 '동료 인간을 사랑하는 사람'으로 적어 달라고 부탁한다. 천사가 그렇게 적고 사라졌다가 이튿날 밤에 돌아와서 하는 말이, "하나님을 사랑하여 복을 받은 모든 사람들 중 벤 아담의 이름이 맨 위에 있다"라고 알려 준다. 사고하는 그리스도인치고 이런 감상적인 허튼소리에 오래 공감할 사람은 없다. 예수께서 가르치신 계명도 첫째는 마음과 목숨과 뜻을 다하여 하나님을 사랑하는 것이고, 둘째는 이웃을 자신처럼 사랑하는 것이다.[마 22:37-40] 그분은 두 계명이 서로 같다는 식으로 말씀하지 않으셨다. 어림없는 소리다. 오히려 그분은 두 계명을 상대적 우선순위에 따라 첫째와 둘째로 순서를 매겨 제시하셨다.

인도주의적 관심을 기독교의 근본으로 착각할 수 있는 위험을 인식했으니, 이제 우리는 그 반대의 위험도 똑똑히 직시해야 한다. 하나님과 아주 친밀하다고 주장하면서 사람들과는 친해지려 애쓰지 않는 위험이다. 그리스도를 깊이 사랑한다고 고백하면서 온갖 쩨쩨한 질투와 경쟁심을 품는 위험이다. 사도 요한이 이것을 직설적으로 표현했다. "우리가 사랑함은 그가(하나님이) 먼저 우리를 사랑하셨음이라. 누구든지 하나님을 사랑하노라 하고 그 형제를 미워하면 이는 거짓말하는 자니 보는바 그 형제를 사랑하지 아니하는 자는 보지 못하는바 하나님을 사랑할 수 없느니라. 우리가 이 계명을 주께 받았나니 하나님을 사랑하는 자는 또한 그 형제를 사랑할지니라."[요일 4:19-21]

그러므로 하나님을 향한 사랑과 형제자매를 향한 사랑을 등식화해서는 안 되지만, 중요한 의미에서 후자는 전자를 시험하는 기준이 된다. 하나님의 교회에서는 사람들이 의제를 정하는 게 아니라 사람들이 곧 의제다. 부르심에 합당하게 살아가는 사람은 그 사실을 기억한다. 하나님과 그분의 복음을 향한 우리의 충정은 그분의 사람들, 장차 그분의 백성이 될 사람들, 그분의 형상대로 지음 받은 사람들을 향한 우리의 섬김으로 나타나게 되어 있다.

바로 이런 의미에서 그리스도인은 하나님의 사람들에게 가장 유익한 것이 무엇인지 늘 물어야 한다. 예수 그리스도를 향한 우리의 충정과 그분을 주님으로 고백하는 신앙에는 그분의 관심사를 이루어 드리려는 깊은 헌신도 내포되는데, 굳이 성경을 많이 읽지 않더라도 알 수 있듯이 그분의 관심사는 자기 백성이 잘되는 것과 맞물려 있다. 나아가 우리가 그리스도를 즐거이 주님으로 고백한다면 사람들에게 가장 유익한 게 무엇인가라는 질문에 답하는 기준도 달라진다. 즉, 사람들 본인이 생각하는 유익이 아니라 주님이 생각하시는 유익을 구하게 된다.

이쯤에서 나올 법한 말이 있다. "잠깐만, 이 책은 기도 특히 바울의 기도에 대한 묵상집이 아닌가? 사람의 중요성에 대한 이 모든 신학적 논리가 기도와 무슨 상관인가? 이런 심각한 신학이 나의 기도 생활과 무슨 관계가 있는가? 바울의 기도 생활과는 또 무슨 관계가 있는가?"

물론 아주 중요한 관계가 있다. 기도의 초점을 사람들에게 두어야 함을 고려하지 않은 채 기도를 고도의 수련으로 여기는 사조가 있다. 이 경우 기도하는 본인에게는 기도가 큰일로 여겨져 장려되지만, 기도의 대상은 대체로 경시된다. 또는 기도의 대상이 본래 하나님이라는 이유로 묵상이나 관상이나 경건한 기도를 장려하기도 한다. 하지만 이런 사조는 사람들을 대하는 우리의 태도를 고려하지 않거나, 남을 위한 중보기도의 자리를 깊이 생각하지 않는다.

바울의 기도에서 두드러진 특징 중 하나는 남을 위한 기도에 큰 비중을 할애한다는 점이다. 물론 바울도 단순히 하나님을 찬양할 때도 있었고 아마 자신을 위해서도 기도했을 것이다. 또 범위를 넓혀 보면—예컨대 시편으로—찬양의 기도라든지 일부나마 본인과 관계된 간구도 꽤 많이 나온다. 그러나 이 책의 초점인 바울의 기도는 남과 관련한 감사와 중보가 큰 부분을 차지한다는 점에서 돋보인다.

이런 기도의 순전한 위력과 높은 점유율은 시간을 들여 한꺼번에 쭉 통독하지 않고는 쉽게 감지하기 어렵다. 그래서 대부분을 인용했다. 대충 훑어볼 게 아니라 시간을 들여 천천히 읽으면서 깊이 생각하기 바란다. 속도를 늦추는 데 도움이 된다면 나직이 소리 내어 읽어도 좋다.

이 같은 기도의 형식과 내용은 다양하다. 현대의 많은 작가들이 그것을 네 부류로 구분한다는 점도 언급해 둘 만하다. 1)기도(바울이 기도를 글로 쓰는 부분), 2)기도에 대한 보고(바울이 독자들에게 자신의 기도에 관해 말하는 부분), 3)기도에 대한 소망(대개 "모든 평강의 하나님이 어찌어찌 하시기를 원하노라"와 같은 식으로 바울이 하나님을 삼인칭으로 지칭하는 부분), 4)기도하라는 권면 등이다. 그러나 이렇게 깔끔하게 구분하느라 시간을 허비할 필요는 없다.[1] 그보다, 좀 길긴 하

지만 바울 서신에서 발췌한 그의 기도와 그에 담긴 기백을 잘 살펴보라.[2]

먼저 내가 예수 그리스도로 말미암아 너희 모든 사람에 관하여 내 하나님께 감사함은 너희 믿음이 온 세상에 전파됨이로다. 내가 그의 아들의 복음 안에서 내 심령으로 섬기는 하나님이 나의 증인이 되시거니와 항상 내 기도에 쉬지 않고 너희를 말하며 어떻게 하든지 이제 하나님의 뜻 안에서 너희에게로 나아갈 좋은 길 얻기를 구하노라.^{롬 1:8-10}

형제들아, 내 마음에 원하는 바와 하나님께 구하는 바는 이스라엘을 위함이니 곧 그들로 구원을 받게 함이라.^{롬 10:1}

소망 중에 즐거워하며 환난 중에 참으며 기도에 항상 힘쓰며.^{롬 12:12}

이제 인내와 위로의 하나님이 너희로 그리스도 예수를 본받아 서로 뜻이 같게 하여 주사 한마음과 한 입으로 하나님 곧 우리 주 예수 그리스도의 아버지께 영광을 돌리게 하려 하노라.^{롬 15:5-6}

소망의 하나님이 모든 기쁨과 평강을 믿음 안에서 너희에게 충만하게 하사 성령의 능력으로 소망이 넘치게 하시기를 원하노라.^{롬 15:13}

형제들아, 내가 우리 주 예수 그리스도와 성령의 사랑으로 말미암아 너희를 권하노니 너희 기도에 나와 힘을 같이하여 나를 위하여 하나님께 빌어 나로 유대에서 순종하지 아니하는 자들로부터 건짐을 받게 하고 또 예루살렘에 대하여 내가 섬기는 일을 성도들이 받을 만하게 하고 나로 하나님의 뜻을 따라 기쁨으로 너희에게 나아가 너희와 함께 편히 쉬게 하라. 평강의 하나님께서 너희 모든 사람과 함께 계실지어다. 아멘.롬 15:30-33

그리스도 예수 안에서 너희에게 주신 하나님의 은혜로 말미암아 내가 너희를 위하여 항상 하나님께 감사하노니 이는 너희가 그 안에서 모든 일 곧 모든 언변과 모든 지식에 풍족하므로 그리스도의 증거가 너희 중에 견고하게 되어 너희가 모든 은사에 부족함이 없이 우리 주 예수 그리스도의 나타나심을 기다림이라. 주께서 너희를 우리 주 예수 그리스도의 날에 책망할 것이 없는 자로 끝까지 견고하게 하시리라. 너희를 불러 그의 아들 예수 그리스도 우리 주와 더불어 교제하게 하시는 하나님은 미쁘시도다.고전 1:4-9

주 예수 그리스도의 은혜가 너희와 함께하고.고전 16:23

찬송하리로다, 그는 우리 주 예수 그리스도의 하나님이시요 자비의 아버지시요 모든 위로의 하나님이시며 우리의 모든 환난 중에서 우리를 위로하사 우리로 하여금 하나님께 받는 위로로써 모든 환난 중에 있는 자들을 능히 위로하게 하시는 이시로다. 그리스도의 고난이 우리에게 넘친 것 같이 우리가 받는 위로도 그리스도로 말미암아 넘치는도다. 우리가 환난 당하는 것도 너희가 위로와 구원을 받게 하려는 것이요 우리가 위로를 받는 것도 너희가 위로를 받게 하려는 것이니 이 위로가 너희 속에 역사하여 우리가 받는 것 같은 고난을 너희도 견디게 하느니라. 너희를 위한 우리의 소망이 견고함은 너희가 고난에 참여하는 자가 된 것 같이 위로에도 그러할 줄을 앎이라. 고후 1:3-7

항상 우리를 그리스도 안에서 이기게 하시고 우리로 말미암아 각처에서 그리스도를 아는 냄새를 나타내시는 하나님께 감사하노라. 우리는 구원받는 자들에게나 망하는 자들에게나 하나님 앞에서 그리스도의 향기니 이 사람에게는 사망으로부터 사망에 이르는 냄새요 저 사람에게는 생명으로부터 생명에 이르는 냄새라. 누가 이 일을 감당하리요. 고후 2:14-16

이 봉사의 직무가 성도들의 부족한 것을 보충할 뿐 아니라 사람들이 하나님께 드리는 많은 감사로 말미암아 넘쳤느니라. 이 직무로 증거를 삼아 너희가 그리스도의 복음을 진실히 믿고 복종하는 것과 그들과 모든 사람을 섬기는 너희의 후한 연보로 말미암아 하나님께 영광을 돌리고 또 그들이 너희를 위하여 간구하며 하나님이 너희에게 주신 지극한 은혜로 말미암아 너희를 사모하느니라. 말할 수 없

는 그의 은사로 말미암아 하나님께 감사하노라.^{고후 9:12-15}

여러 계시를 받은 것이 지극히 크므로 너무 자만하지 않게 하시려고 내 육체에 가시 곧 사탄의 사자를 주셨으니 이는 나를 쳐서 너무 자만하지 않게 하려 하심이라. 이것이 내게서 떠나가게 하기 위하여 내가 세 번 주께 간구하였더니 나에게 이르시기를 내 은혜가 네게 족하도다. 이는 내 능력이 약한 데서 온전하여짐이라 하신지라.^{고후 12:7-9}

우리가 하나님께서 너희로 악을 조금도 행하지 않게 하시기를 구하노니 이는 우리가 옳은 자임을 나타내고자 함이 아니라 오직 우리는 버림받은 자 같을지라도 너희는 선을 행하게 하고자 함이라. 우리는 진리를 거슬러 아무것도 할 수 없고 오직 진리를 위할 뿐이니 우리가 약할 때에 너희가 강한 것을 기뻐하고 또 이것을 위하여 구하니 곧 너희가 온전하게 되는 것이라.^{고후 13:7-9}

형제들아, 우리 주 예수 그리스도의 은혜가 너희 심령에 있을지어다. 아멘.^{갈 6:18}

찬송하리로다, 하나님 곧 우리 주 예수 그리스도의 아버지께서 그리스도 안에서 하늘에 속한 모든 신령한 복을 우리에게 주시되 곧 창세 전에 그리스도 안에서 우리를 택하사 우리로 사랑 안에서 그 앞에 거룩하고 흠이 없게 하시려고 그 기쁘신 뜻대로 우리를 예정하사 예수 그리스도로 말미암아 자기의 아들들이 되게 하셨으니 이는 그가 사랑하시는 자 안에서 우리에게 거저 주시는 바 그의 은혜의 영광을 찬송하게 하려는 것이라. 우리는 그리스도 안에서 그의 은혜의 풍성함을 따라 그의 피로 말미암아 속량 곧 죄 사함을 받았느니라. 엡 1:3-7

이로 말미암아 주 예수 안에서 너희 믿음과 모든 성도를 향한 사랑을 나도 듣고 내가 기도할 때에 기억하며 너희로 말미암아 감사하기를 그치지 아니하고 우리 주 예수 그리스도의 하나님, 영광의 아버지께서 지혜와 계시의 영을 너희에게 주사 하나님을 알게 하시고 너희 마음의 눈을 밝히사 그의 부르심의 소망이 무엇이며 성도 안에서 그 기업의 영광의 풍성함이 무엇이며 그의 힘의 위력으로 역사하심을 따라 믿는 우리에게 베푸신 능력의 지극히 크심이 어떠한 것을 너희로 알게 하시기를 구하노라. 그의 능력이 그리스도 안에서 역사하사 죽은 자들 가운데서 다시 살리시고 하늘에서 자기의 오른편에 앉히사 모든 통치와 권세와 능력과 주권과 이 세상뿐 아니라 오는 세상에 일컫는 모든 이름 위에 뛰어나게 하시고 또 만물을 그의 발아래에 복종하게 하시고 그를 만물 위에 교회의 머리로 삼으셨느니라. 교회는 그의 몸이니 만물 안에서 만물을 충만하게 하시는 이의 충만함이니라. 엡 1:15-23

이러므로 내가 하늘과 땅에 있는 각 족속에게 이름을 주신 아버지 앞에 무릎을 꿇고 비노니 그의 영광의 풍성함을 따라 그의 성령으로 말미암아 너희 속사람을 능력으로 강건하게 하시오며 믿음으로 말미암아 그리스도께서 너희 마음에 계시게 하시옵고 너희가 사랑 가운데서 뿌리가 박히고 터가 굳어져서 능히 모든 성도와 함께 지식에 넘치는 그리스도의 사랑을 알고 그 너비와 길이와 높이와 깊이가 어떠함을 깨달아 하나님의 모든 충만하신 것으로 너희에게 충만하게 하시기를 구하노라.

우리 가운데서 역사하시는 능력대로 우리가 구하거나 생각하는 모든 것에 더 넘치도록 능히 하실 이에게 교회 안에서와 그리스도 예수 안에서 영광이 대대로 영원무궁하기를 원하노라. 아멘.^{엡 3:14-21}

또 나를 위하여 구할 것은 내게 말씀을 주사 나로 입을 열어 복음의 비밀을 담대히 알리게 하옵소서 할 것이니 이 일을 위하여 내가 쇠사슬에 매인 사신이 된 것은 나로 이 일에 당연히 할 말을 담대히 하게 하려 하심이라.^{엡 6:19-20}

내가 너희를 생각할 때마다 나의 하나님께 감사하며 간구할 때마다 너희 무리를 위하여 기쁨으로 항상 간구함은 너희가 첫날부터 이제까지 복음을 위한 일에 참여하고 있기 때문이라. 너희 안에서 착한 일을 시작하신 이가 그리스도 예수의 날까지 이루실 줄을 우리는 확신하노라.^{빌 1:3-6}

내가 기도하노라. 너희 사랑을 지식과 모든 총명으로 점점 더 풍성하게 하사 너희로 지극히 선한 것을 분별하며 또 진실하여 허물 없이 그리스도의 날까지 이르고 예수 그리스도로 말미암아 의의 열매가 가득하여 하나님의 영광과 찬송이 되기를 원하노라. 빌 1:9-11

아무것도 염려하지 말고 다만 모든 일에 기도와 간구로, 너희 구할 것을 감사함으로 하나님께 아뢰라. 그리하면 모든 지각에 뛰어난 하나님의 평강이 그리스도 예수 안에서 너희 마음과 생각을 지키시리라. 빌 4:6-7

주 예수 그리스도의 은혜가 너희 심령에 있을지어다. 빌 4:23

우리가 너희를 위하여 기도할 때마다 하나님 곧 우리 주 예수 그리스도의 아버지께 감사하노라. 이는 그리스도 예수 안에 너희의 믿음과 모든 성도에 대한 사랑을 들었음이요 너희를 위하여 하늘에 쌓아 둔 소망으로 말미암음이니 곧 너희가 전에 복음 진리의 말씀을 들은 것이라. 이 복음이 이미 너희에게 이르매 너희가 듣고 참으로 하나님의 은혜를 깨달은 날부터 너희 중에서와 같이 또한 온 천하에서도 열매를 맺어 자라는도다. 이와 같이 우리와 함께 종 된 사랑하는 에바브라에게 너희가 배웠나니 그는 너희를 위한 그리스도의 신실한 일꾼이요 성령 안에서 너희 사랑을 우리에게 알린 자니라.

 이로써 우리도 듣던 날부터 너희를 위하여 기도하기를 그치지 아니하고 구하노니 너희로 하여금 모든 신령한 지혜와 총명에 하나님의 뜻을 아는 것으로 채우게 하시고 주께 합당하게 행하여 범사에 기쁘시게 하고 모든 선한 일에 열매를 맺게 하시며 하나님을 아는 것에 자라게 하시고 그의 영광의 힘을 따라 모든 능력으로 능하게 하시며 기쁨으로 모든 견딤과 오래 참음에 이르게 하시고 우리로 하여금 빛 가운데서 성도의 기업의 부분을 얻기에 합당하게 하신 아버지께 감사하게 하시기를 원하노라. 그가 우리를 흑암의 권세에서 건져 내사 그의 사랑의 아들의 나라로 옮기셨으니 그 아들 안에서 우리가 속량 곧 죄 사함을 얻었도다. 골 1:3-14

기도를 계속하고 기도에 감사함으로 깨어 있으라. 또한 우리를 위하여 기도하되 하나님이 전도할 문을 우리에게 열어 주사 그리스도의 비밀을 말하게 하시기를 구하라. 내가 이 일 때문에 매임을 당하였노라. 그리하면 내가 마땅히 할 말로써 이 비밀을 나타내리라. 골 4:2-4

우리가 너희 모두로 말미암아 항상 하나님께 감사하며 기도할 때에 너희를 기억함은 너희의 믿음의 역사와 사랑의 수고와 우리 주 예수 그리스도에 대한 소망의 인내를 우리 하나님 아버지 앞에서 끊임없이 기억함이니. 살전 1:2-3

이러므로 우리가 하나님께 끊임없이 감사함은 너희가 우리에게 들은 바 하나님의 말씀을 받을 때에 사람의 말로 받지 아니하고 하나님의 말씀으로 받음이니 진실로 그러하도다. 이 말씀이 또한 너희 믿는 자 가운데에서 역사하느니라. 형제들아, 너희가 그리스도 예수 안에서 유대에 있는 하나님의 교회들을 본받은 자 되었으니 그들이 유대인들에게 고난을 받음과 같이 너희도 너희 동족에게서 동일한 고난을 받았느니라. 유대인은 주 예수와 선지자들을 죽이고 우리를 쫓아내고 하나님을 기쁘시게 하지 아니하고 모든 사람에게 대적이 되어 우리가 이방인에게 말하여 구원받게 함을 그들이 금하여 자기 죄를 항상 채우매 노하심이 끝까지 그들에게 임하였느니라.^{살전 2:13-16}

우리가 우리 하나님 앞에서 너희로 말미암아 모든 기쁨으로 기뻐하니 너희를 위하여 능히 어떠한 감사로 하나님께 보답할까. 주야로 심히 간구함은 너희 얼굴을 보고 너희 믿음이 부족한 것을 보충하게 하려 함이라.

　하나님 우리 아버지와 우리 주 예수는 우리 길을 너희에게로 갈 수 있게 하시오며 또 주께서 우리가 너희를 사랑함과 같이 너희도 피차간과 모든 사람에 대한 사랑이 더욱 많아 넘치게 하사 너희 마음을 굳건하게 하시고 우리 주 예수께서 그의 모든 성도와 함께 강림하실 때에 하나님 우리 아버지 앞에서 거룩함에 흠이 없게 하시기를 원하노라.^{살전 3:9-13}

평강의 하나님이 친히 너희를 온전히 거룩하게 하시고 또 너희의 온 영과 혼과 몸이 우리 주 예수 그리스도께서 강림하실 때에 흠 없

게 보전되기를 원하노라. 너희를 부르시는 이는 미쁘시니 그가 또한 이루시리라. 살전 5:23-24

우리 주 예수 그리스도의 은혜가 너희에게 있을지어다. 살전 5:28

형제들아, 우리가 너희를 위하여 항상 하나님께 감사할지니 이것이 당연함은 너희의 믿음이 더욱 자라고 너희가 다 각기 서로 사랑함이 풍성함이니 그러므로 너희가 견디고 있는 모든 박해와 환난 중에서 너희 인내와 믿음으로 말미암아 하나님의 여러 교회에서 우리가 친히 자랑하노라. 살후 1:3-4

이러므로 우리도 항상 너희를 위하여 기도함은 우리 하나님이 너희를 그 부르심에 합당한 자로 여기시고 모든 선을 기뻐함과 믿음의 역사를 능력으로 이루게 하시고 우리 하나님과 주 예수 그리스도의 은혜대로 우리 주 예수의 이름이 너희 가운데서 영광을 받으시고 너희도 그 안에서 영광을 받게 하려 함이라. 살후 1:11-12

우리 주 예수 그리스도와 우리를 사랑하시고 영원한 위로와 좋은 소망을 은혜로 주신 하나님 우리 아버지께서 너희 마음을 위로하시고 모든 선한 일과 말에 굳건하게 하시기를 원하노라. 살후 2:16-17

또한 우리를 부당하고 악한 사람들에게서 건지시옵소서 하라. 믿음은 모든 사람의 것이 아니니라. 주는 미쁘사 너희를 굳건하게 하시고 악한 자에게서 지키시리라. 너희에 대하여는 우리가 명한 것을 너희가 행하고 또 행할 줄을 우리가 주 안에서 확신하노니 주께서 너희 마음을 인도하여 하나님의 사랑과 그리스도의 인내에 들어가게 하시기를 원하노라. 살후 3:2-5

평강의 주께서 친히 때마다 일마다 너희에게 평강을 주시고 주께서 너희 모든 사람과 함께하시기를 원하노라. 살후 3:16

나를 능하게 하신 그리스도 예수 우리 주께 내가 감사함은 나를 충성되이 여겨 내게 직분을 맡기심이니. 딤전 1:12

그러므로 내가 첫째로 권하노니 모든 사람을 위하여 간구와 기도와 도고와 감사를 하되 임금들과 높은 지위에 있는 모든 사람을 위하여 하라. 이는 우리가 모든 경건과 단정함으로 고요하고 평안한 생활을 하려 함이라. 이것이 우리 구주 하나님 앞에 선하고 받으실 만한 것이니 하나님은 모든 사람이 구원을 받으며 진리를 아는 데에 이르기를 원하시느니라. 하나님은 한 분이시요 또 하나님과 사람 사이에 중보자도 한 분이시니 곧 사람이신 그리스도 예수라. 그가 모든 사람을 위하여 자기를 대속물로 주셨으니 기약이 이르러 주신 증거니라. 딤전 2:1-6

내가 밤낮 간구하는 가운데 쉬지 않고 너를 생각하여 청결한 양심으로 조상 적부터 섬겨 오는 하나님께 감사하고 네 눈물을 생각하여 너 보기를 원함은 내 기쁨이 가득하게 하려 함이니 이는 네 속에 거짓이 없는 믿음이 있음을 생각함이라. 이 믿음은 먼저 네 외조모 로이스와 네 어머니 유니게 속에 있더니 네 속에도 있는 줄을 확신하노라.

그러므로 내가 나의 안수함으로 네 속에 있는 하나님의 은사를 다시 불 일듯 하게 하기 위하여 너로 생각하게 하노니 하나님이 우리에게 주신 것은 두려워하는 마음이 아니요 오직 능력과 사랑과 절제하는 마음이니. 딤후 1:3-7

원하건대 주께서 오네시보로의 집에 긍휼을 베푸시옵소서. 그가 나를 자주 격려해 주고 내가 사슬에 매인 것을 부끄러워하지 아니하고 로마에 있을 때에 나를 부지런히 찾아와 만났음이라. [원하건대 주께서 그로 하여금 그날에 주의 긍휼을 입게 하여 주옵소서.] 또 그가 에베소에서 많이 봉사한 것을 네가 잘 아느니라. 딤후 1:16-18

나는 주께서 네 심령에 함께 계시기를 바라노니 은혜가 너희와 함께 있을지어다. 딤후 4:22

은혜가 너희 무리에게 있을지어다. 딛 3:15

내가 항상 내 하나님께 감사하고 기도할 때에 너를 말함은 주 예수와 및 모든 성도에 대한 네 사랑과 믿음이 있음을 들음이니 이로써 네 믿음의 교제가 우리 가운데 있는 선을 알게 하고 그리스도께 이르도록 역사하느니라. 형제여, 성도들의 마음이 너로 말미암아 평안함을 얻었으니 내가 너의 사랑으로 많은 기쁨과 위로를 받았노라.^{몬 1:4-7}

우리 주 예수 그리스도의 은혜가 너희 심령과 함께 있을지어다.^{몬 1:25}

바울의 모본을 따른다면, 우리도 **남을 위한 기도**의 절대적 중요성을 결코 간과하지 않을 것이다. 또한 우리의 기도가 단지 기도원에서 나 혼자만 힘을 얻기 위한 수준으로 내려가지 않을 것이다. 그 힘을 즐거운 찬양을 통해서 얻든, 하나님과의 신비로운 교감을 통해서 얻든, 전능자께 염려를 맡기는 해방을 통해서 얻든 마찬가지다. 물론 기도는 그런 요소와 그 이상도 다 포함할 수 있다. 하지만 바울처럼 기도하기를 배우는 사람은 남을 위한 기도를 배우게 되어 있다. 그런 사람은 남을 위한 감사와 중보를 품고 하나님께 나아가는 일을 본분의 일부로 여기게 된다. 요컨대 우리의 기도는 하나님의 사람들을 위해 가장 유익한 것들을 구하려는 깊은 갈망에서 비롯되어야 한다.

이와 함께 두 가지 짚어 둘 것이 있다. 첫째, 우리는 가장 유익한 것에 관한 하나님의 정의에 항상 복종해야 한다. 이는 성경 속의 기도들에 귀 기울이는 것이 그만큼 중요하다는 뜻이다. 그렇지 않고서야 하나님께서 우리에게 가장 유익하다고 판단하시는 것이 무엇인지 어떻게 알겠는가? 하나님을 향한 우리의 믿음, 다른 사람을 대하는 방식, 근본적 가치관 등이 성경을 통해 개혁되어야 하듯이 우리의 기도도 성경으로 빚어져야 한다. 바로 지금이 그 작업에 집중하기 좋은 기회다. 앞에서 바울의 기도들을 훑어보며 그가 얼마나 자주 남을 위해 기도했는지 확인했다. 이번에는 그가 남을 위해 하나님께 정확히 무엇을 구하는지 다시 한번 살펴보고, 그 결과를 평소 우리의 기도 제목과 비교해 볼 필요가 있다.

둘째, 남을 위해 기도하려면 먼저 자신의 마음을 살펴야 한다. 상대에게 반감을 품고 있다면 어떻게 그를 위해 제대로 기도할 수 있겠는가? 못마땅한 사람을 위해 기도한 적이 얼마나 자주 있는가? 하지만 주된 문제는 원한을 품은 대상을 위해 차마 중보하기 어렵다는 게 아니다. 결코 심리적 장애물 때문만은 아니다. 물론, 그것도 엄연한 장벽이다. 그러나 더 깊은 장벽이 있다. 하나님이 친히 밝히셨듯 자백하지 않은 죄는 그분과의 소통을 막고, 그분의 강력한 응답을 막는다. "여호와의 손이 짧아 구원하지 못하심도 아니요 귀가 둔하여 듣지 못하심도 아니라. 오직 너희 죄악이 너희와 너희 하나님 사이를 갈라놓았고 너희 죄가 그의 얼굴을 가리어서 너희에게서 듣지 않으시게 함이니라."사59:1-2

응답받는 기도를 막는 우리의 죄는 말라기가 생생하게 단죄한 그런 부류의 악일 수도 있다. 예컨대 사람들은 건성의 신앙으로 하나님께 찌꺼기를 드렸고,말1:6-14 간음과 이혼을 일삼으면서 겉으로만 회개의 눈물을 흘렸고,^{말 2:13-16} 하나님을 전혀 경외하지 않을 뿐 아니라, 그 결과로 가난하고 불우한 자를 압제하며 부패에 빠졌고,^{말 3:5} 하나님을 섬겨 봐야 소용없다고 내심 의심하며 한심하게도 사회의 교만한 자와 행악하는 자를 부러워했다.^{말 3:13-15} 행실이 그러한 사람들의 기도를 하나님이 기뻐하지 않으심은 당연한 일이다.

우리의 지독한 원한, 곪은 분노, 고이 품은 앙심, 기어이 용서하지 않는 마음 등이 응답받는 중보기도를 가로막을 때가 너무 많다. 이는 딱할 정도로 흔한 우리의 모습이다. 주 예수께서 친히 이렇게 가르치셨음에도 불구하고 말이다. "너희가 사람의 잘못을 용서하면 너희 하늘 아버지께서도 너희 잘못을 용서하시려니와 너희가 사람의 잘못을 용서하지 아니하면 너희 아버지께서도 너희 잘못을 용서하지 아니하시리라."^{마 6:14-15} 뿐만 아니라 주제와 관련한 더 뜨끔한 말씀도 주셨다. "서서 기도할 때에 아무에게나 혐의가 있거든 용서하라. 그리하여야 하늘에 계신 너희 아버지께서도 너희 허물을 사하여 주시리라."^{막 11:25} 정말이지 하늘 아버지의 너그러운 용서를 조금이라도 경험했다면, 그분의 자비가 우리의 기준이 되어야 한다. "서로 친절하게 하며 불쌍히 여기며 서로 용서하기를 하나님이 그리스도 안에서 너희를 용서하심과 같이 하라."^{엡 4:32, 골 3:13 참조}

기도 생활을 진지하게 개혁하고 싶다면 마음에서부터 시작해야 한다. 자백하지 않은 죄, 마음에 품고 있는 죄는 하나님과 그분의 형상대로 지음 받은 인간 사이에서 항상 장벽이 된다.

물론 과거에 틀어진 관계를 회복하려 해도 상대방이 협조하지 않을 때가 있다. 그러나 그것은 그 사람과 하나님 사이의 문제다. 당신과 나는 각자 **자신의** 마음을 살펴야 한다.

잘못이 전적으로 상대에게 있는 경우에도 마찬가지다. 얼마 전에 어떤 목사가 한 여자를 상담했는데, 그녀는 20년 전에 친아버지에게 4년 동안 잔혹하게 근친상간을 당했다. 아버지는 결국 감옥에 갔으나, 그녀의 자아와 신앙에 남아 있던 흉터가 20년 후에 곪아 터졌다. 남편은 그런 이력을 전혀 몰랐으므로 그녀를 거의 이해하거나 지지해 주지 않았다. 둘은 점점 남남처럼 살았고, 그녀의 신앙은 시들어 결국 기도가 불가능해졌으며, 예배는 가식이 되었다.

목사와 함께 그런 배경을 정리해 나가면서 그녀가 반드시 거쳐야 했던 단계는 아버지를 용서하는 일이었다. 그의 죄를 그녀가 떠맡았다는 뜻이 아니라, 자신의 원한과 분노를 처리해야 했다는 뜻이다. 그녀는 주님께 용서받기를 원했고, 이런 맥락 안에서 자신을 학대한 그 사람을 용서해야 했다. 이 용서는 전폭적이고 무조건적이어야 하며, 그에게 표현되어야 했다. **그가 회개로 반응하든 지독한 자기 정당화와 분노로 반응하든 관계없이** 말이다. 사실 그는 후자의 길을 택했고, 그만큼 그녀의 일은 쉽지 않았다. 그러나 주께서 그녀에게 용서할 힘을 주셨다. 이 용서가 결정적 전환점이 되어 그녀는 남편과의 관계를 회복했고, 주님을 기뻐하는 마음을 되찾았다. 그리고 기도도 되살아났다.

물론 이 원리는 근친상간의 기억으로 인한 원한뿐 아니라 삶의 모든 영역에 두루 적용된다. 일부 교인들을 은근히 경멸하고 있다면 어떻게 교회를 위해 중보할 수 있겠는가? 부흥이라는 추상적인 복만 원할 뿐 **사람들의** 회복에는 딱히 관심이 없다면 어떻게 의미 있게 부흥을 위해 기도할 수 있겠는가? 원한과 분노를 품고 있다면 기도는 거의 시간과 노력의 낭비나 마찬가지다.

진도를 더 나가기 전, 지금이 우리의 마음을 정직하고 겸손하게 성찰할 기회다. 물론 항상 그래야 하지만 기도로 하나님께 나아갈 때는 더욱 그러하다. 그분의 비할 데 없는 거룩함과 용서야말로 그분의 사람들에게 불변의 기준이 된다.

복습과 묵상을 위한 질문

1. 지도자를 뽑을 때 어떤 면에서 사람들을 향한 관심이 기준이 되어야 하는가? 성경을 가르치거나 설교할 때는 어떤가? 기도할 때는 어떤가?

2. 영적 훈련의 하나로, 앞으로 한 달 동안 날마다 바울의 여러 기도를 천천히 통독하라. 이 훈련이 당신의 기도에 미치는 영향을 기록하라.

3. 삶 속에 죄를 품고 있으면 어떻게 기도에 방해가 되는가?

5.

사람들을 향한 열정
A Passion for People

| 데살로니가전서 3:9-13 |

데살로니가 교인들을 위한 바울의 또 다른 기도

[17]형제들아, 우리가 잠시 너희를 떠난 것은 얼굴이요 마음은 아니니 너희 얼굴 보기를 열정으로 더욱 힘썼노라. [18]그러므로 나 바울은 한 번 두 번 너희에게 가고자 하였으나 사탄이 우리를 막았도다. [19]우리의 소망이나 기쁨이나 자랑의 면류관이 무엇이냐. 그가 강림하실 때 우리 주 예수 앞에 너희가 아니냐. [20]너희는 우리의 영광이요 기쁨이니라.

[1]이러므로 우리가 참다못하여 우리만 아덴에 머물기를 좋게 생각하고 [2]우리 형제 곧 그리스도의 복음을 전하는 하나님의 일꾼인 디모데를 보내노니 이는 너희를 굳건하게 하고 너희 믿음에 대하여 위로함으로 [3]아무도 이 여러 환난 중에 흔들리지 않게 하려 함이라. 우리가 이것을 위하여 세움 받은 줄을 너희가 친히 알리라. [4]우리가 너희와 함께 있을 때에 장차 받을 환난을 너희에게 미리 말하였는데 과연 그렇게 된 것을 너희가 아느니라. [5]이러므로 나도 참다못하여 너희 믿음을 알기 위하여 그를 보내었노니 이는 혹 시험하는 자가 너희를 시험하여 우리 수고를 헛되게 할까 함이니

[6]지금은 디모데가 너희에게로부터 와서 너희 믿음과 사랑의 기쁜 소식을 우리에게 전하고 또 너희가 항상 우리를 잘 생각하여 우리가 너희를 간절히 보고자 함과 같이 너희도 우리를 간절히 보고자 한다 하니 [7]이러므로 형제들아, 우리가 모든 궁핍과 환난 가운데서 너희 믿음으로 말미암아 너희에게 위로를 받았노라. [8]그러므로 너희가 주 안에 굳게 선즉 우리가 이제는 살리라. [9]우리가 우리 하나님 앞에서 너희로 말미암아 모든 기쁨으로 기뻐하니 너희를 위하여 능히 어떠한 감사로 하나님께 보답할까. [10]주야로 심히 간구함은 너희 얼굴을 보고 너희 믿음이 부족한 것을 보충하게 하려 함이라.

[11]하나님 우리 아버지와 우리 주 예수는 우리 길을 너희에게로 갈 수 있게 하시오며 [12]또 주께서 우리가 너희를 사랑함과 같이 너희도 피차간과 모든 사람에 대한 사랑이 더욱 많아 넘치게 하사 [13]너희 마음을 굳건하게 하시고 우리 주 예수께서 그의 모든 성도와 함께 강림하실 때에 하나님 우리 아버지 앞에서 거룩함에 흠이 없게 하시기를 원하노라.

— 데살로니가전서 2:17-3:13

중보기도의 본보기가 되는 바울의 기도가 여럿 있지만, 데살로니가전서 3:9-13의 기도는 특히 사도의 애틋한 감정을 잘 보여준다. 독자들을 향한 그의 깊은 관심은 기도뿐만 아니라 앞뒤의 문맥에서도 여실히 드러난다. 지금부터 차례로 살펴보자.

사람들을 향한 열정의 산물

1. 바울의 기도는 데살로니가 교인들과 함께 있고 싶은 간절한 열망에서 비롯되었다.

바울이 이 교회를 개척한 사연은 사도행전 17:1-9에 나와 있다. 바울과 실라는 빌립보에서 심하게 매를 맞고 옥에 갇혔다가 관리들에게 떠밀려 그곳을 떠났다. 데살로니가에 도착한 바울은 전도와 교회 개척에 착수했으나, 역시 박해가 하도 심하여 몇 주 만에 철수할 수밖에 없었다. 베뢰아에서는 약간의 성과가 있었지만, 아테네에서 거대한 영적, 지적 장애물에 부딪쳤고, 곧이어 당도한 고린도에는 도덕적, 문화적 장벽이 버티고 있었다. 고린도는 도덕적 부패로 유명한 국제적 항구도시였다.

바로 이런 정황 속에서 바울은 근래에 개척한 교회들을 뒤돌아보았다. 그는 교회들에서 제자 양육과 훈련에 거의 시간을 들이지 못했는데, 이런 허점을 그저 계획에 차질이 생긴 정도로 치부하고 말 수 없었다. 오히려 그는 신자들을 향한 깊은 우려로 인해 마음이 몹시 아팠다. 그래서 이런 글을 썼다. "형제들아, 우리가 잠시 너희를 떠난 것은 얼굴이요 마음은 아니니 너희 얼굴 보기를 열정으로 더욱 힘썼노라."살전2:17 그는 또 이렇게도 썼다. "이러므로 우리가 참다못하여 우리만 아덴에 머물기를 좋게 생각하고 우리 형제 곧… 하나님의 일꾼인 디모데를 보내노니… 이러므로 나도 참다못하여 너희 믿음을 알기 위하여 그를 보내었노니 이는 혹 시험하는 자가 너희를 시험하여 우리 수고를 헛되게 할까 함이니."살전3:1-2,5

바울은 다른 그리스도인들, 특히 갓 믿은 사람들이 잘되는 일에 깊이 헌신한 그리스도인이었다. 곁에서 그들을 도와주고 양육하고 먹이고 안정시키며, 그들의 기초를 충분히 다져 주고 싶은 열정에 불타올랐다. 그런데 직접 방문할 수 없게 되자, 바울이 그들을 위해 열심히 기도한 것은 당연한 일이다.

이는 바울의 전형적인 모습이다. 그는 단순히 직업인과 같은 수준으로 내려간 적이 없다. 바울은 열정적인 사람이었으며, 실존 인물들의 삶 속에 깊이 들어가 그들과 부대꼈다. 그래서 다른 서신에 이런 고백이 나온다. "이 외의 일은 고사하고 아직도 날마다 내 속에 눌리는 일이 있으니 곧 모든 교회를 위하여 염려하는 것이라. 누가 약하면 내가 약하지 아니하며 누가 실족하게 되면 내가 애타지 아니하더냐."^{고후 11:28-29} 그는 관념에 취하여 정작 인간에 무관심했던 사람이 아니다. 자신의 저서를 통해서, 혹은 젊은 일꾼을 대신 보내는 원격 사역으로 만족한 사람도 아니다. 바울의 사역은 관념이나 책이나 후배 동역자를 산출하는 것이 아니라, 하나님의 사람들을 섬기는 일을 최우선에 두었다. 그 일에 그는 뜨겁게 헌신했다. 그들을 위한 바울의 기도는 바로 그 열정에서 빚어졌다.

2. 바울의 기도는 사람들의 유익을 구하는 뜨거운 애정에서 비롯되었다. 그들의 칭송, 감사, 수용을 얻기 위한 것이 아니며, 직업적 자기만족감을 위한 것은 더욱 아니었다.

이것은 굉장히 중요하다. 흔히 사랑하는 이들 곁으로 돌아가고 싶다는 말에는 사랑의 감정뿐 아니라 외로움이나 소외감도 함께 묻어난다. 우리가 사랑하는 이들과 함께 있기를 좋아함은 대부분의 경우 그들이 우리를 사랑해 주기 때문이다. 그들 곁에 있으면 안정감과 소속감을 느낄 수 있고, 자신이 귀한 존재로 여겨진다.

이런 향수는 지극히 정상이므로 멸시해서는 안 된다. 그러나 안타깝게도 사역에서 이것이 흉하게 변질될 때가 있다. 어떤 설교자들은 설교가 즐겁다고 하도 큰소리로 떠벌리다 보니, 그들을 사로잡는

게 자신의 성취욕과 권력욕인지 아니면 듣는 사람들을 섬기려는 마음인지 불분명하다. 어떤 교회의 오르간 반주자는 젊은 뮤지션을 새로 영입한다는 말만 나오면 결사 반대하는데, 그 이유가 곧 분명해진다. 그 반주자의 자아 정체성은 대중 앞에서 오르간을 연주하는 일에 매여 있어, 그에게 사람들을 섬긴다는 생각은 온데간데없다. 그 자리를 다른 사람에게 내준다는 것은 생각할 수도 없는 일이다.

신학교 학생들을 15년 넘게 가르쳐 온 한 사람으로서, 자신이 어디서 어떻게 섬기는 편이 가장 좋겠느냐는 질문에 이런 식으로 답하는 신학생들이 점점 많아지는 데 우려를 느낀다. "어딘가에서 가르쳤으면 좋겠습니다. 제가 가르칠 때마다 사람들이 참 잘했다고 하거든요. 성경을 가르칠 때 느껴지는 충족감이 엄청납니다. 성경을 가르친다면 만족할 수 있을 것 같아요."

얼마나 딱한 생각인가. 나는 핵물리학을 가르치면서 만족하고 충족감을 얻는 비신자들을 알고 있다. 기독교적 인생관에서 볼 때 결코 자기만족이 최고의 관건이 되어서는 안 된다. 관건은 실제의 사람들을 섬기는 일이다. 문제는 "어떻게 하면 내가 가장 쓸모 있게 느껴질까?"가 아니라 "어떻게 하면 가장 쓸모 있는 사람이 될까?"이다. 목표는 "어떻게 무난한 수준의 기독교 사역에 임하여 가장 편하게 인정받을 것인가?"가 아니라 "어떻게 하나님의 사람들을 섬겨 그분을 최대한 영화롭게 할 것인가?"이다. 전제는 "내가 생각하는 분야의 봉사가 어떻게 나의 이력에 도움이 될까?"가 아니라 "하나님이 부르신 분야에서 더 잘 봉사하기 위해 어떻게 날마다 죽을 것인가? 날마다 내 십자가를 지고 죽는다는 원리에 어떻게 헌신할 것인가?"이다. 물론 그리스도인들은 직업으로서의 전문 사역이든 쿼크 입자의 속성을 연구하는 일이든 자신의 일을 하나님께 정직히 드리며 거기서 기쁨을 얻을 수 있다. 그것을 부인할 생각은 없다. 그러나 부름받은 일에서 기쁨을 얻는 것은 좋지만 그 기쁨을 삶의 목표로, 우리의 선택을 지배하는 근본 기준으로 삼아서는 안 된다. 자신의 은사에 대해 그리스도인 지도자의 평가를 받는 것은 좋지만, 그 은사에 너무 몰두한 나머지 부지중에 자아 숭배에 빠져서는 안 된다. 사람들을 자신의 자랑스러운 설교 실력에 감탄할 실황 청중으로 생각해서는 안 된다. 오히려 설교 한 편을 작성하더라도 하나님의 사람들의 유익을 위해 진리를 전달하려는 열정으로 해야 한다.

다시 바울의 말을 들어 보자. "이러므로 우리가 참다못하여… 디모데를 보내노니 이는 너희를 굳건하게 하고 너희 믿음에 대하여 위로함으로 아무도 이 여러 환난 중에 흔들리지 않게 하려 함이라. 우리가 이것을 위하여 세움 받은 줄을 너희가 친히 알리라. 우리가 너희와 함께 있을 때에 장차 받을 환난을 너희에게 미리 말하였는데 과연 그렇게 된 것을 너희가 아느니라. 이러므로 나도 참다못하여 너희 믿음을 알기 위하여 그를 보내었노니 이는 혹 시험하는 자가 너희를 시험하여 우리 수고를 헛되게 할까 함이니." 살전 3:1-5

바울은 갓 회심한 신자들을 향한 애정이 깊었으며, 결코 그들을 이용하여 자존심을 세우거나 자신의 비중을 높이거나 자기만족에 사로잡히지 않았다. 오히려 그들이 잘되기를 바라는 마음으로 고뇌했다. 박해당하는 그들을 견고히 세워 주고 싶어 했다. 굳건하게 하고 믿음을 격려하여, 그들이 시련 중에 흔들리지 않게 도와주고 싶었다. 바울은 목자의 심정을 품었다.

요컨대 바울이 그들과 함께 있으려 한 것은 그들의 유익을 위해서였다. 그것은 근본적인 기독교의 표출이다. 그리스도 예수께서 우리와 함께 계시고자 자원하여 이 땅에 오신 것도 우리의 유익을 위해서였다. 그분이 자아 부인의 길을 택하여 극한의 고통과 수치와 모욕 속에서 죽으신 것은 다른 사람들을 살리기 위해서였다. 그분은 우리에게도 똑같이 섬길 것을 명하신다. 다른 사람들을 주관할 게 아니라, 그들의 유익을 위해 자원하여 사심을 죽이라 하신다. 이런 태도는 종교 집회에서나 쓰는 겉치레용 가면이 아니라 그리스도인 삶의 본질적 특성이다. 바울은 그 점을 알고 삶으로 실천했다. 그의 기도는 신자들을 향한 보다 깊고 끊임없는 그의 사랑이었다.

3. 바울의 기도는 회보로 전해진 데살로니가 교인들의 믿음과 사랑과 인내와 강건함에 대한 순전한 기쁨에서 비롯되었다.

이미 그는 1장에 이렇게 썼다. "우리가 너희 모두로 말미암아 항상 하나님께 감사하며 기도할 때에 너희를 기억함은 너희의 믿음의 역사와 사랑의 수고와 우리 주 예수 그리스도에 대한 소망의 인내를 우리 하나님 아버지 앞에서 끊임없이 기억함이니."^{살전 1:2-3} 교인들과 함께 지냈던 짧은 시간을 기억하며 한 말이다. 그런데 그 뒤로 떨어져 있다 보니, 데살로니가 교인들이 장기적으로 어떻게 지내고 있는지 염려가 이만저만이 아니었다. 그래서 그는 디모데를 보내 이를 알아보게 했다.

다음은 그 결과로 덧붙여진 말이다. "지금은 디모데가 너희에게로부터 와서 너희 믿음과 사랑의 기쁜 소식을 우리에게 전하고 또 너희가 항상 우리를 잘 생각하여 우리가 너희를 간절히 보고자 함과 같이 너희도 우리를 간절히 보고자 한다 하니 이러므로 형제들아, 우리가 모든 궁핍과 환난 가운데서 너희 믿음으로 말미암아 너희에게 위로를 받았노라. 그러므로 너희가 주 안에 굳게 선즉 우리가 이제는 살리라."^{살전 3:6-8}

어떤 사람들은 나쁜 소식에만 흥미를 느낀다. 그들은 곤경에 처한 그리스도인들, 성적인 죄에 빠진 목사, 내홍을 겪는 신학교, 지지부진한 전도 활동 등에 대해 들으면 관심이 넘쳐 난다. 워낙 경건하고 올곧은 그들인지라 이런 악한 시대를 규탄해야 직성이 풀리고, 이런 비극을 초래한 죄를 엄중히 분석하여 입 밖에 내야만 한다. 그러나 거룩하고 능력 있는 증인으로 성장하며 기뻐하는 그리스도인들, 많은 열매를 맺는 목사, 탁월하게 전략적인 기관 등 정말 기쁜 소식을 들으면 그들의 관심이 시들해진다. 규탄할 빌미가 없으니 자신의 올곧음을 내보일 수 없는 것이다.

바울은 그와 얼마나 다른가! "믿음과 사랑"^{살전 3:6}을 비롯한 참된 기본에서 자라 가고 있다는 소식을 들을 때마다 그는 마냥 기뻐했다. 이런 점에서 바울과 요한은 아주 비슷하다. 요한도 이렇게 썼다. "너의 자녀들 중에 우리가 아버지께 받은 계명대로 진리를 행하는 자를 내가 보니 심히 기쁘도다."요이 1:4 실로, "형제들이 와서 네게 있는 진리를 증언하되 네가 진리 안에서 행한다 하니 내가 심히 기뻐하노라. 내가 내 자녀들이 진리 안에서 행한다 함을 듣는 것보다 더 기쁜 일이 없도다."요삼 1:3-4

이런 충분한 증거로 미루어 보건대 바울의 기도는 그리스도인들이 그리스도인답게 힘껏 전진하고 있다는 회보를 들은 순전한 기쁨에서 일부 비롯되었다. 기본적으로 바울의 기도는 사람들을 향한 열정의 산물이다. 그의 순전하고 뜨거운 기도는 그저 흥분된 감정이 아닌 그리스도 안의 형제자매를 향한 사랑에서 흘러넘쳤다.

기도를 더 잘하려면, 우리의 사랑이 더욱 깊어져야 한다. 자신을 희생하는 사랑이 훈련될수록 그만큼 중보기도도 자라 간다. 사랑이 없이 겉으로만 뜨거운 기도는 결국 가짜이고 공허하며 얄팍하다.

사람들을 향한 지속적인 열정

바울의 기도를 유익하게 분석해서 더 잘 이해할 수 있는 방법은 여러 가지가 있다. 그러나 여기서는 이번 장의 주제에 맞게 한 가지 특정한 관점을 통해 살펴보려고 한다. 이 기도에 하나님의 사람들—이 경우 데살로니가 교인들—이 정확히 어떻게 등장하고 있는가? 그리스도 안의 형제자매를 향한 바울의 지속적인 열정을 보여주는 네 가지 근거를 확인해 보자.

1. 바울의 기도에는 하나님의 사람들로 인한 감사가 넘친다.
이미 그는 1장에 데살로니가 교인들로 인해 하나님께 감사한다고 고백했고,^{살전 1:2-3} 디모데가 가져온 기쁜 소식 때문에 한없이 기쁘다고 솔직히 털어놓았다.^{살전 3:6-8} 이 정도면 충분히 감사했을 법도 한데 바울의 생각은 그렇지 않다. 이어지는 말에는 감사의 어조가 똑같다 못해 오히려 더 넘쳐날 정도다. "우리가 우리 하나님 앞에서 너희로 말미암아 모든 기쁨으로 기뻐하니 너희를 위하여 능히 어떠한 감사로 하나님께 보답할까."^{살전 3:9}

2장과 이번 장의 앞부분에서 충분히 살펴보았듯이 바울의 기도 생활에서 감사는 굉장히 중요했다. 그 내용을 반복할 필요는 없지만 이런 풍성한 감사의 두 가지 특징을 강조하는 일은 여전히 중요하다.

그 대상이 데살로니가 교인들이 아닌 하나님이지만, 그래도 바울의 감사에는 그들을 격려하려는 의도가 담겨 있다. 바울의 접근 방식을 다른 두 가지 대안과 대조해 보면 그 점을 가장 잘 이해할 수 있다.

첫째, 아첨꾼은 등을 툭툭 치며 늘 모든 사람을 칭찬한다. "대단하군요! 아주 걸작입니다. 이보다 예쁜 꽃꽂이는 본 적이 없습니다." 이런 외향적인 사람은 일의 질과 무관하게 곁에 다가와 목청을 높인다. "강해가 훌륭합니다. 흠잡을 데가 없습니다!" 또는 "당신이 안내 위원이 아니라면 안내가 어떻게 돌아갈지 모르겠어요." 하도 치켜세우며 칭찬을 쏟아 내는 통에 이 사람이 인기를 바라고 이러는가 싶은 의문마저 든다. 이런 칭찬 일색은 어쩌면 도로 상대의 칭찬을 얻어 내려는 수법인지도 모른다. 남들을 오랫동안 계속 칭찬해

주면 그들도 별수 없이 당신을 칭찬하게 되어 있다. 하지만 아무리 쾌활한 격려를 받아도, 머잖아 이 아첨꾼의 분별력이 의심스러워진다. 처음에는 격려의 은사였으나, 그것이 시끄러운 습관으로 변한다. 신중하거나 진실하지 않게 아무 데나 토해 내는 피상적 빈말로 변한다. 그런 말에 기분이 좋아질 사람도 있겠지만, 오히려 난감해질 사람도 있으며, 거룩해질 사람은 아무도 없다.

둘째, 신학적 정확성을 따지는 엄숙한 사람들은 모든 칭송이 결국 하나님께만 돌아가야 한다는 진리에 깊이 헌신되어 있다. 그래서 무슨 일로든 타인에게 좀처럼 감사하지 않으며, 감사한다 해도 마지못해 할 뿐이다. 물론 우리의 존재나 소유나 행위 등 모든 선한 것이 결국 하늘 아버지의 은혜로운 손에서 온다는 그들의 인식은 옳다. 하지만 그 은혜의 이차적 통로일 뿐인 인간에게는 어떤 격려도 해서는 안 된다는 그들의 결론은 틀렸다. 선교 프로그램에 무수한 시간을 들이고도 칭찬은커녕 고맙다는 말 한마디도 듣지 못할 수 있다. 그런 사람들은 칭찬 때문에 누군가 교만하게 우쭐대다가 자칫 영적으로 잘못될 위험이 있다고 믿는 모양이다. 그들의 생각대로라면 우리는 마지막 날 하나님께 "잘하였도다!"라는 말씀을 듣는 것으로 만족해야 할 것이다.

바울의 여러 서신들을 비롯해, 특히 이 본문에서 그의 접근 방식은 이런 양극단과 완전히 다르다. 그는 그리스도인들의 삶에 은혜를 베푸시는 하나님께 감사함으로써 그들을 격려한다. 더 정확히 말해서 그들의 삶에 은혜를 베푸시는 하나님께 감사드린다고 **그들에게**

말함으로써 격려한다. 즉, 그는 데살로니가 교인들의 영적 성장을 언급하여 그들을 격려함과 동시에 감사의 대상이 하나님임을 밝혀 그들을 낮춘 것이다. 바울의 말을 신중하게 들었다면, 신자들이 교만하게 자화자찬에 빠질 일은 없었다. 그들의 삶 속에 나타난 은혜의 징후는 오직 하나님의 공로였기 때문이다. 하지만 그럼에도 그들은 사도가 친히 자신들의 삶 속에 역사하시는 하나님을 보고 기뻐한다는 사실에 기운이 날 수밖에 없었다.

바울은 이런 태도가 몸에 배어 있었다. 4장에 인용한 그의 기도를 다시 훑어보면서(롬 1:8-10, 고전 1:4-9, 고후 1:3-7, 9:12-15, 엡 1:3-7, 15-23, 빌 1:3-6, 골 1:3-14, 살전 1:2-3, 2:13-16, 3:9, 살후 1:3-4, 딤후 1:3-7, 몬 1:4-7) 모든 감사의 표현을 눈여겨볼 만하다.

우리 각자가 늘 다른 사람들로 인해 하나님께 감사하고 그들에게 그 감사의 이유를 말해 준다면, 우리의 교회들이 얼마나 달라지겠는가? "아무개 형제님, 안내 위원으로 성실하게 섬기는 형제님으로 인해 하나님께 감사드립니다. 어린아이한테까지도 일일이 이름을 불러 인사하고, 일찍 도착해서 정성껏 모든 사람을 반갑게 맞이하는 모습이 늘 눈에 띄거든요." 또는 "아무개 자매님, 영아부 안에서만이 아니라 그곳에 자녀를 맡기는 부모들에게까지 선한 영향을 미치는 자매님으로 인해 늘 하나님께 감사드립니다. 선하신 하나님께서 자매님을 통해 이루고 계신 일은 하늘만이 알 것입니다." 당신도 직접 시도해 보라! 물론 하나님께 감사하지도 않으면서 말만 그렇게 한다면 위선이다. 실제로는 아니면서 사람들에게 그들로 인해 하나님께 감사드린다고 말하는 것은 값싼 종교적 빈말이요, 맹목적 아부에 지나지 않는다. 그뿐 아니라 조종의 기미마저 있다.

요컨대 우리의 기도 생활에도 하나님의 사람들로 인해 그분께 감사하면서, 사람들에게 그 감사의 이유를 말해 주는 것이 필요하다.

이 명백한 교훈은 많은 서구 교회들에 점증하고 있는 박수와도 관계가 있다. 전에는 없던 박수가 특별한 음악 순서 후에 처음 출현하더니, 지금은 설교 중에도 박수를 치곤 한다. 내가 보기에 이것은 퇴보다. 물론 이것을 말로 하는 "아멘!"에 상응하는 문화적 표현으로 보는 사람들도 있다. 나도 그 취지를 이해하며, 악수를 전면 금하는 신종 율법주의를 주장할 생각은 없다. 그러나 아멘과 박수의 근본적 차이는 짚고 넘어가야 한다. 아멘의 대상은 하나님이다. 그것이 섬기는 사람에게 격려가 될지라도 말이다. 반면에 우리 문화에서 박수는 행위자를 칭송한다는 신호다. 하나님은 밀려나고, 행위자는 더 쉽게 교만의 유혹에 빠질 수 있다. 이는 예능계의 관행이 공예배에 은근히 스며들어 온 몇 가지 현상 중 하나이며, 공예배를 안에서부터 파괴할 위험이 있다.

바울이 데살로니가 그리스도인들로 인해 하나님께 드리는 감사는 자신의 가장 큰 기쁨의 원천에서 비롯된 감사이기도 하다. 그 표현이 특이하다. "우리가 우리 하나님 앞에서 너희로 말미암아 모든 기쁨으로 기뻐하니 너희를 위하여 능히 어떠한 감사로 하나님께 보답할까." 살전 3:9 물론 피상적으로 읽으면 바울이 고작 자신의 기쁨으로 인해 하나님께 감사한다는 뜻이 될 수 있다. 그러면 그의 평가는 자기

중심적이 되고, 데살로니가 교인들이 그에게 중요한 이유는 오로지 그를 행복하게 해주기 때문이 된다. 그들이 잘하면 바울이 사역을 잘했다는 뜻이고, 그 결과 기뻐서 하나님께 감사가 나온다고 여긴다면, 이는 자아도취에 빠진 설교자처럼 매사를 내 기쁨이라는 우상을 기준으로 평가하는 것이다.

그러나 사실 이것은 사도를 철저히 오해하는 일이다. 그의 표현이 중요하다. 그가 말하는 기쁨은 "우리 하나님 앞에서" 데살로니가 교인들로 말미암은 기쁨이다. 이는 그가 가볍게 쓰는 어법이 아니다. 그가 경험하는 기쁨은 그를 우주의 중심에 두는 것과는 거리가 멀다. 그것은 땅에서 죄인 하나가 주께로 돌아올 때 하늘에서 수많은 천사들이 맛보는 기쁨과 비슷하다. "우리 하나님 앞에서" 누리는 이 기쁨은 그분이 기뻐하실 만한 일로 인해 그분과 공유하는 기쁨이다. 바울의 가치관은 철저히 하나님께 맞추어져 있었기 때문에 하나님을 기쁘시게 하는 일이 곧 그에게도 기쁨이 되었다.

바울의 풍성한 간증에서 그의 기도의 또 다른 면을 확인할 수 있다. 그는 데살로니가 교인들의 성장을 바라볼 때 객관적으로 분석하거나 초연하게 무게를 잡지 않는다. 그의 말은 이 경이로운 '민중 운동'의 심도를 평가하는 직업적 사회학자의 평이 아니다. 자신의 문하생들이 제대로 하고 있음을 냉정하고 도도하게 인정하는 자칭 '대가'의 생색내는 듯한 칭찬도 아니다. 오히려 그는 기쁨의 사람이며, 그의 말은 이런 의미와 같다. "나는 너희를 한없이 사랑하기에 너희의 삶 속에 하나님의 은혜가 나타나면 기쁨을 주체할 수 없다. 사실 너희의 영적 성장이 나를 하나님 앞에서 얼마나 기쁘게 하는지 모른다. 나는 너희에게 큰 빚을 졌다. 그래서 너희로 인해 하나님께 더욱더 감사하지 않을 수 없다." 바로 이런 마음에서 그는 독자들에게 "너희는 우리의 영광이요 기쁨이니라"살전 2:20고 말한다. 바울은 결코 한낱 직업인이 아니었다. 그는 이 사람들에게 열정적으로 개입한다.

본문에 바울의 기쁨이 자아도취가 아님을 보여주는 단서가 또 있다. 정말 자아도취에 빠진 사람은 바울의 기도의 두 번째 요지로 넘어갈 수 없다. 다음으로 살펴볼 부분은 하나님의 사람들을 향한 바울의 뜨거운 애정을 입증해 준다.

2. 바울은 그가 신자들을 굳건하게 해줄 수 있기를 위해 기도한다.

그는 "주야로 심히 간구함은 너희 얼굴을 보고 너희 믿음이 부족한 것을 보충하게 하려 함이라"살전 3:10고 썼다. 이어 그는 기도의 형식을 바꾸어 하나님을 삼인칭으로 지칭했다. 하지만 주제는 계속 동일하다. "하나님 우리 아버지와 우리 주 예수는 우리 길을 너희에게로 갈 수 있게 하시오며."살전 3:11 이것은 자아에 도취된 사람의 기도가 아니라 종의 기도다.

여기서 주목해야 할 세 가지 세부 사항이 있다. 첫째, 바울은 "주야로" 간구한다고 고백한다. 바울이 하나님께 "항상" 감사한다든지 고전 1:4, 빌 1:4, 살전 1:2 "끊임없이" 감사한다든지살전 2:13 여기처럼 "밤낮으로" 간구한다고 고백할 때마다 우리는 그것을 과장법으로 보아서는 안 된다. 만약 말 그대로 해석한다면 사도에게 먹고 잘 시간도 없다는 뜻이 될 것이다. 반대로 정작 기도는 별로 하지 않으면서 늘 '기도의 정신'(잘못 정의된) 속에 떠다닌다는 뜻으로 보아서는 더더욱 안 된다. 그의 말은 밤낮으로 기도 시간을 정해 놓고 주님 앞에서 데살로니가 교인들을 기억한다는 뜻이다.[1] 여기서 두 가지 교훈을 배울 수 있다. 기도 시간을 정해 놓고 자주 기도하는 것이 중요하며, 기도할 때 바른 내용을 기억하는 것 역시 중요하다는 점이다. 이 부분에 대해서는 다음 장에서 더 살펴볼 것이다. 일단 지금은 바울이 다른 그리스도인들을 위해 늘 기도했다는 사실로 충분하다. 거의 자신만을 위해 기도하는 우리 대다수의 성향은 그에 비하면 부끄러울 따름이다.

둘째, 바울이 주야로 그들을 기억하면서 기도할 때마다 느꼈던 부담은 그들을 다시 만나 믿음이 부족한 부분을 보충해 주어야 한다는 것이었다. 그들의 부족함은 반항에서 비롯된 것이 아닌 무지의 산물이었다. 첫 방문 때 함께 지낸 기간이 너무 짧아서 바울이 그들에게 성경을 확실히 가르칠 기회가 없었다. 그래서 다시 보기를 소원했는데, 그 목적은 오직 그들의 믿음을 굳건하게 해주는 것이었다.

이 간구에서 우리는 바울이 무엇을 중요하게 여겼으며, 그리스도 안의 형제자매에게 얼마나 헌신했는지 확인할 수 있다. 하지만 이 간구는 중보기도와 본인의 섬김이 맞물린다는 점에서도 놀랍다. 그는 데살로니가 교인들의 믿음을 굳건하게 해달라고만 기도하고, 그 방법은 불문에 부친 게 아니다(다른 사도나 교사에 의해 그들이 굳건해질 수 있을까? 하나님께서 직접 그렇게 하실까?). 바울은 오히려 자신이 그 일을 하고 싶다고 기도했다. 그는 전능하신 하나님을 뵌 후의 이사야 같다. "내가 여기 있나이다. 나를 보내소서!"[사6:8]

바울에게 기도란 그리스도인의 섬김 대용물이 아니라, 섬김의 일부였다. 그는 신자들을 위해 장기간 기도할 때면 반드시 직접 섬기려는 열망을 품었던 것 같다. 아직 만나 본 적 없는 신자들을 위해 기도할 때도 마찬가지였다.[롬1:11]

이런 사고방식이 우리 모두에게도 있어야 한다. 우리 중에 타 문화권 사역으로 부름받은 사람은 비교적 많지 않다. 기도해 주어야 할 모든 신자들을 직접 섬길 수 있는 경우도 드물다. 그래도 섬김의 마음가짐은 우리 모두의 것이 되어야 하며, 특히 기도할 때 더욱 그렇다. 분명히 우리는 뭔가를 할 수 있다. 아는 신자들을 위해 기도할 때 격려의 편지를 쏜다든지, 빗나가려는 십 대 아이의 친구가 되어 준다든지, 아버지 없는 아이를 낚시 갈 때 데려간다든지, 동네의 젊은 그리스도인들을 위해 귀납적 성경 공부를 시작한다든지, 말을 함부로 해서 피해를 입히는 사람에게 조용하고 겸손하게 충고한다든지, 제3세계의 목사에게 책을 선물로 보내 줄 수 있다. 이런 일을 기도 없이 해서는 안 된다. 반대로 바울처럼 기도하면, 이런 일은 물론 그 이상도 할 수밖에 없다. 기도만이 아니라 자신의 직접적인 섬김을 통해서 누군가의 믿음이 부족한 부분을 힘써 보충하게 된다.

셋째, 놀랍게도 바울은 자신의 섬김을 막는 요인들을 인식했다. 그래서 "그러므로 나 바울은 한 번 두 번 너희에게 가고자 하였으나 사탄이 우리를 막았도다"살전 2:18라고 증언했다. 사탄의 방해가 어떤 형태로 나타났는지는 모르지만, 바울은 "하나님 우리 아버지와 우리 주 예수는 우리 길을 너희에게로 갈 수 있게 하시오며"살전 3:11 라고 기도한다. 그는 이런 장애물 때문에 기도를 주춤한 게 아니라 그럴수록 더 간절히 기도했다. 방해는 낙심의 이유가 아닌 새로운 중보의 제목이었다.

이상의 세 가지 세부 사항은 모두 바울의 기도 생활이 하나님의 사람들을 향한 열정과 연관되어 있음을 확증한다.

3. 바울은 신자들 간에 사랑이 흘러넘치도록 기도한다.

"주께서 우리가 너희를 사랑함과 같이 너희도 피차간과 모든 사람에 대한 사랑이 더욱 많아 넘치게 하사."살전 3:12 여기서 "주"는 바로 앞 절에 언급한 주 예수를 가리킨다. 보다 직역하면 '주 (예수)께서 너희를 넓혀 주셔서 서로를 향한 사랑이 풍성하게 하사…'가 될 것이다. 바울이 넓혀 달라고 한 것은 숫자가 아니라 정신과 힘과 관점과 마음이다(동사가 조금 다르긴 하지만 고린도후서 6:11과 6:13에서도 같은 의미로 사용되었으며, 각각 "넓어졌으니"와 "넓히라"로 옮겨져 있다).

데살로니가 교인들은 기독교 교육을 거의 받지 못한 채로 바울을 떠나보내야 했다. 그 점을 생각한다면 바울이 이런 기도를 했다는 게 놀랍지 않은가? 그의 기도는 교리적 차원으로 국한되지 않았다. 즉 그는 데살로니가 교인들의 이해가 깊어지기를 위해서만 기도한 게 아니라, 그들의 사랑이 더욱 풍성해져 흘러넘치도록 기도했다.

여기서 중요하게 인식할 것은 그 사랑의 행실이 고대 세계의 인습에 철저히 위배되었다는 점이다. 그리스와 로마 사회에는 거의 모든 계층마다, 소위 '은인'들과 나머지 모든 사람들 사이에 일종의 사회 계약이 존재했다. 모든 관계가 그런 관습을 중심으로 돌아갔다. 제법 유복한 사람은 양식이나 지위나 일자리나 명예나 돈을 베풀 수 있었고, 그 대가로 충성이나 여러 형태의 봉사나 특별한 정보를 요구했다. 조금이라도 출세를 꿈꾸는 사람은 그런 의무를 다해야만 했다. 평범한 노동자가 동료 노동자에게 특별한 애정이나 충성을 베풀 일은 없었다. 충성과 애정은 자기보다 서열이 약간 높은 '은인'에게 베푸는 것이었다.

바울은 교회 안에서는 물론이고, 그리스도인이 외부인을 대하는 경우에도 그것을 용납하지 않았다. 물론 그도 다른 서신에 그리스도인이 마땅히 존중할 대상을 존중해야 한다고 역설했다. 그러나 여기서는 그리스도인의 사랑이 "피차간"(교회 안의 동료 신자들)과 "모든 사람"(교회 바깥의 사람들)을 향해 더욱 깊어져 흘러넘치도록 기도한다. 바울은 이 편지의 뒷부분에도 그와 비슷하게 썼다. "삼가 누가 누구에게든지 악으로 악을 갚지 말게 하고 서로 대하든지 모든 사람을 대하든지 항상 선을 따르라."살전 5:15

세상은 냉혹하고 살벌한 곳이다. 고대 그리스와 로마의 문명에서든 오늘 우리의 문명에서든 말뿐인 애정과 온갖 사이비 사랑이 넘쳐 난다. 그러나 그리스도인의 사랑―성숙하고 깊고 무조건적인 사랑―은 찾아보기 힘들다. 그런 사랑이 모습을 드러내면 사심과 욕망에 취해 있는 사회에서 큰 위력을 발휘한다. 사랑에 거의 문외한인 채 상호 칭찬의 계약만 난무하는 사회이기 때문이다. 성가대가 전쟁터로 소문나 있고, 전도 전략이나 카펫 색깔을 놓고 교인들이 분열되는 교회가 있는가? 그 교회는 이런 기도를 하지 않은 지 오래된 교회다. 반대로 하나님의 은혜로 우리가 누구도 깎아내리지 않고 열심히 기도 목록에 올린다면 거기서 깊은 영적 혁신이 일어날 것이다.

그래서 바울은 이 같은 간구를 계속해서 되풀이한다. 다음에 살펴볼 두 편의 기도에도 형식만 다를 뿐 같은 내용이 등장한다. 우선 지금은 우리의 기도를 바울의 기도와 비교해 보면서 이렇게 자문해 보는 것으로 충분하다. 우리는 이 같은 간구를 어느 정도나 기도의 뜨거운 관심사로 삼고 있는가?

4. 바울은 신자들의 마음이 굳건해져 마지막 날에 흠이 없고 거룩하기를 위해 기도한다.

"너희 마음을 굳건하게 하시고 우리 주 예수께서 그의 모든 성도와 함께 강림하실 때에 하나님 우리 아버지 앞에서 거룩함에 흠이 없게 하시기를 원하노라."[살전 3:13] 성경적 관점에서 마음이란 성품과 의지와 이해의 중추일 뿐 아니라, 숨은 동기가 빚어지는 자리이기도 하다("우리가 이와 같이 말함은 사람을 기쁘게 하려 함이 아니요 오직 우리 마음을 감찰하시는 하나님을 기쁘시게 하려 함이라."[살전 2:4]). 마음이 굳건해져 예수 그리스도를 향한 불굴의 의지와 순수한 충정이 깊어지면, 우리는 주의 날을 두려워할 필요가 없다. 우리가 섬기는 그분은 "어둠에 감추인 것들을 드러내고 마음의 뜻을 나타내"실 분이며, "그때에 각 사람에게 하나님으로부터 칭찬이 있"을 것이기 때문이다.^{고전 4:5}

바울은 그리스도인들이 아주 굳건해져 "하나님 우리 아버지 앞에서 거룩함에 흠이 없게" 되기를 기도한다. 덧없는 세상적 기준이 아니라 거룩하신 하나님 앞에서 흠이 없고 거룩해야 한다는 뜻이다. 그는 우리가 "흠이 없고 순전하여 어그러지고 거스르는 세대 가운데서 하나님의 흠 없는 자녀로 세상에서 그들 가운데 빛들로 나타내"기를 원한다.^{빌 2:15} 이것이 그의 기도 제목이다.

이 기도를 할 때 바울은 종말 즉 "우리 주 예수께서 그의 모든 성도와 함께 강림하실 때"^{살전 3:13}를 염두에 두고 있다. 여기서 이 책 2장과의 연관성이 분명해진다. 2장에서 살펴본 바울은 영원한 가치를 내다보며 기도하는데, 여기서 본 바울은 사람들을 위한 불타는 열정으로 기도한다. 하지만 사실 이 둘은 별개가 아니라 똑같은 비전의 다른 단면이다. 사람들을 위해 기도할 때 우리는 그들도 우리처럼 필연적으로 마지막 날을 향해 가고 있음을 알아야 한다. 영원한 가치를 내다보며 기도하면 사람들을 위해 기도할 수밖에 없다. 당신과 나를 비롯해 모든 사람들이 마지막 날에 하나님 앞에서 결산해야 하기 때문이다.

그런 관점에서 볼 때 이보다 더 근본적인 중보기도는 없다. 하나님이 사람들의 마음을 굳건하게 하셔서, 마지막 날에 그들이 하나님 우리 아버지 앞에서 거룩하고 흠이 없게 되어야 한다.

하나님의 사람들을 위해 이런 간구를 올린 것이 마지막으로 언제인가?

복습과 묵상을 위한 질문

1. 데살로니가전서 3:9-13에 기록된 바울의 기도에 사람들을 향한 그의 열정이 어떻게 나타나 있는가?

2. 현재 당신의 기도 대상이 아닌 다른 어떤 그리스도인을 위해 지금부터 충실하게 기도하라. 몇 달 동안 그렇게 한 뒤 상대에게 당신이 그를 위해 기도하고 있다고 말해 주라. 그리고 그 후로도 계속 기도하라.

3. 이 본문에 따르면 바울의 기쁨은 어디에서 오는가? 당신의 기쁨의 출처는 어디인가? 기쁨의 출처는 우리의 기도 제목과 어떤 관련이 있는가?

6.

도전적 기도의 내용
The Content of a Challenging Prayer

| 골로새서 1:9-14 |

골로새 교인들을 위한 바울의 기도

³우리가 너희를 위하여 기도할 때마다 하나님 곧 우리 주 예수 그리스도의 아버지께 감사하노라. ⁴이는 그리스도 예수 안에 너희의 믿음과 모든 성도에 대한 사랑을 들었음이요 ⁵너희를 위하여 하늘에 쌓아 둔 소망으로 말미암음이니 곧 너희가 전에 복음 진리의 말씀을 들은 것이라. ⁶이 복음이 이미 너희에게 이르매 너희가 듣고 참으로 하나님의 은혜를 깨달은 날부터 너희 중에서와 같이 또한 온 천하에서도 열매를 맺어 자라는도다. ⁷이와 같이 우리와 함께 종 된 사랑하는 에바브라에게 너희가 배웠나니 그는 너희를 위한 그리스도의 신실한 일꾼이요 ⁸성령 안에서 너희 사랑을 우리에게 알린 자니라.

⁹이로써 우리도 듣던 날부터 너희를 위하여 기도하기를 그치지 아니하고 구하노니 너희로 하여금 모든 신령한 지혜와 총명에 하나님의 뜻을 아는 것으로 채우게 하시고 ¹⁰주께 합당하게 행하여 범사에 기쁘시게 하고 모든 선한 일에 열매를 맺게 하시며 하나님을 아는 것에 자라게 하시고 ¹¹그의 영광의 힘을 따라 모든 능력으로 능하게 하시며 기쁨으로 모든 견딤과 오래 참음에 이르게 하시고 ¹²우리로 하여금 빛 가운데서 성도의 기업의 부분을 얻기에 합당하게 하신 아버지께 감사하게 하시기를 원하노라. ¹³그가 우리를 흑암의 권세에서 건져 내사 그의 사랑의 아들의 나라로 옮기셨으니 ¹⁴그 아들 안에서 우리가 속량 곧 죄 사함을 얻었도다.

¹⁵그는 보이지 아니하는 하나님의 형상이시요 모든 피조물보다 먼저 나신 이시니 ¹⁶만물이 그에게서 창조되되 하늘과 땅에서 보이는 것들과 보이지 않는 것들과 혹은 왕권들이나 주권들이나 통치자들이나 권세들이나 만물이 다 그로 말미암고 그를 위하여 창조되었고 ¹⁷또한 그가 만물보다 먼저 계시고 만물이 그 안에 함께 섰느니라. ¹⁸그는 몸인 교회의 머리시라. 그가 근본이시요 죽은 자들 가운데서 먼저 나신 이시니 이는 친히 만물의 으뜸이 되려 하심이요 ¹⁹아버지께서는 모든 충만으로 예수 안에 거하게 하시고 ²⁰그의 십자가의 피로 화평을 이루사 만물 곧 땅에 있는 것들이나 하늘에 있는 것들이 그로 말미암아 자기와 화목하게 되기를 기뻐하심이라.

— 골로새서 1:3-20

나의 기도 생활을 지속적으로 빚어 내는 가장 중요하고 권위 있는 자료는 단연 성경 자체다. 기도 생활을 강화하기 위한 성경 공부는 두 가지 초점을 지닌다. 첫 번째 초점은 전반적이고 종합적이다. 하나님과 그분의 방식 및 관점을 배울수록 우리는 기본적인 신학뿐 아니라 기도를 더 잘 알게 된다. 모든 기도의 밑바닥에는 신학이 깔려 있다. 따라서 우리의 신학은 기도에 결정적 영향을 미친다. 물론 이 영향은 양방향이어서 우리의 기도(또는 기도의 부재) 역시 신학에 영향을 미친다. 다시 말해 성경에 대한 이해가 깊어지면, 그 영향으로 우리의 기도가 개혁될 수밖에 없다.[1]

두 번째 초점은 좁고 강력하다. 성경에 나와 있는 여러 기도를 공부하는 것이다. 기도할 때 모세처럼 설복하고, 다윗처럼 노래하고, 성전 봉헌 때의 솔로몬처럼 광범위하게 멀리 내다보는 법을 배우라. 주 예수께서 친히 가르쳐 주신 기도로 기도한다는 것이 어떤 의미인지 숙고하라. 바울처럼 기도하는 법을 배우라. 이런 공부를 통해 우리는 마땅한 기도 제목, 하나님께 나아가는 법, 간구의 올바른 근거 등을 파악할 수 있다. 바울의 간구 기도를 살펴봄으로써 그 초점을 좁힌 지금, 우리는 이렇게 자문해야 한다. 우리가 평소에 하나님께 드리는 간구는 바울의 기도 제목과 얼마나 닮아 있는가? 예컨대 우리가 하나님께 간구하는 내용의 80-90퍼센트가 건강 관리, 병의 치유, 여행 중의 안전, 좋은 직장, 시험의 합격, 자녀의 정서적 필요, 신청한 대출 계약의 성사 등 이와 비슷한 것들이라고 상상해 보라. 바울의 기도에서 그에 상응하는 항목은 얼마나 되는가? 우리 기도의 핵심이 바울의 경우와 아주 동떨어져 있다면, 그것은 우리의 삶과 생각을 비롯해 심지어 기도조차 감쪽같이 이교처럼 변해 가고 있다는 비참한 증거일 수 있다.

그래서 우리는 바울의 기도를 공부해야 한다. 이번에 살펴볼 기도는 두 가지 면에서 우리에게 교훈을 준다.

기도의 배경이 주는 교훈

1. 바울은 직접 만나 본 적이 없는 그리스도인들을 위해 기도한다.
그는 "이로써 우리도 (너희에 대해) 듣던 날부터 너희를 위하여 기도하기를 그치지 아니하고"골 1:9라고 썼다. 앞서 살펴본 세 편의 기도에서는 바울이 직접 아는 그리스도인들을 위해 기도했다. 그들은 그가 개척한 교회의 교인들이었다. 하지만 이번 편지의 수신자는 그가 방문한 적이 없는 교회다. 이 교회는 에바브라가 세운 것으로 보이며, 골로새 사람인 그는 에베소에서 바울의 사역을 통해 주께로 인도되었을 것이다.^{골 1:7, 4:12-13, 행 19:1, 8-10}

비록 방문한 적은 없지만, 바울은 골로새의 그리스도인들에게 자신이 그들을 위해 기도하고 있다고 말한다. 영적 손자 세대를 위한 기도인 셈이다. 분명히 바울은 골로새 교인들을 기도 목록에 더해 놓고 어김없이 그들을 위해 기도했다. 그곳에서 하나님이 역사하고 계시다는 새로운 소식이 들려올 때마다 그는 그 자료를 바탕으로 항시 그들을 위해 중보했다.

우리 기도의 반경이 얼마나 넓은지 자문해야 한다. 혹 자신의 간구가 온통 내 가정과 교회, 소중한 친구들이라는 좁은 반경을 중심으로 돌아가고 있지는 않은가? 물론 내 주변 사람들을 위해 기도할 책임은 주로 나에게 있다. 내가 그들을 위해 기도하지 않으면 누가 하겠는가? 하지만 기도가 거기서 끝난다면 우리는 안으로만 향하게 되고 편협해진다. 그 결과, 우리의 기도는 자신의 세계가 얼마나 작고 자기중심적인지 보여주는 지표가 될 수 있다.

물론 아주 두루뭉술하게라면 몰라도 모든 곳의, 모든 그리스도인을 위해 기도할 수는 없다. 하지만 가 본 적 없는 세상 몇몇 곳의 그리스도인들에 대한 소식을 예의 주시하는 것은 우리에게도 좋은 일이다. 그들과 관련하여 할 수 있는 일을 찾아보고, 그들을 위해 하나님께 중보할 수 있다. 이는 교회 내 교제의 중요한 표현일 뿐만 아니라, 지평과 사역의 범위를 넓혀 각자가 세계를 품는 그리스도인이 되게 하는 요긴한 훈련이기도 하다.

2. 바울은 끊임없이 기도한다.

바울의 기도 생활 중 이 요소는 앞에서도 살펴본 바 있다. "우리도 듣던 날부터 너희를 위하여 **기도하기를 그치지 아니하고**."^{골 1:9} 앞서 말했듯이 바울의 기도는 부단한 신비체험도 아니고, 과장법을 써서 부풀려 말한 것도 아니다. 오히려 그는 아무리 일상생활 중에 기도의 정신을 품었을지라도, 기도 시간을 정해 놓고 그 시간을 지켰다(로마서 1:9-10에 암시되어 있다). 요컨대 바울은 골로새 교인들에 대해 들은 뒤로 기도 시간마다 하나님께 반드시 그들을 위해 중보하되, 평소 훈련된 방식대로 꾸준히 그렇게 했다고 말한다. 그는 그들을 위해 "기도하기를 그치지 아니"했다.

여기서 주목해야 할 점은 기도를 멈추어서는 안 될 제목들이 있다는 것이다. 기도에 관한 일부 서적들은 구체적인 간구를 너무 힘주어 강조하느라 이 폭넓은 관점을 놓친다. 골로새 교인들을 위해 "기도하기를 그치지 아니"했다는 바울의 말은 계속 기도하고, 또 기도해야 할 부분들이 있음을 암시하고 있다. 기도는 그리스도 예수 안에서 이미 우리 것이 된 많은 복을 실제로 가져다 누리도록 하나님께서 정하신 수단이다. 그런데 최고의 복 가운데 많은 부분이 우리에게 계속 필요하므로, 우리는 이를 계속 구해야 한다. 이는 예의 바른 가정에서 자라나는 아이가 심지어 필수품일지라도 무언가를 받기 위해 공손히 요청해야 하는 것과 같다. 예컨대 그리스도인들은 끼니때마다 양식으로 인해 하나님께 감사하는 법을 배운다. 주께서 가르치신 기도에 전제되어 있듯이 우리는 날마다 양식을 구해야 한다. 마찬가지로 자신을 거룩하게 해달라고 오늘 시간을 떼서 하나님께 구한다 해도, 앞으로 6개월쯤 계속 기도하지 않는다면 큰 변화가 없을 것이다. 하나님의 어떤 복은 우리에게 항상 필요하다. 우리가 항상 구하면, 그분도 항상 필요를 채워 주신다.

바로 그런 의미에서 바울은 골로새 교인들을 위해 "기도하기를 그치지 아니"한다고 말했다. 그리스도인답게 살고 섬기려면 항상 반복적으로 필요한 것들이 있다. 골로새 교인들의 바로 그런 필요를 위해 바울은 하늘 아버지께 중보했다. 그의 끊임없는 기도는 본보기가 되어, 우리도 끈질긴 기도를 배우도록 격려한다. 그러나 어쩌면 더 강력하게 기도 제목 자체가 우리의 관심을 끈다. 골로새 교인들을 위해서든 다른 사람을 위해서든 바울이 항시 기도해야 한다고 생각한 부분은 무엇이었는가? 우리는 그것을 위해 항시 기도하고 있는가?

3. 바울은 감사의 기도를 간구의 기도로 연결시킨다.

그는 "이로써(이런 이유로) 우리도 듣던 날부터 너희를 위하여 기도하기를 그치지 아니하고"[골 1:9]라고 썼다. 이번에도 역시 바울의 간구는 어떤 식으로든 감사[골 1:3-7]와 연결되어 있다. 그가 감사하는 제목이 곧 하나님께 간구하는 제목이다. 이런 연관성은 이미 앞선 두 편의 기도를 통해 살펴보았으므로 재론할 생각은 없다. 그보다 여기서 눈여겨볼 것은 이런 감사와 간구의 연관성이 우리를 매우 중요한 결론으로 데려간다는 점이다. 우리는 사람이나 상황이 절박한 궁지에 처했을 때 기도하는 경향이 있는 반면, 바울은 평소의 관행대로 지속적 관심사를 위해 기도했다.

우선, 우리의 관행을 되짚어 보라. 물론 일이 잘될 때도 기도할 수 있다. 하지만 일이 잘못되고 있을 때 훨씬 더 간절히 기도하는 경향이 있지는 않은가? 질병, 재정적 압박, 도덕적 실패, 교회의 불화, 어려운 결정, 가정의 갈등이 있을 때에만 어쩔 수 없이 기도하지 않는가? 물론 그 자체는 나쁘지 않다. 그리스도인들이 필요와 두려움을 즉각 하나님께 가져가는 모습은 언제나 고무적이다.

그러나 그럴 때만 기도한다면 우리는 사도의 기도 생활이 주는 중대한 교훈을 간과하는 것이다. 거의 매번 바울은 특정 집단 내 신자들의 삶 속에 보여지는 은혜의 징후들로 인해 감사한다. 그리고 이 감사를 동일한 신자들의 삶 속에 은혜의 징후가 더 많아지기를 구하는 기도로 연결시킨다. 이런 빈도는 결코 우연이 아니다. 그는 특정 교회에서 하나님이 역사하고 계시다는 소식을 들으면 일단 감사 기도를 드리고 나서, 그런 일이 더 많아지기를 위해 기도한다. 아마도 그 교회 신자들의 특별한 필요나 성향을 알았기 때문일 것이다. 기쁜 소식이 들려올 때 역시 그는 감사로 그치지 않는다. 그의 기도는 특정 교회로 인한 감사에 이어, 곧바로 다른 교회의, 어쩌면 형편이 더 어려운 신자들에게로 넘어가는 법이 없다.

물론 바울은 넘어야 할 장벽이 보일 때도 중보한다. 요지는 생명과 능력과 은혜의 징후가 보일 때도 그가 중보한다는 점이다. 그런 징후가 잘 보전되고 더 늘어나는 것이 그의 관심사이기 때문이다.

우리의 성향도 이와 같은 방향인지 자문해야 한다. 우리가 더욱 기도의 부담을 느낄 때는 교회가 갈라지려 할 때인가, 아니면 몇몇 사람이 회심했을 때인가? 자녀가 신앙에 큰 진척을 보일 때도 나쁜 친구의 영향에 물들 때만큼이나 간절히 자녀를 위해 중보하는가? 그리스도인 지인들의 인내와 후한 사랑이 이미 웬만큼 눈에 보일 때도 우리는 그런 덕목의 증거가 더 많아지게 해달라고 하나님께 간구하는가? 우리는 지속적 관심사를 위해 진지하게 기도하는가?

기도의 내용이 주는 교훈

그렇다면 늘 새롭게 공급되어야 하기에 바울이 골로새 교인들을 위해 끊임없이 구하는 것은 무엇인가? 이번 기도에서 그의 간구는 딱 한 가지다. 그 뒤에 간구의 목적이 나오고, 이어 하나님께서 이 간구에 응답하실 때 나타날 일상생활의 모습이 묘사된다.

1. 하나님의 뜻을 아는 지식을 신자들에게 채워 주시기를 구한다.
바울은 "이로써(이런 이유로) 우리도 듣던 날부터 너희를 위하여 기도하기를 그치지 아니하고 구하노니 너희로 하여금 모든 신령한 지혜와 총명에 하나님의 뜻을 아는 것으로 채우게 하시고"골1:9라고 썼다.

바울은 신자들이 "하나님의 뜻을 아는 것"으로 채워지기를 원했는데, 여기서 우리는 그가 그 말을 무슨 뜻으로 썼는지 깊이 생각해야 한다. 우리가 **하나님의 뜻**이라고 말할 때는 임박한 선택을 통해 정해질 자기 미래의 일면, 또는 직업 등에 대한 그분의 뜻을 지칭할 때가 비일비재하다. 누구와 결혼할 것인지, 어떤 집을 구입할 것인지, 새 도시로 이사해서 어느 교회에 다닐 것인지 등에 대해 '주님의 뜻'을 구한다.

물론 그 자체는 잘못이 아니다. 주님은 실제로 여러 모양으로 우리를 인도하시므로, 그것을 무시해서는 안 된다. 하지만 이런 초점은 우리를 그릇된 길로 인도할 때가 많으며, 이는 심지어 위험할 수 있다. '주님의 뜻'을 주로 내 미래, 내 직업, 내 필요의 관점에서 생각하게 만들기 때문이다. 아무리 경건하게 표현하려 해도 이는 대개 자기중심성의 또 다른 모습이다. 그뿐 아니라 그런 식으로 이해하면, 성경이 주님의 뜻에 대해 말하는 특징적 방식들이 내 의식 속에서 소멸되어 버린다.

다음과 같은 본문들을 생각해 보라. "주는 나의 하나님이시니 나를 가르쳐 주의 뜻을 행하게 하소서."^{시 143:10} 여기서 하나님의 뜻을 행한다는 말은 그분이 이미 명하신 일에 순종한다는 말과 사실상 동의어다. 하나님께서 이미 명하신 일이 그분의 뜻이며, 우리의 책임은 그대로 행하는 것이다. 지금 시편의 저자는 우리에게 하나님의 뜻을 구하라고 하지 않는다. 그 뜻이 이미 알려져 있다고 전제하기 때문이다. 그보다 그의 관심은 그 뜻대로 행하는 데 있다. 그는 "주의 뜻을 가르쳐 주소서"라고 기도하지 않고 "나를 가르쳐 주의 뜻을

행하게 하소서"라고 기도한다.

바울은 로마의 그리스도인들에게 이렇게 권면한다. "너희는 이 세대를 본받지 말고 오직 마음을 새롭게 함으로 변화를 받아 하나님의 선하시고 기뻐하시고 온전하신 뜻이 무엇인지 분별하도록 하라."롬 12:2 그리스도인의 생각이 새로워지면 성품과 행실이 변화되고, 바로 그 변화 덕분에 하나님의 뜻을 분별하게 된다는 뜻이다. 또한 그분의 방식이 최고임을 직접 체험으로 알게 된다는 의미다.

다른 서신에 이런 말도 있다. "그런즉 너희가 어떻게 행할지를 자세히 주의하여 지혜 없는 자 같이 하지 말고 오직 지혜 있는 자 같이 하여 세월을 아끼라. 때가 악하니라. 그러므로 어리석은 자가 되지 말고 오직 주의 뜻이 무엇인가 이해하라."엡 5:15-17 문맥상 "주의 뜻이 무엇인가 이해"하는 일은 단지 지적인 추구로 축소될 수 없다. 사람들은 게으른 데다 쾌락을 추구하기 때문에 주께서 은혜로 주시는 기회를 탕진한다. 그것이 우리 주위를 둘러싼 사회의 악과 어리석음이다. 반대로 그리스도인은 모든 기회를 최대한 살리고 어리석음을 피함으로써 주의 뜻이 무엇인지 이해하고 있음을 드러내 보여야 한다. 이어지는 본문에서 술에 취하는 방탕함과 성령으로 충만해지는 기쁨이 대비되는데, 성령으로 충만해지면 사회의 모든 관계가 바르게 된다.엡 5:18-6:9 "주의 뜻이 무엇인가 이해"하면 그것이 신자들의 삶 속에 그런 모습으로 나타난다.

바울은 "하나님의 뜻은 이것이니 너희의 거룩함이라"살전 4:3고 썼으며, "항상 기뻐하라. 쉬지 말고 기도하라. 범사에 감사하라. 이것이

그리스도 예수 안에서 너희를 향하신 하나님의 뜻이니라"살전5:16-18고
도 썼다. 늘 죽을상을 하고 투덜대는 그리스도인들이 나를 찾아오면,
나는 그들의 삶을 향한 하나님의 뜻이 무엇인지 안다고 말해 준다.
"범사에 감사하라. 이것이 그리스도 예수 안에서 너희를 향하신 하나
님의 뜻이니라." 하나님이 이미 자상하게 알려 주신 그분의 뜻에 대
해서는 별로 순종할 마음이 없으면서, 결혼 상대나 사역 분야 등 자신
의 삶을 향한 하나님의 뜻을 구하는 척하는 것은 미련한 일이다.

골로새서 1:9에서 두 번째로 설명이 필요한 부분은 "**모든 신령
한 지혜와 총명에**"라는 문구다. 번역대로라면 하나님이 신령한 지혜
와 총명을 바탕으로 우리에게 그분의 뜻을 아는 지식을 채우신다는
의미가 되는데, 여기서 헬라어 전치사를 '무엇으로 이루어지다'라는
뜻으로 풀이하는 게 더 나을 것이다.[2] 즉, 하나님의 뜻을 아는 지식
내지 지각은 '모든 신령한 지혜와 총명으로 이루어진다'라는 의미
다. 하나님의 뜻을 아는 지식은 일정한 교리 체계에 대한 지식 이상
이다(물론 쉽게 그 이하가 될 수도 없지만 말이다). 하나님의 뜻을 아는
지식은 각종 지혜(성경에서 흔히 삶의 **이치**를 아는 것과 연계된다)와 총
명으로 이루어지며, 지혜와 총명은 성령께서 친히 주신다(저자가 사
용하는 2011년판 NIV에는 이 구절의 "신령한"이 "성령께서 주시는"으로
옮겨져 있다─옮긴이).

바로 이것이 골로새 교인들을 위한 바울의 기도다. 이 기도는 그
들이 당대의 혼합주의와 다원주의에 한눈을 파는 데 대한 그의 우
려에서 일부 비롯되었다. 그런 위험한 성향은 결국 그리스도의 비중

을 상대적 수준으로 전락시키는데, 바울은 그것을 용납할 수 없었다. 다음 장에 그는 이렇게 썼다. "누가 철학과 헛된 속임수로 너희를 사로잡을까 주의하라. 이것은 사람의 전통과 세상의 초등학문을 따름이요 그리스도를 따름이 아니니라. 그 안에는 신성의 모든 충만이 육체로 거하시고 너희도 그 안에서 충만하여졌으니 그는 모든 통치자와 권세의 머리시라."골 2:8-10 그래서 여기서도 바울은 그들이 하나님의 뜻을 아는 지식으로 채워지기를 위해 기도한다. 이 지식은 영적인 차원의 각종 지혜와 총명으로 이루어진다. 그렇지 않고서야 그들이 어떻게 만연한 만큼이나 교묘한 주변 이교 문화의 압력을 견디어내겠는가? 그들이 어떻게 그리스도인답게 생각하면서 진정으로 자신의 사고와 마음과 행실을 하나님의 뜻에 맞추겠는가?

우리 세대에 이보다 더 시급히 필요한 것이 또 있을까? 그동안 우리 중 일부는 모든 유행을 추종했고, 모든 시류에 편승했고, 모든 수법을 수용했고, 각종 매체와의 모든 만남을 추구했다. 다른 일부는 경직되어 모든 전통을 떠받들었고, 변화를 최대한 줄이기로 작정했으며, 옛것이라는 이유만으로 옛것을 숭배했다. 하나님을 알되 그 지식이 깊으면서도 참신한 그리스도인들은 어디에 있는가? 그들은 하나님의 생각대로 생각하기를 즐거워하므로, 그들의 성경 공부는 결코 단지 지적이거나 자신과 동떨어진 수준에 머물지 않는다. 하나님을 기쁘시게 하려는 그들의 갈망은 대중의 이목을 끌려는 부패한 욕심의 잔재를 거뜬히 능가한다.

사람은 빵과 거품욕만으로 살 수 없다. 반드시 하나님의 입에서 나오는 모든 말씀을 깊이 묵상하고 의지함으로 살아야 한다.^{신8:3, 마4:4} 나라 전반은 물론이고, 교회 안에서까지 가장 기본적인 성경 지식마저 그 수준이 급락하고 있음을 생각하면 그런 필요성이 뼈저리게 시급해진다. 물론 기본적인 성경 지식이 있다고 해서 바울이 말하는 하나님의 뜻을 아는 지식이 보장되는 것은 아니다. 그러나 성경은 하나님께서 그분의 뜻을 가장 풍성하게 계시해 두신 핵심 장소인 만큼 성경을 모르면서 그분의 뜻을 아는 지식으로 채워지기란 요원한 일이다. 그 지식은 모든 신령한 지혜와 총명으로 이루어진다.

그렇다면 당연히 우리도 항상 그렇게 구해야 한다. 이미 늘 그렇게 기도해 오지 않았다면 심히 부끄러운 일이다. 자비로운 하늘 아버지 앞에서 우리의 중보기도를 이보다 더 시급하게 요구하는 부분은 없다. 사하라 이남의 아프리카와 라틴아메리카 등지에서 급성장하는 많은 교회는 우리를 겸허하게 하고 전율하게 하지만, 하나님의 뜻을 아는 깊은 지식이 수반되지 않는다면 위험이 닥칠 것이다. 서구 사회의 많은 교회는 하나님께서 은혜로 주신 놀라운 유산을 계속 탕진하고 있다. 하나님을 아는 지식은 점점 뒷전으로 밀려나고 첨단 기술과 유행에 더욱 매료되고 있다. 이것이야말로 우리도 바울처럼 신자들을 하나님의 뜻을 아는 지식으로 채워 달라고 기도해야 할 이유가 아닌가?

2. 바울의 간구는 신자들이 철저히 주 예수를 기쁘시게 하는 것을 목적으로 삼았다.

간구의 내용에 이어 그는 기도의 이유를 밝힌다. 그가 간구함은 그들이 "주께 합당하게 행하여 범사에 기쁘시게 하"기 위해서다.^{골 1:10} 앞에서도 이런 개념이 나온 바 있다. 예컨대 데살로니가후서 1:5에서 바울은 데살로니가의 그리스도인들이 "하나님의 나라에 합당한 자로 여김을 받게" 되리라고 그들을 안심시키면서, 그들이 그 나라를 위해 고난을 받는다고 말했다(이 책의 3장 참조). 그러나 여기서는 인격적인 만큼 그 어조가 더욱 강력하다. 바울이 이렇게 기도하는 목적은 신자들이 "주께 합당하게" 살아가도록 하기 위해서인데, 이는 기막히게 높은 기준일 뿐 아니라 "하나님의 나라에 합당한" 것보다 더 난감할 정도로 힘든 일이다.

"주께 합당하게"가 실제적으로 무슨 뜻인지 독자들이 얼른 깨닫지 못할까 봐 바울은 설명을 덧붙인다. 즉 그는 그들이 "범사에 (주 예수를) 기쁘시게 하"기를 원했다. 주께 합당한 삶이란 바로 그런 뜻이다.

수치의 문화 속에 사는 사람은 그 의미를 더욱 실감할 것이다. 수치의 문화에서는 가정이나 가문이나 부족을 욕되게 하는 일이야말로 최악에 해당한다. 대개 누구나 알고 받아들이는 금기가 많이 있다. 그 문화에 속한 사람들은 그런 금기를 범하지 않으려고 안간힘을 쓴다. 범하면 지독한 수치를 부르기 때문이다.

얼마 전에 영국의 명문 대학에서 연구 학위 과정을 밟고 있던 한 한국 유학생이 나를 찾아와 조언을 구했다. 그의 문제는 단순하고도 복잡했다. 단순한 차원에서 그는 과목마다 낙제점을 받아 학과에서 제명될 게 확실했다. 이 냉혹한 현실을 받아들여야 했다. 그러나 더 깊은 차원에서 그는 고국의 서울에 있는 가족들을 상대해야 했다. 부모는 아들을 영국에 보내느라 희생했기에 아들이 성공하지 못할 가능성을 생각조차 할 수 없었다. 학생의 고통이 이만저만이 아니었다. 부모 형제들은 다른 대학, 다른 학과, 다른 학위로 옮겨서라도 기어이 성공해야 한다고 그에게 압력을 가했다. 그가 학위 없이 귀국한다면 온 집안에 통한의 수치가 될 것이었다.

서구인들은 대체로 그런 식으로 생각하지 않는다. 물론 그런 집안도 있고, 사랑하는 사람이 희생하여 내 앞길을 열어 주었으니 그 사람을 실망시키고 싶지 않은 마음이야 인지상정이다. 그래도 서구인들은 수치의 문화 속에 살고 있지는 않다. 서구의 이념에는 억센 개인주의가 다분히 팽배해 있으며, 그들이 느끼는 수치는 세계의 많은 문화에서 사람들에게 집단적 압력이 가해져서 생겨나는 수치에 비하면 별것 아니다. 수치의 문화에서는 가문에 합당하고, 정신적 유산에 합당하고, 조국에 합당해야 한다고 배운다. 반대로 많은 서구인들은 주변 사람들과 관계없이 독립적 행동을 고집하면 박수를 받는다.

1세기에 대부분의 문화는 수치의 문화에 가까웠다. 그런데 바울은 그리스도인들에게 교회—부족部族으로 볼 수 있는—의 기대에 부응하라고 역설한 게 아니라, 교회의 주인이신 그분의 기대에 부응해야 한다고 말했다. 그들은 교회에 합당하게 살아갈 게 아니라 주님께 합당하게 살아야 했다.

수치의 문화에서는 이런 호소가 아주 절절하게 다가올 것이다. 서구 세계에서는 이것이 그저 여러 선택의 길 중 하나로 여겨질 때가 많다. 그러나 바울의 세계에서 그리스도인이 되어 예수를 주님으로 고백한다는 것은 곧 그분의 세계관을 받아들여 매사에 그분을 기쁘시게 해야 한다는 뜻이었다. 그렇게 하지 않으면 자신이 주님으로 고백하는 그분께 수치가 되기 때문이다.

물론 수치의 문화는 아주 잔인하게 개인을 조종할 수 있다. 사회적 단결의 대가로 개인의 성품이 무너질 수 있다. 비슷하게 교회도 예수의 이름을 높인다는 미명 아래 사람들을 조종할 수 있다. 용서 없는 죄책, 자비 없는 권력, 은혜 없는 동조로 사람들을 몰아갈 수 있다. 그러나 서구의 교회들은 대부분 다른 종류의 문제에 시달리고 있다. 많은 이들이 죄를 짓고도 무사할 수 있다고 생각한다. 무관심주의라는 병에 걸려 쇠약해진 것이다.

바울처럼 간구하려면 그의 동기를 본받아야 한다. "구하노니 너희로 하여금… 주께 합당하게 행하여 범사에 기쁘시게 하고." 내 생각과 말과 행위와 활동과 반응에 대해 이렇게 자문해야 한다. "어떻게 하는 것이 예수께서 원하시는 길일까? 그분께 합당한 말이나 행동은 무엇일까? 순전히 그분께 수치가 되기에 이 상황에서 내가 삼가야 할 말이나 행동은 무엇일까? 그분을 가장 기쁘시게 하는 길이 무엇일까?"

이런 단순한 질문들에 바른 자세로 임하면 우리가 어떻게 일하고, 여가 시간에 무엇을 하고, 배우자나 자녀와 어떻게 대화하고, 교회에서 어떤 일을 맡고, 어떤 책을 읽고, 텔레비전에서 무엇을 보고, 이웃을 어떻게 대하고, 돈을 어떻게 쓸 것인지가 달라진다.

하나님께서 그분의 뜻을 아는 지식을 채워 주지 않으시는 한 솔직히 우리는 예수를 철저히 기쁘시게 할 수 없다. 하지만 그분의 뜻을 아는 지식 자체가 목표는 아니다. 목표는 주 예수를 기쁘시게 하는 것이 가장 간절한 소원인, 성숙한 그리스도인이 되는 것이다.

이번에도 바울은 이론적이거나 추상적인 차원에 머물지 않고, 주님을 철저히 기쁘시게 한다는 것이 무슨 뜻인지 뒤이어 설명한다.

3. 바울은 주님을 기쁘시게 하는 삶의 네 가지 특성을 묘사한다.

신자의 표징이 이것만은 아니지만 네 종류의 특성은 전형적 특징이며, "주께 합당하게 행"하는 삶을 구체적으로 보여준다. 그것이 헬라어 원문에 네 가지 분사로 표현되어 있다.

그리스도인은 모든 선한 일에 열매를 맺는다. 이것은 10절 하반절에 바울이 쓴 표현이다. 물론 그리스도인은 "은혜에 의하여 믿음으로 말미암아" 구원받으며, 이것은 "행위에서 난 것이 아니니 이는 누구든지 자랑하지 못하게 함"이다.엡 2:8-9 그러나 하나님께서 우리 삶 속에 값없이 은혜를 베푸시는 데는 최소한의 목적이 있다. "우리는 그가 만드신 바라. 그리스도 예수 안에서 선한 일을 위하여 지으심을 받은 자니 이 일은 하나님이 전에 예비하사 우리로 그 가운데서 행하게 하려 하심이니라."엡 2:10

드러나는 선행의 종류와 열매의 정도는 신자마다 크게 다르다.

씨 뿌리는 자의 비유에서도 같은 비옥한 땅이라도 거두어들임의 비율이 상당히 달랐다.^{막 4:8} 하지만 선행의 열매 없이 그리스도를 기쁘시게 한다는 것은 바울로서는 상상할 수 없는 일이었다. 다시 그의 생각을 역방향으로 표현하면 이렇다. 그의 기도대로 신자들이 하나님의 뜻을 아는 지식으로 충만해지면 그 결과로 주 예수께 합당하게 행하며 그분을 철저히 기쁘시게 하는데, 이는 바로 선행이 넘쳐 난다는 뜻이다. 핵심은 금욕이나 고행이 아니라 열매 맺는 삶이다.^{요 15:1-8}

그리스도인은 하나님을 아는 것에 자라 간다. 바울은 현상 유지로 만족하는 법이 없다. 그리스도인은 성장하는 유기체이지 단순히 본연의 정해진 기능만 수행하는 기계가 아니다.

동시에 바울은 이 신자들이 "하나님을 아는 것에 자라" 간다는 말^{골 1:10}로 한 바퀴를 빙 돌아 다시 제자리로 돌아온다. 앞서 그는 이들이 하나님을 아는 지식으로 채워지도록 간구했고, 그 목표는 예수 그리스도께 합당한 삶이었다. 그런데 그 삶이 무엇인지 조금 설명하는 과정에서 그는 하나님을 아는 지식에 자라 가는 것이 그 삶의 특징이라고 말한다. 이는 순환 논리가 아니다. 바울의 말은 하나님의 뜻을 아는 지식이 순종에 일부 달려 있다는 뜻이다. 모든 신령한 지혜와 총명으로 이루어지는 그 지식은 하나님의 뜻대로 행하는 데 달려 있다. 우리가 그 뜻을 배움은 순종하기 위해서다. 더불어 그분의 뜻을 더 많이 알려면 이미 알고 있는 부분에 순종해야 한다.

다르게 표현해서 하나님을 아는 지식에는 도덕적 기초가 있다. 예수께서도 비슷하게 말씀하지 않으셨던가? "사람이 하나님의 뜻을 행하려 하면 이 교훈이 하나님께로부터 왔는지 내가 스스로 말함인지 알리라."[요7:17] 하나님의 뜻을 배워서 그 지식대로 주님께 합당하게 살며 철저히 그분을 기쁘시게 하려면, 순종이 필수다. 그런데 그렇게 열심히 순종하다 보면 하나님을 더 잘 알게 된다. 그러면 다시 더 순종할 수밖에 없고, 그러면 다시 하나님과 그분의 뜻을 아는 지식에 새로운 지평이 열린다. 이렇듯 하나님과 그분의 뜻을 더 알아 갈수록 순종은 깊어진다. 그리고 순종은 다시 하나님을 더 잘 아는 통로가 된다. 그렇게 끝없이 계속된다. 그리스도인은 하나님을 아는 것에 자라 간다.

그리스도인은 강건해져서 모든 견딤과 오래 참음을 보여준다. 이것이 바울이 생각하는 신자들의 모습이다. 그들은 "(하나님)의 영광의 힘을 따라 모든 능력으로 능하게" 되어 "모든 견딤과 오래 참음에 이"른다.[골1:11] 놀라운 것은 바울이 구하는 능력이 자주 부활의 능력과 연계되지만,[엡1:19-20, 골2:12] 그것이 신자들 속에 나타날 때는 기적이나 그들 자신의 부활로 나타나는 게 아니라 모든 견딤과 오래 참음으로 나타난다는 것이다. 적어도 우선적으로는 그렇다.

"모든 견딤과 오래 참음"이라는 표현에 암시된 힘은 끝까지 꿋꿋이 짐을 져 나르는 힘이면서, 또한 그런 정신을 인내로 지킬 줄 아는 힘이다. 우리 시대에 인기 있는 덕목은 아니다. 우리는 샴페인을 칭송한다. 샴페인은 거품도 많고 취기도 오르게 하지만 장기적으로 영양가는 전혀 없다. 이 시대는 성질이 급하고, 속답을 열심히 쫓아다니고, 성공을 떠받들고, 승리를 중시하고, 독립을 예찬하고, 쉬운

성과를 약속하는 시대다. 그러다 보니 "모든 견딤과 오래 참음"은 언뜻 보기에 선망의 자질로 보이지 않는다. 사실 그것은 인간의 역량을 완전히 벗어나는 일이기에 하나님의 영의 능력을 필요로 한다. 그것을 금욕주의(이는 도덕적 중심을 잃고 그리하여 의로운 용기의 역량도 잃게 한다)와 혼동해서는 안 되며, 한낱 물리적 힘으로 착각해서는 더더욱 안 된다. 이 덕목 덕분에 신자들은 박해받을 때 기쁘게 이겨낼 수 있고, 모욕당할 때 평정심과 자족하는 마음으로 승리할 수 있으며, 욥처럼 고난당할 때 하나님의 무한히 지혜롭고 은혜로운 섭리를 신뢰할 수 있다. 예수는 우리 안에서 이런 덕목을 보실 때 아주 기뻐하신다.

그리스도인은 기쁨으로 아버지께 감사한다. 그리고 감사는 예수 그리스도를 기쁘시게 한다. 감사가 없다는 것은 바른 관점을 비참하게 상실했다는 말 없는 증언이다. 반면에 기쁨으로 감사한다는 것은 아버지를 기억한다는 뜻이다. 그분은 "우리로 하여금 빛 가운데서 성도의 기업의 부분을 얻기에 합당하게 하신" 분이며, "우리를 흑암의 권세에서 건져 내사 그의 사랑의 아들의 나라로 옮기셨으니 그 아들 안에서 우리가 속량 곧 죄 사함을 얻었"다.^{골 1:12-14}

하나님께서 보시기에 우리에게 가장 절실히 필요한 것이 경제였다면 그분은 경제학자를 보내셨을 것이다. 그분이 보시기에 우리에게 가장 절실히 필요한 것이 예능이었다면 그분은 코미디언이나 예술가를 보내셨을 것이다. 하나님께서 보시기에 우리에게 가장 절실히 필요한 것이 정치적 안정이었다면 그분은 정치가를 보내셨을 것이다.

그분이 보시기에 우리에게 가장 절실히 필요한 것이 건강이었다면 그분은 의사를 보내셨을 것이다. 그러나 그분이 보시기에 우리에게 가장 절실히 필요한 것은 우리의 죄, 그분과 분리된 상태, 깊은 반항, 죽음 등과 관계된 것이었기에 그분은 우리에게 구주를 보내셨다.

바울의 말은 우리가 예수 그리스도께 합당하게 살면 그분에게서 받은 구원 때문에 기쁨의 감사가 넘쳐흐른다는 뜻이다. 흑암의 권세로부터 하나님의 사랑받는 아들의 나라로 옮겨진 사람이라면, 오직 기쁨으로 감사하는 것만이 합당한 반응이다.

바울도 그런 생각을 하다가 주체할 수 없이 마음이 예수께로 끌려 그분을 찬미하는 노래가 터져 나온다.[골 1:15-20] 물론 그가 골로새의 독자들에게 중요하게 일깨우듯이 그리스도는 하나님과 함께 세상을 창조하셨으므로 우주의 주인이시며, 또 창조의 주체이실 뿐 아니라 창조의 목표이시다. "만물이 다 그로 말미암고 그를 위하여 창조되었고."[골 1:16] 골로새 교인들은 혼합주의에 에워싸여 있었으므로 그리스도께서 홀로 교회의 머리시라는 말을 다시 들어야 했다. 그러나 바울은 그 점을 일깨울 때도 방금 전에 자신이 묘사한 그 기쁨으로 넘쳐 난다. 우리는 그리스도 예수의 공로를 통해 하나님의 복을 헤아릴 수 없이 많이 받았다. 그 복을 깊이 생각하는 사람들에게 이런 기쁨은 필연적 유산이다.

사도의 기도에 나타나는 사고의 흐름은 복잡하지 않다. 그는 이 그리스도인들이 하나님의 뜻을 아는 지식으로 채워지기를 위해 끊임없이 기도했다. 이어서 밝힌 기도의 목적을 보면, 그는 그들이 주께 합당하게 살며 철저히 그분을 기쁘시게 하기를 원했다. 또 그는 하나님의 뜻이 무엇인지 영적으로 점점 더 이해하지 않고는 그런 삶이 전혀 불가능하다고 보았다. 그는 "주께 합당하게"와 "범사에 기쁘시게" 같은 표현을 정의하지 않고 남겨 둘 마음이 없었으므로, 끝으로 실제 그렇게 살아가는 그리스도인들의 구체적 특성을 몇 가지 언급하며 살을 입혔다. 그가 열거한 특성이 전부는 아니며 전형적인 것들이지만, 그래도 가히 혁신적이다. 그에 따르면 그리스도인은 모든 선한 일에 열매를 맺고, 하나님을 아는 지식에 자라 가고, 하나님의 능력으로 강건해져 모든 견딤과 오래 참음을 보여주며, 사랑의 아들 예수 그리스도를 통해 주신 놀라운 구원으로 인해 아버지께 기쁨으로 감사한다. 이런 숭고한 생각에서 예수를 향한 찬양이 터져 나온다.

마지막으로 그렇게 기도한 적은 언제인가? 우리도 사도의 모본을 따라 끊임없이 이런 내용으로 기도해야 하지 않겠는가?

복습과 묵상을 위한 질문

1. 기도하는 목적 중 하나가 주 예수를 철저히 기쁘시게 하는 것이라면, 삶에서 구체적으로 기도해야 할 부분들은 무엇인가?

2. 실제 만나 본 적이 없는 신자들을 위해 어떻게 기도하고 있는가? 어떻게 하면 이 부분에서 더 나아질 수 있겠는가?

3. 기쁨의 감사와 충실한 견딤은 기도와 어떤 관계가 있는가?

7.

기도하지 않는 구실

Excuses for Not Praying

잠시 우리가 기도하지 않는 삶을 정당화하려고 내놓는 가장 흔한 구실들을 생각해 보자. 성경에서 이에 관해 뭐라고 말하는지도 함께 알아볼 것이다.

1. 너무 바빠서 기도할 수 없다.
이것이야말로 가장 많이 거론되는 핑계 중 하나다. 우리는 미친 듯 바쁜 시대에 살고 있다. 일할 때나 놀 때나 급히 해치우고 성취에 매달린다. 늘 뭔가를 한다. 지금은 사색의 시대가 아니다. 뭔가를 하지 않을 때면 텔레비전이나 컴퓨터 화면 앞에 앉아 거기서 쏟아져 나오는 내용을 흡수한다. 그 결과 우리는 좀처럼 시간을 내서 생각하고 묵상하고 의문을 품고 분석하지 않는다. 기도할 시간도 여간해서 내지 않는다.

릴리언 길드$^{Lillian\ Guild}$가 재미있는 이야기를 들려주었다.[1] 한번은 그녀가 남편과 함께 차를 몰고 가다가 우연히 길가에 세워진 신형

캐딜락을 보았다. 엔진 덮개가 열려 있었고 운전자는 당황하여 초조한 기색이었다. 그녀와 남편은 도움이 될까 싶어 차를 세웠다. 발이 묶인 운전자가 약간 겸연쩍게 황급히 설명하기를 집을 떠날 때 기름이 부족하다는 것을 알았으나 중요한 업무 회의가 있어 부리나케 가느라고 주유할 시간을 내지 못했다고 했다. 캐딜락에 필요한 것은 다름 아닌 기름이었다. 마침 길드 부부는 1갤런쯤 여분의 기름이 있어 그것을 목마른 캐딜락에 다 넣어 주었다. 그 길로 몇 마일만 가면 주유소가 있다는 말도 해주었다. 다른 운전자는 거듭 감사한 뒤 휙 사라져 버렸다.

그들이 12마일쯤 가자 똑같은 차가 엔진 덮개를 연 채 길가에 서 있었다. 똑같은 운전자가 아까만큼이나 넋을 잃고 더 초조해하다가 그들이 다시 차를 세우자 고마워 어쩔 줄을 몰랐다. 당신이 짐작한 대로다. 그는 하도 급히 업무 회의에 가느라 알고도 주유소를 그냥 지나쳤다. 그 전에 넣은 1갤런으로 목적지까지 갈 수 있기를 막연히 바라면서 말이다.

사람이 그렇게 미련할 수 있는지 잘 믿어지지 않지만, 생각해 보면 많은 그리스도인들도 삶에서 똑같이 행동한다. 우리는 무조건 다음 업무로 넘어가기에 바빠 일부러 주유를 생략한다. 서글프게도 그리스도인 지도자들이 최악의 범인에 속한다. 그들은 늘 시급한 요구들에 직면해 있다 보니, 말씀과 기도라는 사역의 본분을 간과하기 쉽다. 아예 자신의 모든 활동에 초월적 의미마저 부여하고 싶어 한다. 그러면 상대적으로 기도하지 않는 삶이 의식의 뒷전을 조용히 갚아먹더라도, 온갖 중요한 일로 바쁘다는 것을 핑계 삼아 그런 잡음과 고통을 잠재울 수 있다.

물론 그들도 마음 깊은 곳에서는 기도가 가장 중요하다고 혼잣말한다. 다만 일정이 너무 많아 이번 달에는 기도에 마땅히 내야 할 시간을 낼 수 없을 뿐이다.

하나님은 여기에 어떻게 반응하시는가? 마리아와 마르다의 유명한 이야기^{눅 10:38-42}에서 분주한 삶에 대한 예수의 생각을 분명하게 엿볼 수 있다. 마르다는 자신의 선택과 행동주의가 옳다고 철석같이 믿었기에 마리아의 조용한 경건주의에 분개했다. 게다가 마르다는 사소한 일로 바빴던 것도 아니다. 많은 일행을 대접하고 음식을 내느라 "준비하는 일이 많아 마음이 분주"했다.^{눅 10:40} 결국 동생에게 화났던 것이 예수께로 불똥이 튀어 그녀는 그분에게까지 역정을 낸다. "주여, 내 동생이 나 혼자 일하게 두는 것을 생각하지 아니하시나이까. 그를 명하사 나를 도와주라 하소서."^{눅 10:40}

그러나 예수의 조용한 답변은 오늘날의 우리까지도 여전히 부끄럽게 한다. "마르다야, 마르다야, 네가 많은 일로 염려하고 근심하나 몇 가지만 하든지 혹은 한 가지만이라도 족하니라. 마리아는 이 좋은 편을 택하였으니 빼앗기지 아니하리라."^{눅 10:41-42}

성경이 기도를 얼마나 중요하게 여기는지 보여주는 또 다른 통찰이 결혼과 부부 관계를 다루는 장에 나온다. 바울은 부부가 서로의 성적인 필요를 채워 주어야 한다고 말한다. "아내는 자기 몸을 주장하지 못하고 오직 그 남편이 하며 남편도 그와 같이 자기 몸을 주장하지 못하고 오직 그 아내가 하나니."^{고전 7:4} 여기서 의문이 생길 수 있다. 이 원리를 유보할 만큼 정당한 사유가 과연 존재할까? 생각날 만한 모든 예외 중에서 하필 바울이 언급한 예를 보면 기도에 대한 그의 생각을 짐작할 수 있다. "서로 분방하지 말라. 다만 기도할 틈을 얻기 위하여 합의상 얼마 동안은 하되 다시 합하라. 이는 너희가 절제 못 함으로 말미암아 사탄이 너희를 시험하지 못하게 하려 함이라."^{고전 7:5} 다시 말해서 부부는 서로의 성적인 필요를 채워 줄 의무에서 벗어날 수 있으나 단 세 가지 조건이 있다. 1)서로 합의해야 한다. 2)기도할 틈을 얻는 게 목적이어야 한다. 3)합의한 얼마 동안만 유보하고 그 후에는 다시 부부간의 의무를 다해야 한다.

본문을 피상적으로 보면 독자들이 이런 의문을 가질 수 있다. 결혼 생활에서 기도를 목적으로 잠시라도 성적 친밀함을 제쳐 두어야 할 이유가 무엇인가? 삶의 현실을 잘 모른 채 정말 피상적으로 보면 그렇다. 바쁜 부부들은 워낙 활동이 많고 피곤해서 관계할 시간조차 거의 없을 수도 있다. 틀림없이 1세기의 어떤 경우에는 문제가 더 심각했다. 부부가 둘 다 종이라면, 아침에 집 안에서 가장 먼저 일어나고 밤에 가장 늦게 자야 했을 것이다. 이 부부는 언제 함께 기도할 것인가? 바울은 부부간의 의무를 아주 중시한 사람이지만, 서로를 성적으로 즐겁게 해주며 보낼 그 시간에 기도하려고 일부러 한동안 관계를 끊는 부부를 상상할 수 있었다. 기도는 그에게 그 정도로 중요했다.

진을 빼는 부산한 아이들의 엄마일 수도 있고, 다국적 대기업의 중요한 간부일 수도 있고, 시험을 앞두고 벼락공부를 하는 대학원생일 수도 있고, 자녀의 대학 등록금을 버느라 야근이 잦은 배관공일 수도 있고, 일주일에 90시간씩 일하는 대형 교회의 목사일 수도 있다. 하지만 여기서 그것은 별로 중요하지 않다. 결국 너무 바빠서 기도하지 못한다면, 너무 바쁜 것이다. 뭔가를 잘라 내야 한다.

2. 영적으로 너무 메말라서 기도가 안 된다.

기도 시간을 떼어 놓았지만 막상 그때가 되면, 너무 낙심했거나 회의가 들거나 공허해서—요컨대 너무 메말라서—기도할 수 없는 사람들도 있다. 그런 경우 좀 더 마음이 내킬 때까지 기도를 미루고 싶어질 수 있다.

감정에 졌든 아니든 우리 모두는 그런 기분을 느껴 본 적이 있다. 낙심이나 영적 메마름의 원인은 얼마든지 많다. 때로는 잠이 부족해서 세상이 왠지 비관적으로 보일 수도 있다. 누군가가 쏟아 낸 무절제하거나 지각없는 비판 때문에 감정이 상하거나 기운이 빠질 수도 있다. 스트레스가 정서적 타격을 줄 수도 있는데, 이런 경우는 이미 언급한 첫 번째 경우와 맞물린다. 원인이 무엇이든 영적으로 고갈된 상태에서는 기도의 도전이 마치 넘지 못할 산처럼 높아 보인다.

이 구실의 배후에는 똑같이 어처구니없는 두 가지 전제가 깔려 있다. 그중 첫 번째 전제는 내 기분이 어떠하냐에 따라 하나님께 나아가는 기도가 더 받아들여질 수도 있고 그렇지 않을 수도 있다는 것이다. 하지만 하나님께서 우리가 기쁘거나 근심이 없거나 잘 쉬

었거나 경건하다고 느낄 때 특별히 더 감동하시는가? 그리스도인이 하늘 아버지께 나아가는 근거는 우리를 위해 중보하시는 그리스도의 사역만으로도 충분하지 않은가? '예수의 이름으로' 기도하는 데는 그런 의미도 있지 않은가? 내 기분이 충만하면 기도도 유용하고 내 기분이 메마르면 기도도 미달인 것처럼 행동한다면, 이는 십자가를 몹시 욕되게 하는 처사가 아닌가? 물론 공허하고 낙심될 때는, 하나님께서 우리를 받아 주시는 유일한 근거가 그 아들의 인격과 사역을 통해 베푸시는 은혜 때문임을 좀 더 힘들여 떠올려야 할 수도 있다. 하지만 좋은 기분이 기도에 더 적합하다는 인상을 주는 것보다는 그 편이 훨씬 낫다.

두 번째 부당한 전제는 기도할 마음이 내키지 않으면 어쩐지 기도의 의무도 줄어든다는 것이다. 이는 우리가 꼭 해야 할 일에 대한 결정권을 자신의 감정이나 기분에 맡기고 있기 때문인데, 물론 용납될 수 없는 자기중심적 태도다. 자신의 의무와 본분이 무엇인지를 혼자서 결정한다는 의미로, 요컨대 나의 신은 나 자신이라는 뜻이다. 또한 "소망 중에 즐거워하며 환난 중에 참으며 **기도에 항상 힘쓰며**"롬12:12라는 말이 마치 성경에 없는 듯 행동하는 것이다.

하나님은 여기에 어떻게 반응하시는가? 예수의 두 가지 비유가 특히 이것과 관련되어 있다. 누가복음 18장에서 그분은 끈질긴 과부에 대해 말씀하신다. 그녀는 "하나님을 두려워하지 않고 사람을 무시하는" 부패한 재판장에게 억울함을 호소한다.눅18:2 그런데 처음에는 그가 무시하지만 결국 그녀의 끈기가 통한다. "내가 하나님을 두려워하지 않고 사람을 무시하나 이 과부가 나를 번거롭게 하니 내가 그 원한을 풀어 주리라. 그렇지 않으면 늘 와서 나를 괴롭게 하리라."눅 18:4-5 이에 관해 예수의 결론은 이렇다. "하물며 하나님께서 그 밤낮 부르짖는 택하신 자들의 원한을 풀어 주지 아니하시겠느냐. 그들에게 오래 참으시겠느냐. 내가 너희에게 이르노니 속히 그 원한을 풀어 주시리라."눅 18:7-8 요지는 하나님이 계속 졸라야만 반응하는 부패한 재판장과 같다는 게 아니다. 이것은 더 유력한 이유를 제시하는 논법이다. 부패한 재판장도 끈질긴 요청에 반응한다면 의로우신 하나님은 얼마나 더 그리하시겠느냐는 의미다. 사실 첫 번째 절에 밝혀져 있듯이 "예수께서 그들에게 항상 기도하고 낙심하지 말아야 할 것을 비유로 말씀"하셨다.눅 18:1 그러니까 예수의 견지에서 볼 때 진짜 문제는 하나님이 기도에 응답하실지 여부가 아니라, 우리에게 끝까지 포기하지 않을 믿음이 있는지 여부다. 그래서 이 본문은 예수의 심층 질문으로 마무리된다. "그러나 인자가 올 때에 세상에서 믿음을 보겠느냐."눅 18:8 너무 메말라서 기도를 못 한다는 식으로 둘러대는 것은 끝까지 견딜 믿음이 없음을 자인하는 꼴밖에 안 된다.

　　비슷한 요지의 또 다른 비유는 밤중에 친구의 집을 찾아간 사람의 이야기다. 그는 친구를 깨우며 말한다. "벗이여, 떡 세 덩이를 내게 꾸어 달라. 내 벗이 여행 중에 내게 왔으나 내가 먹일 것이 없노라."눅 11:5-6 집 안에 있는 사람은 처음에는 거절한다. 온 가족이 이미 잠자리에 들었으므로 방해받고 싶지 않았기 때문이다. 그러나 예수는 손 대접을 중시하던 1세기 팔레스타인의 공동체 문화를 잘 아셨기에 이렇게 말씀하신다. "내가 너희에게 말하노니 비록 벗 됨으로 인하여서는 일어나서 주지 아니할지라도 그 간청함[2]을 인하여 일어나 그 요구대로 주리라."[눅 11:8] 그 문화에서 그렇게 하지 않으면 집안과 자신에게 수치가 된다. 그는 찾아온 사람을 돕고 싶지 않을 수도 있고, 잠자리에서 나와야 한다는 생각에 화가 날 수도 있다. 그러나 끝까지 거절한다는 것은 그 문화에서 차마 생각할 수 없는 일이다.

예수께서 교훈을 도출하신다. "내가 또 너희에게 이르노니 구하라 그러면 너희에게 주실 것이요 찾으라 그러면 찾아낼 것이요 문을 두드리라 그러면 너희에게 열릴 것이니 구하는 이마다 받을 것이요 찾는 이는 찾아낼 것이요 두드리는 이에게는 열릴 것이니라."[눅 11:9-10] 요지는 하나님을 수치의 궁지로 몰아넣어야 그분이 기도에 응답하신다는 게 아니다. 이번에도 역시 더 유력한 이유를 제시하는 논법이다. 게으르고 냉정한 이웃도 집안과 자신의 명예를 욕되게 하지 않기 위해서라도 결국 옳은 일을 한다면, 하나님은 자신의 사람들의 기도에 얼마나 더 온전히 응답하시겠는가? 그분도 자신의 명예를 지키셔야 한다. 그분은 자기 백성의 필요를 채워 주실 것을 언약의 은혜로 친히 맹세하셨다. 자신이 전적으로 신빙성 있고 믿을 만한 존재임을 입증하기로 약속하셨다. 그러니 거기에 못 미치신다면 자신의 명예를 욕되게 하시는 것이다. 그러므로 구하고 찾고 두드리라.

두 비유에 전제된 것처럼 하나님은 기도에 즉각 응답하지 않으실 수도 있다. 그분의 지혜의 일환으로 때를 기다리시거나 심지어 우리의 청을 물리치실 수도 있다. 덕분에 우리는 믿음을 통해 진정으로 그분을 추구할 수 있다. 그게 다행한 일이라는 것은 잠시만 생각해 보아도 알 수 있다. 모든 기도에 바로바로 응답하신다면 그분은 로봇이 된다. 힘세고 똑똑한 마법의 단추가 된다. 자기 백성에게 지혜롭게 응답하여 모든 것을 자신의 주권적 선하심에 따라 베푸시는 하나님이 아니라, 기도라는 마법의 병에 매여 있는 신통한 요정이 되고 만다.

감정이 메마르거나 의심이 쌓이거나 낙심에 빠질 때 하나님은 우리가 그 뒤에 숨어서는 안 된다고 힘주어 말씀하신다. 오히려 그분을 신뢰하며 끝까지 기도하는 법을 배우기를 원하신다. 요컨대 삶의 다른 부분들과 마찬가지로 기도에서도 하나님은 우리가 신뢰하고 순종하기를 원하신다.

3. 기도할 필요성을 못 느낀다.

이 구실은 처음의 두 경우보다 약간 교묘하다. 우리 중에 의식적으로 이런 논리를 펼 만큼 터무니없는 사람은 별로 없다. "나는 너무 중요한 사람이라 기도할 수 없다. 자신만만하니까 기도하지 않아도 된다. 너무 독립적이라서 기도할 수 없다"라는 것보다는 다음과 같은 이유일 수 있다. 추상적으로는 기도의 중요성을 인정할지도 모르지만, 실제로는 기도를 다른 사람들의 삶에만 중요한 것으로 취급하기 때문이다. 특히 자신이 판단하기에 성격이 유약하고, 결핍이 많고, 능력이 떨어지고, 생산성이 낮은 사람들에게 말이다. 따라서 이런 사람은 기도의 중요성을 인식하면서도 자신의 삶에서는 기도의 필요성을 깊이 느끼지 못한다. 별로 기도하지 않아도 아주 잘 지내다 보니 자신감이 계속해서 확고히 굳어질 수도 있다. 그리고 그럴수록 더 기도하지 않게 된다.

하나님은 여기에 어떻게 반응하시는가? 그렇게 자신을 과신하는 그리스도인이 만일 성경을 통해 더 좋은 길을 배우지 않는다면, 하나님께서 무서운 비극의 언어로 그를 부르실 수도 있다. 우리가 섬기는 하나님은 통회하는 자, 마음이 겸손한 자, 온유한 자에게 자신을 드러내기를 기뻐하신다. 우리가 그분의 필요성을 못 느낄 정도로 교만해져 있다면, 그분으로서는 우리를 한두 단계쯤 끌어내리시는 게 자비의 행위다. 우쭐해진 자존심을 그대로 내버려 두신다면 오히려 심판의 행위가 될 것이다.

이런 교훈을 가르치는 본문이 성경에 수없이 많이 있다. 예컨대 기브온 사람들에게 속았던 여호수아 9장의 사건도 그런 경우다. 당시에 하나님의 백성은 요단 강을 건너고 여리고를 물리치면서 그분의 능력을 목격했다. 아간의 죄 때문에 실패를 겪었으나 그 뒤에 하나님의 능력과 지혜로 아이 성을 제압했다.수7-8장 그런데 이스라엘 역사의 그 시점에 기브온 사람들이 찾아왔다. 그들은 아주 멀리서 온 것처럼 보이려고 낡은 옷과 해어진 신발 차림에다 곰팡이가 슨 빵을 가져왔다. 이스라엘 백성은 그 땅의 타락한 부족들을 쫓아내라는 명령을 받았는데, 기브온 주민들은 자신들이 그런 부족 중 하나가 아니라 그냥 이스라엘과 화친을 맺고 싶은 외국인인 것처럼 행세했다. 이스라엘을 부상하는 강국으로 보았기 때문이다.[수 9:9-13]

이때 이스라엘은 어떻게 반응했는가? "무리가 그들의 양식을 취하고는 어떻게 할지를 여호와께 묻지 아니하고 여호수아가 곧 그들과 화친하여 그들을 살리리라는 조약을 맺고 회중 족장들이 그들에게 맹세하였더라."[수 9:14-15]

얼마나 정곡을 찌르는 고발인가! 본문을 약간 풀어 쓰면 우리 많은 이들에게도 적용되지 않는가? "아무개는 앞에 놓인 여러 취직의 기회를 저울질했으나 주님께 묻지 않았다." "아무개는 결정을 내리기 전에 많은 조언을 구했으나 주님께 묻지 않았다." "아무 교회는 위원회를 결성하여 지역 사회에 전도할 방법을 모색했으나 주님께 묻지 않았다."

사역, 봉사, 가정의 변화, 전직 등의 각종 중대한 고비가 닥쳐올 때면 우리는 그 문제에 세심한 기준으로 접근하면서도, 그 전에 몇 번 영적 승리를 맛보았기 때문에 기도를 빼놓기가 너무도 쉽다. 우리는 독립을 퍽도 좋아하는 존재다. 그 결과 자꾸 넘어지고 실족할 수 있다. 아무리 지적인 재간을 다 발휘했을지라도 하나님의 얼굴과 그분의 지혜를 구하지 않았기 때문이다.

히스기야를 생각해 보라. 그는 하나님께 수명을 연장해 달라고 간구하여 15년을 더 허락받았다. 그 기간의 대부분은 생산적인 직무 수행으로 채워졌으나, 딱 한 가지에서 그는 비참하게 실패했다. 막강한 바벨론 제국의 사신들이 왔을 때 그들의 아첨에 우쭐해져 나라의 보물을 낱낱이 다 보여준 것이다. 사신들의 보고서가 자료로 남겨졌을 것은 뻔하다. 이 작은 사건이 중대한 요인이 되어 수십 년 후에 바벨론은 이 나라를 약탈하기로 결정한다.^{왕하 20:12-21} 하지만 어쩌면 가장 아찔한 평가는 역대기의 저자에게서 나왔다. 그는 히스기야가 선한 일을 많이 했다고 인정한 뒤에 이렇게 덧붙였다. "그러나 바벨론 방백들이 히스기야에게 사신을 보내어 그 땅에서 나타난 이적을 물을 때에 하나님이 히스기야를 떠나시고 그의 심중에 있는 것을 다 알고자 하사 시험하셨더라."^{대하 32:31} 히스기야는 하나님의 얼굴을 구할 마음이 없이 자신감과 자만심에 차 있었기 때문에 이 결정적 고비에서 대책 없이 넘어졌다.

크고 중한 죄들만 기도를 막는다고 생각해서는 안 된다. 우리는 작은 일로 실족할 때가 아주 많다.

4. 마음에 원한이 사무쳐서 기도할 수 없다.

굳이 이 세상을 오래 살지 않아도 우리는 불의나 고질적 불공정과 마주칠 수밖에 없다. 어차피 타락한 세상이라는 논리로 우리 대다수는 그런 죄를 비교적 담담하게 받아들인다. 하지만 자신이 그런 불의나 불공정의 대상이 되면, 우리의 반응도 훨씬 덜 철학적이 된다. 복수심을 품거나 적어도 원한과 악의와 험담에 의지할 것이다. 그런데 이런 죄가 있으면 기도는 형식만 남게 된다. 결국 그 죄 때문에 우리는 만성적으로 기도 없는 삶에 빠진다. "내가 당한 게 얼마인데 기도가 나오겠는가?" "원수를 위해 기도하라는 말, 나한테는 안 통한다. 누가 내 승진을 막았는지 나는 알고 있다."

주변 사람들이 나를 얼마나 잘 봐 주느냐에 따른 그 사소한 평가가 삶 자체를 삼켜 버릴 수 있다. 이런 딱한 자기 연민과 분노는 참된 기도를 몰아낸다. 다시 말해 많은 이들이 기도를 내켜 하지 않는 이유는 성경적 기도를 하려면 마음속에 품은 죄를 버려야만 한다고 훈련받았기 때문이다. 차라리 적개심을 품어야 마땅한데, 상대를 긍휼히 여기며 열심히 기도하기란 매우 어려운 일이다.

하나님은 여기에 어떻게 반응하시는가? 예수는 마태복음의 주기도문 끝에 이렇게 덧붙이신다. "너희가 사람의 잘못을 용서하면 너희 하늘 아버지께서도 너희 잘못을 용서하시려니와 너희가 사람의 잘못을 용서하지 아니하면 너희 아버지께서도 너희 잘못을 용서하지 아니하시리라."^{마 6:14-15} 다른 곳에 이런 말씀도 하셨다. "서서 기도할 때에 아무에게나 혐의가 있거든 용서하라. 그리하여야 하늘에 계신 너희 아버지께서도 너희 허물을 사하여 주시리라."^{막 11:25} 사람들을 용서함으로써 아버지의 용서를 얻어 낸다는 개념이 아니다. 내가 아버지의 용서를 정말 원한다는 사실이 사람들을 용서할 때 입증된다는 뜻이다. 하나님께 그렇게 나아간다면 이는 우리의 회개와 통회가 진심이요 사실이라는 표시다. 그리스도인은 전능하신 하나님께 나아갈 때 마치 자기만 유리한 입장에 있는 것처럼, 즉 그분의 복은 누리되 그분의 징계는 면해도 되는 것처럼 여겨서는 안 된다. 알다시피 우리 자신도 용서가 필요한 죄인이다. 그렇기 때문에 자기는 용서를 구하면서 남을 용서하지 않는 것은 값싼 종교적 빈말에 지나지 않는다.

사실 이 원한의 문제를 우리는 용서가 필요한 사람의 입장에서만 아니라 이미 용서받은 사람의 입장에서도 생각해 볼 수 있다. 성경은 우리에게 이렇게 말한다. "너희는 모든 악독과 노함과 분냄과 떠드는 것과 비방하는 것을 모든 악의와 함께 버리고 서로 친절하게 하며 불쌍히 여기며 서로 용서하기를 하나님이 그리스도 안에서 너희를 용서하심과 같이 하라."엡4:31-32 그리스도께서 우리의 죄를 대신 지셨기에 우리는 무엇에도 비할 수 없는 용서를 받았다. 그렇다면 무슨 권리로 우리가 용서를 베푸는 데 인색할 수 있겠는가?

5. 너무 부끄러워서 기도할 면목이 없다.

아담과 그의 아내가 하나님의 한 가지 금령에 고의로 불순종한 뒤 어떤 반응을 보였는지 우리는 알고 있다. "그들이 그날 바람이 불 때 동산에 거니시는 여호와 하나님의 소리를 듣고 아담과 그의 아내가 여호와 하나님의 낯을 피하여 동산 나무 사이에 숨은지라."창3:8 수치는 우리로 하여금 하나님의 임재를 피하게 만든다. 수치는 예의라는 나뭇잎으로 자신의 솔직한 모습을 가린다. 수치는 회피와 현실도피를 조장한다. 수치는 기도 없는 삶을 낳는다.

하나님은 여기에 어떻게 반응하시는가? 그분은 아담과 하와를 찾아가 그들의 죄를 다루셨다. 어차피 우리는 그분을 제대로 피할 수도 없다. "대저 사람의 길은 여호와의 눈앞에 있나니 그가 그 사람의 모든 길을 **살피시느니라**."잠5:21-NIV "지으신 것이 하나도 그 앞에 나타나지 않음이 없고 우리의 결산을 받으실 이의 눈앞에 만물이 벌거벗은 것 같이 드러나느니라."히 4:13 하나님을 피하는 게 헛수고라면, 우리의 수치심도 기도하지 않을 충분한 근거가 될 수 없다. 오히려 수치심을 계기로, 우리를 능히 용서하여 완전한 사면을 주시는 유일하신 분께로 돌아가야 한다. 양심의 자유와 담대한 기도로 돌아가야 한다. 거룩하신 하나님께 우리가 이미 은혜로 받아들여졌음을 알고 기뻐하면 그렇게 할 수 있다.

6. 적당한 선에서 만족한다.

어떤 사람들은 그리스도인으로 불리는 것까지는 원하지만 심각한 불편을 감수할 정도로 그리스도를 원하지는 않는다. 정통 기독교의 기본에는 진정으로 매달리지만 진지한 성경 공부로 들어갈 마음은 없다. 특히 공적인 면에서 깨끗한 도덕성을 중시하지만 내면의 부패와 싸우지는 않는다. 목사의 설교의 질 때문에는 고민할망정 자신의 기도 생활의 질 때문에 걱정하는 일은 별로 없다. 이런 그리스도인은 적당한 선에서 만족한다.

하나님은 여기에 어떻게 반응하시는가? 이런 상태에 적용될 만한 말씀이 많이 있다. 가장 흥미로운 말씀 중 하나는 예수의 동생 야고보가 쓴 편지다. 수신자가 그리스도인들인데도 그는 이렇게 써야만 했다. "너희는… 다투고 싸우는도다. 너희가 얻지 못함은 구하지 아니하기 때문이요."약 4:2 그들은 티격태격 말다툼을 일삼았고 기도하지 않다 보니 깊은 좌절에 빠져 있었다. 어쩌다 기도를 해도 더 나

아지지 않았다. "구하여도 받지 못함은 정욕으로 쓰려고 잘못 구하기 때문이라."[약4:3]

하나님의 관점에서 볼 때 그들은 "간음한" 사람들이다.[약4:4] 겉으로는 하나님과 친밀한 관계를 유지하지만 사실은 세상과 친해지려 하기 때문이다. "간음한 여인들아, 세상과 벗 된 것이 하나님과 원수 됨을 알지 못하느냐. 그런즉 누구든지 세상과 벗이 되고자 하는 자는 스스로 하나님과 원수 되는 것이니라."[약4:4]

하나님의 반응에는 추호도 타협이 없다. "그런즉 너희는 하나님께 복종할지어다. 마귀를 대적하라, 그리하면 너희를 피하리라. 하나님을 가까이하라, 그리하면 너희를 가까이하시리라. 죄인들아 손을 깨끗이 하라. 두 마음을 품은 자들아 마음을 성결하게 하라. 슬퍼하며 애통하며 울지어다. 너희 웃음을 애통으로, 너희 즐거움을 근심으로 바꿀지어다. 주 앞에서 낮추라, 그리하면 주께서 너희를 높이시리라."[약4:7-10]

안타깝게도 우리 모두는 이 말씀을 자신의 삶에 적용해야 할 때가 많다.

복습과 묵상을 위한 질문

1. 이번 장에 언급된 것들 외에 때로 우리가 기도하지 않는 삶을 정당화하는 구실은 또 무엇이 있는가? 각 구실을 성경적 관점에서 비판해 보라.

2. 이런저런 구실로 기도하지 않는 삶을 정당화할 때가 있는가? 어떤 구실인가? 그게 조금이라도 통하는가?

3. 하나님께서 우리를 받아 주시는 근거는 기도할 마음이 내키는지의 여부인가? 아니라면 그분은 어떤 근거로 우리를 받아 주시는가? 그 사실은 우리가 기도에 부여하는 우선순위에 어떤 영향을 미쳐야 하는가?

8.

장애물 극복하기
Overcoming the Hurdles

| 빌립보서 1:9-11 |

빌립보 교인들을 위한 바울의 기도

¹그리스도 예수의 종 바울과 디모데는 그리스도 예수 안에서 빌립보에 사는 모든 성도와 또한 감독들과 집사들에게 편지하노니 ²하나님 우리 아버지와 주 예수 그리스도로부터 은혜와 평강이 너희에게 있을지어다.
³내가 너희를 생각할 때마다 나의 하나님께 감사하며 ⁴간구할 때마다 너희 무리를 위하여 기쁨으로 항상 간구함은 ⁵너희가 첫날부터 이제까지 복음을 위한 일에 참여하고 있기 때문이라. ⁶너희 안에서 착한 일을 시작하신 이가 그리스도 예수의 날까지 이루실 줄을 우리는 확신하노라.
⁷내가 너희 무리를 위하여 이와 같이 생각하는 것이 마땅하니 이는 너희가 내 마음에 있음이며 나의 매임과 복음을 변명함과 확정함에 너희가 다 나와 함께 은혜에 참여한 자가 됨이라. ⁸내가 예수 그리스도의 심장으로 너희 무리를 얼마나 사모하는지 하나님이 내 증인이시니라.
⁹내가 기도하노라. 너희 사랑을 지식과 모든 총명으로 점점 더 풍성하게 하사 ¹⁰너희로 지극히 선한 것을 분별하며 또 진실하여 허물 없이 그리스도의 날까지 이르고 ¹¹예수 그리스도로 말미암아 의의 열매가 가득하여 하나님의 영광과 찬송이 되기를 원하노라.

— 빌립보서 1:1-11

기도의 사역에 특별히 은사를 받은 신자들이 있다. 윌리엄 캐리 William Carey는 흔히 '현대 선교의 아버지'로 불리는데, 그의 사역을 위해 날마다 몇 시간씩 기도한 사람은 사실 오랜 세월 병상에 누워 지낸 그의 여동생이었다. 그녀는 오빠가 개척한 길을 뒤따르기 시작했던 다른 사람들을 위해서도 기도했다. 영국 브리스톨의 조지 뮐러 George Müller 역시 기도에 비범한 은사가 있었다.

그렇다고 어떤 이들이 기도를 특별히 잘하는 것은 우리보다 많은 은사를 받아서라는 이유로, 상대적으로 기도가 부족한 우리의 삶을 정당화할 수는 없다. 그러기에는 우리가 이미 기도에 대해 많은 것을 배웠다. 그리스도인으로서 성숙의 수준이 어느 정도이든 우리는 지금보다 잘할 수 있으며, 대다수는 훨씬 더 나아져야 한다. 우리가 취할 수 있는 가장 중요한 조치 중 하나는 자신의 실상을 인식하는 것이다. 우리가 위험하게 메말라 있음을 조용하게 고백하는 것이다. 하나님을 아는 우리의 지식은 미미하다. 우리는 더 현실감 있고,

더 결실이 많은 기도를 열망한다. 기도하는 법을 배우기 원한다.

바울의 기도 가운데 영적 메마름과 부족한 믿음이라는 장애물을 극복하는 데 빌립보서 1:9-11의 기도보다 더 큰 도움이 될 만한 것은 거의 없다. 이를 통해 우리는 기도하지 않는 각자의 구실을 극복할 수 있다. 형식상으로는 짧고 단순한 기도다. 취지에 따라 이 기도를 세 단계로 나누면, 바울의 기도를 보다 깊이 생각하는 데 도움이 될 것이다.

1. 바울은 지극히 선한 것을 위해 기도한다.

바울은 하나님께 사랑의 지속적 점증을 구하고 있다. 그는 "내가 기도하노라. 너희 사랑을 지식과 모든 총명으로 점점 더 풍성하게 하사"[빌 1:9]라고 썼다. 그러나 더 읽어 보면 분명해지듯 적어도 이 기도에서만은 바울이 구하는 사랑이 그 자체로 목적이 아니라 다른 목적의 수단임을 알 수 있다. 그가 빌립보 교인들의 사랑이 풍성해지기를 구한 것은 "너희로 지극히 선한 것을 분별"하게 하기 위해서다.[빌 1:10]

바울은 빌립보 교인들의 사랑이 풍성해지기를 위해 기도하고 있지만, 이 간구는 다른 목적과 아주 밀접하게 맞물려 제시된다. 그 목적이란 그들이 지극히 선한 것을 분별하고 인정하는 것이다. 따라서 바울이 결국 지극히 선한 것, 즉 탁월한 수준을 위해 기도하고 있다고 말해도 무방하다. 그 탁월한 수준이 정확히 무엇인지는 뒤에서 풀어낼 것이다. 더불어 사랑이 많아지면 교회가 어떻게 그 목표—탁월하고 지극히 선한 것을 인정하는—를 향해 가게 되는지도 차차 살펴볼 것이다. 우선 분명한 것은 바울의 기도가 고질적 적당주의, 교만한 자만심, 안일한 구실 등에 종말을 고한다는 점이다. 다시 말해 바울은 탁월한 수준을 위해 기도한다.

그는 이런 탁월함이 일괄적으로 교회에 뚝 떨어지기를 기대하지 않았다. 오히려 신자들이 지극히 선한 것을 분별하고 인정하기를 위해 기도했다. 즉 그들은 지극히 선한 것을 체험적으로 시험하여 인정해야[1] 했다. 그렇다면 바울이 구한 이 남다른 것, 탁월한 수준은 무엇인가?

이 물음에 답하는 데 도움이 될 세 가지 단서가 본문에 나와 있다. 첫째, 바울은 빌립보 교인들이 지극히 선한 것을 분별하고 인정하려면 사랑이 "지식과 모든 총명으로 점점 더 풍성"해져야 한다고 전제했다. 그래서 그런 사랑을 위해 기도했다. 빌립보 교인들이 추구해야 할 탁월함은 쉽게 분별되는 게 아니다. 탁월한 것을 분별하고 인정하려면 풍성한 사랑이 그리스도인의 특성으로 나타나야 한다.

바울이 그리스도인의 사랑을 정확히 이런 식으로 표현한 이유는 무엇일까? "점점 더 풍성"한 사랑으로도 충분히 명확한데 왜 하필 "지식과 모든 총명으로 점점 더 풍성"한 사랑인가? 이 문구를 그와 반대되는 자질로 대체하면 바울의 요지가 금세 와 닿을 것이다. 그는 그들의 사랑이 '무지와 둔감함으로 점점 더 풍성'하게 해달라고 기도하지 않았다. '미련함과 서투름으로'나 '값싼 감상주의와 근시안적 향수로'도 아니다. 그가 구한 사랑은 "지식과 모든 총명으로 점점 더 풍성"해지는 사랑이다. 계속 점증하는 이 사랑은 분별력이 있다. "지식"과 "모든 총명"에 구속당한다. 지식과 통찰력의 지배를 받지 않는 사랑은 얄팍한 감상주의로, 또는 세상이 흔히 사랑이라 착각하는 애매모호한 다원주의로 빠지기 십상이다. 그러나 그리스도인의 사랑에는 "지식"이 수반된다. 바울의 어법에서 지식이란 복음의 의미를 아는 성숙한 이해이며, 건전한 교육과 충만한 경험의 산물이다. 더불어 그리스도인의 사랑에는 "모든 총명"도 수반된다. "모든"으로 직역된 말은 완전한 통찰이나 깊은 통찰[빌 1:9-NIV]이 아니라 폭넓은 통찰을 뜻한다. 즉 그것은 인생 경험의 전 영역에 대한 도덕적 지각이다.

물론 사랑이 없이 지식과 분별력만 있으면 고압적이고 궤변적이고 거만해지기 쉽다. 그러나 지식과 분별력이 없는 사랑은 금세 이상하게 변질된다. 바울이 구하는 그리스도인의 사랑은 복음을 아는 지식과 광범위한 도덕적 통찰의 규제를 받는다. 이런 규제는 사랑을 억누르기는커녕 오히려 사랑의 순도와 가치를 지켜 준다. 바로 그런 사랑이 점점 더 풍성해져야 한다고 바울은 역설하고 있는 것이다.

요지는 그리스도인에게 이런 양질의 사랑이 점점 더 풍성해져야 지극히 선한 것을 시험하고 인정할 수 있다는 것이다. 즉 "지극히 선한 것"은 미세하거나 미묘하여, 그런 사랑이 충만하지 못한 사람들은 식별하기 어려울 수밖에 없다. 우리의 사랑이 지식과 모든 총명으로 점점 더 풍성해지지 않는 한 지극히 선한 것을 분별하고 인정할 수 없다는 게 바울의 분명한 전제다. 다시 말해서 "지극히 선한 것"을 분별하는 일이 그런 점증하는 사랑에 철저히 의존해 있다면, 바울이 원하는바 그리스도인들이 추구해야 할 "지극히 선한 것" 곧 탁월한 수준이 무엇인지 조금은 감이 잡힌다.

두 번째 단서는 "지극히 선한 것"이라는 표현 속에 들어 있다. 이 어구[2]가 '뭔가 다른 것'을 뜻하는지, 아니면 '빼어난 것'을 뜻하는지를 두고 학자들 사이에 이견이 있다. 첫 번째 의미로 본다면 바울이 신자들에게 사랑의 성장을 원하는 이유는 '뭔가 다른 것을 시험해 보게 하기 위함'이다. 두 번째 의미로 본다면 바울이 신자들에게 사랑의 성장을 원하는 이유는 '빼어난 것, 정말 중요한 것을 분별하고 인정(즉 시험)하게 하기 위함'이다. 하지만 아마도 이 둘은 일각의 주장처럼 그렇게 서로 동떨어진 것이 아니다. 바울의 생각처럼 우리 삶에는 명백히 옳거나 명백히 그른 결정이 아닌, 그 외의 결정들도 수없이 많이 있다. 그럴 때 비상한 분별력이 있어야 이것과 저것이 어떻게 다른지 분간하여 최선의 결정을 내릴 수 있다. "지극히 선한 것"을 선택한다는 바울의 말이 바로 그런 뜻이다. 이상에서 그의 요지는 "지극히 선한 것"을 시험하고 인정하려면—중요한 것을 감지하는 능력(모팻Moffatt의 표현)을 기르려면—지식과 도덕적 통찰로 빚어지고 연마된 사랑이 절대적으로 필요하다는 것이다.

바울이 기도로 구하는 "지극히 선한 것" 곧 탁월한 수준이 무엇인지를 이해하는 데 도움이 될 세 번째 단서가 있다. 이 단서는 다름 아닌 이 서신 전체를 관통하는 주제 중 하나다. 바울은 빌립보 교인들을 위해 늘 기쁨으로 기도한다고 했는데, 이는 같은 장 6절에서 언급했듯이 "너희 안에서 착한 일을 시작하신 이가 그리스도 예수의 날까지 이루실" 것을 확신했기 때문이다. 다시 말해서 바울이 내다본 것은 빌립보 교인들이 그저 믿음을 유지하는 게 아니라 제자도에서 날로 더 성숙해 가는 것이었다. 마지막 날, 곧 예수 그리스도의 날에 명실상부한 완성에 이를 때까지 말이다.

바울의 예로 미루어 판단하건대 그런 성장을 주께서 이루실 것을 확신한다 해서 우리 쪽에서 성장을 위해 노력해야 할 필요성이 조금이라도 줄어드는 것은 아니다. 그래서 두 장 뒤로 가면 사도가 자신의 목표를 이렇게 증언한다. "내가 그리스도와 그 부활의 권능과 그 고난에 참여함을 알고자 하여 그의 죽으심을 본받아 어떻게 해서든지 죽은 자 가운데서 부활에 이르려 하노니."빌 3:10-11 이어 그는 자신이 이 과정에서 어디까지 와 있는지 설명한다. "내가 이미 얻었다 함도 아니요 온전히 이루었다 함도 아니라 오직 내가 그리스도 예수께 잡힌 바 된 그것을 잡으려고 달려가노라. 형제들아, 나는 아직 내가 잡은 줄로 여기지 아니하고 오직 한 일 즉 뒤에 있는 것은 잊어버리고 앞에 있는 것을 잡으려고 푯대를 향하여 그리스도 예수 안에서 하나님이 위에서 부르신 부름의 상을 위하여 달려가노라."빌 3:12-14

이 세 가지 단서를 종합하면, 바울이 신자들에게 추구하기를 바라는 "지극히 선한 것" 곧 탁월한 수준의 성격이 무엇인지 초점이 잡힌다. 이 탁월한 것은 다름 아닌 그리스도인의 성숙한 제자도를 특징짓는 모든 요소다. 그런데 우리의 사랑이 지식과 모든 총명으로 점점 더 풍성해지지 않는 한 우리는 그것을 분별하고 인정할 수 없다. "지극히 선한 것"에는 부활의 능력을 더 많이 체험하는 일과 그리스도의 고난에 더 많이 참여하는 일도 포함된다. 이런 탁월함을 추구하면 무엇보다 예수 그리스도를 더 깊이 알게 되고,[빌 3:10] 우리 안에 행하시는 하나님의 모든 착한 일이 완성될 그리스도의 날을 사모하게 된다.

이런 탁월함은 옳고 그름을 명백히 구분하는 문제가 아니라 미세한 선택의 문제로, 사람의 가치 체계 전반과 우선순위, 마음과 사고가 두루 반영된다. 그래서 바울은 빌립보 교인들의 사랑이 지식과 모든 총명으로 점점 더 풍성해지도록 기도했으며, 그들의 마음과 사고가 지극히 그리스도인답게 되기를 원했다. 그렇지 않으면 지극히 선한 것을 분별하고 인정할 수 없기 때문이다.

몇 가지 실제적인 예를 보면 바울의 기도가 더 분명해질 것이다.

당신은 시간을 어떻게 쓰고 있는가? 일주일에 몇 시간이나 자녀와 함께 보내는가? 지난 두 달 동안 시간을 들여 누군가에게 복음을 전한 적이 있는가? 텔레비전을 보거나 기타 기분 전환에 보낸 시간은 얼마나 되는가? 시간을 사용함에 있어서 당신은 지극히 선한 것에 헌신되어 있는가?

지난 6개월 동안 당신은 무엇을 읽었는가? 시간을 들여 신문이나 시사 잡지나 추리물이나 소설이나 업계 출간물을 읽었다면, 시간을 들여 주석이나 다른 기독교 서적도 읽었는가? 그런 시간을 통해 성경을 더 잘 이해하려 애쓰거나 영적 훈련을 도모하거나 지평을 넓혔는가? 독서 습관을 돌아보았을 때 지극히 선한 것에 헌신되어 있는가?

가족들과의 관계는 어떤가? 배우자나 자녀와의 유대를 더 돈독히 할 방도를 수시로 멈추어 곰곰이 생각해 보는가?

혼자 시간을 내서 기도하는가? 기도회에 가는가? 이 부분에서 더 나아지려고 조치를 취한 게 있는가?

돈을 어디에 쓸지 어떻게 결정하는가? 수입의 10퍼센트처럼 일정 비율을 마지못해서라도 주님의 일에 바치고, 나머지는 다 자신의 것으로 여기는가? 아니면 자신을 주님의 청지기로 여기기에 당신이 버는 모든 돈은 결국 그분의 것인가? 훨씬 많은 돈을 중요한 사역에 헌금할 수 있을 때 당신은 즐거운가? 영원에 투자하는 것이 진정한 기쁨인가?

당신의 긍휼은 지난 몇 년 사이에 더 깊어졌는가? 그것이 냉소적인 자세가 아닌 자기보다 불우한 사람들을 섬기려는 구체적인 노력으로 나타났는가?

성경 읽기와 성경 공부를 통해 하나님을 아는 지식이 깊어지고 있는가? 그래서 전능자께 드리는 전심의 예배에 자발성과 헌신과 기쁨이 더해져 가고 있는가?

삶 속에서 단지 그리스도인이라는 이유만으로 즐거이 자신의 안전지대를 벗어나기로 결단할 때는 언제인가? 힘들거나 고통스럽게 자아를 부인하며 생활하고 섬길 때가 언제인가?

이 모든 물음에 대한 당신의 답은 선택의 산물이다. 그렇다고 우리 앞에 끊임없이 닥쳐오는 선택과 관련하여 죄책감을 유발할 생각은 추호도 없다. 비록 우리가 그런 선택을 하나님의 영광을 위해 활용하지 못할 때가 많더라도 말이다. 사실 이 부분을 책에 넣는 것이 그래서 염려되었다. 죄책감 자체는 바른 선택에 도움이 되지 않으며 오히려 스트레스와 원망만 가중시킬 수 있기 때문이다.

하지만 우리의 사랑이 점점 더 풍성해지고 우리의 삶이 늘 지식과 도덕적 통찰로 빚어진다면, 위의 예들이야말로 우리가 원하게 될 선택이며, 또한 잘 선택하고 싶은 영역일 것이다. 이런 선택은 단지 율법에 기초해서는 내릴 수 없고, 하나님의 은혜로 변화된 마음에서만 비롯된다.

그러면 당신은 이렇게 되물을지 모른다. "하나님은 우리에게 마음과 목숨과 뜻과 힘을 다하여 그분을 사랑할 것을 요구하신다. 그분처럼 거룩해질 것을 요구하신다. 그렇다면 이런 완성이라는 목표도 하나님의 요구가 아닌가? 앞서 말한 선택의 순간이 우리 앞에 다가오는 이유는 하나님께서 우리에게 전폭적 충성을 요구하시기 때문이 아닌가? 그러니까 그냥 그분의 요구와 율법에 순종하면 되는 것 아닌가?"

물론 하나님은 우리에게 그분의 주권에 무조건 복종하며 온전한 순종에 힘쓸 것을 요구하신다. 하나님의 율법이 그런 뜻이라면 물론 당신의 말이 옳다. 하지만 내 요지는 단지 법규와 판례만으로는 모든 사례를 망라할 수 없다는 것이다. 예컨대 시간 사용에 관해 생각해 보라. 누구에게나 하루에 24시간이 주어진다. 하지만 필요한 수면의 양은 사람마다 다르다. 집중력도 다르고, 휴식과 경험의 일정한 균형도 각기 다르다. 따라서 "세월을 아끼라. 때가 악하니라"는 말도 그리스도인마다 다른 의미로 다가올 수 있다. 투자하는 시간의 양도 그렇고, 투자하는 방식도 그렇다. 시간을 지혜롭게 쓰라는 명령은 행동주의자 그리스도인에게는 속도를 늦추고 하나님께 중보하는 법을 배우라는 뜻일 수 있으나, 묵상에 강한 사색적인 그리스도인에게는 적극적으로 전도하거나 가난한 이들을 섬기라는 도전이 될 수도 있다.

기분 전환에 할애된 시간은 어떻게 써야 할까? 성숙한 그리스도인은 그 시간에 성경을 암송하거나, 청교도의 고전을 읽거나, 이사야서에 대한 신간 주석을 정독할 수 있다. 하지만 추리소설을 읽으면 반드시 덜 성숙한 그리스도인인가? 여가 시간을 실속 있게 보내지 않는다는 이유만으로 덜 성숙한 그리스도인이 죄에 빠졌다고 단정해도 되는 것일까?

바울의 기도는 이 미로를 꿰뚫고 나간다. 그는 그리스도인들이 영적 순례의 어느 단계에 와 있든 탁월함, 곧 "지극히 선한 것"을 위해 기도하기를 원했다. 물론 지극히 선한 것을 추구하려면 은혜의 하나님께서 성경에 자신을 계시해 주신 그 기준을 늘 바라보지 않으면 안 된다. 하지만 그럼에도 바울은 그리스도인들에게 스스로를 측정할 일련의 자의적 척도를 내놓지 않는다. 신자들에게 까다로운 조항을 제시하지 않는다. 그저 하늘 아버지께 이 신자들이 지극히 선한 것을 추구하게 해달라고 기도할 뿐이다. 다만 마음과 사고가 변화되지 않고는 탁월함을 추구할 수 없음을 익히 잘 알기에, 그는 그들의 사랑을 지식과 모든 총명으로 점점 더 풍성하게 해달라고 좀 더 구체적으로 아뢴다. 그들이 지극히 선한 것을 능히 분별할 수 있도록 말이다.

바울은 결코 현상 유지로 만족하지 않았다. 우리는 그리스도께서 재림하실 때 완성에 이르도록 되어 있는데, 그 사실을 알기에 그는 이미 지금부터 우리가 그쪽으로 매진하기를 원했다. 그는 결코 기도에 나태해질 수 없었다. 자신이 더 거룩해지고 열매가 많아질수록 아직도 멀기만 한 앞길을 더욱 실감했기 때문이다. 그는 빌립보 교인들도 그 동일한 비전을 공유하기를 원했다. 요컨대 바울은 영적 탁월함을 추구하는 일에 열정적이었으며, 자신도 그것을 추구했을 뿐 아니라[빌 3:10-14] 다른 사람들을 위해서도 똑같이 기도했다.[빌 1:9-11]

지금부터는 이 책을 읽는 사역자들에게 좀 더 직접적으로 말하고 싶다. 자신이 섬기는 회중이 지극히 선한 것에 이르기를 온 마음으로 소원하는가? 그렇다면 이런 기도에 얼마나 많은 시간을 들이고 있는지 자문해야 한다.

서구의 사역자들이 이런 도전에 맞설 때 봉착하는 문제가 있다. 엄연히 우리는 말씀과 기도의 사역으로 부름받았건만 몇 가지 두드러진 압력이 주제넘게 끼어든다. 이런 압력은 어찌나 집요한지 결국 우리의 가치관을 형성하고, 그리하여 스케줄까지 지배한다.

목사의 직무는 다양해졌다. 우리는 더 이상 말씀과 기도의 사역에 전념하지 않는다. 그것 말고도 전문 상담자, 모금 담당자, 행정가, 위원회의 일원, 심사관, 정치가, 언론 인사 등이 되었기 때문이다.

많은 목사들이 정체성의 혼란을 겪고 있으며, 자신의 일의 가치가 저평가되는 것에 시달리기도 한다. 30여 년 전까지만 해도 서구 세계에서 성직자는 대체로 존경받았다. 그러나 30년 동안 세속주의가 득세하면서 대중매체는 늘 성직자를 나약한 사람이나 사기꾼이나 둘 다로 그려 냈고, 대중은 우리를 교만하고 (공룡처럼) 멸종된 존재로 보았다. 그러니 우리가 정서적으로 약간 불안해질 만도 하다. 많은 성직자들이 전문가들과 함께 일하고 그들을 가르치기도 하지만, 정작 자신은 전문가로 취급되지 않음을 금세 깨닫는다. 십자가의 길을 가는 사람이라면 이런 압력쯤 무시해야 한다는 주장도 가능하다. 하지만 실제로는 많은 사역자들이 지나친 보상 심리에 빠져, 다분히 직업인처럼 행세할 뿐 좀처럼 말씀과 기도의 사역에 전념하지 않는다.

열매가 없다고 느껴져 낙심하는 사역자들도 적지 않다. 몇 달이나 몇 년씩 일해도 단 한 명의 회심자도 나오지 않는 경우도 많다. 아이디어는 기발한데 교회 전통을 감당하지 못하는 목사들도 있고, 출신 전통은 중시하는데 유행처럼 끝없이 이어지는 혁신에 위협을 느끼는 목사들도 있다. 결국 세월이 흐를수록 기가 죽어 체념하게 된다.

어떤 사역자들은 끝없는 활동에 스스로 파묻힌다. 누구의 잘못도 아닌 본인의 잘못으로 그들은 끝없이 일에 매달린다. 공부하고 생각하고 묵상하고 기도할 시간은 내지 않고, 늘 바쁘게 지낸다.

이런 압력과 그 외의 비슷한 것들이 우리의 가치관을 좀먹고, 목표에서 빗나가게 하고, 결국 스케줄을 망쳐 놓는다. 그러나 성경적 우선순위를 되찾으면 이 모든 압력이 달리 보인다. 우리의 직무가 다양해졌는가? 우선순위를 바로잡으면 성경의 가치관대로 업무마다 적절한 서열을 매길 수 있다. 어떤 일은 남에게 위임하고 어떤 일은 아예 없애라. 주보는 당신이 만들지 않아도 되지만 기도는 꼭 해야 한다. 모든 위원회의 장이 되거나 모든 회의에 참석할 필요는 없지만 기도는 사수해야 한다. 자신의 역할이 혼란스러운가? 우리가 무슨 일로 부름받았는지 기억하고 지극히 선한 것을 구하는 기도에 전념해야 한다. 그러면 일반 세상의 견해에 덜 신경 쓰게 되고, 온전한 마음으로 더 성실하게 주님을 섬길 수 있다. 그분의 견해만이 중요하다. 열매가 없다고 느껴져 낙심되는가? 우리 주님은 통계 숫자보다 충성을 더 중시하시는 분임을 상기해야 한다. 아울러 열매가 없는 이유가 혹시 자신이 말씀과 기도의 사역에서 빗나갔기 때문은 아닌지 과감히 물어야 한다. 우리는 지극히 선한 것—영적 수확, 회심, 성령의 실증적 열매 등—을 위해 얼마나 기도했는가? 적게 구해서 적게 경험하는 것은 아닌가? 우리의 열매 없는 삶은 기도 없는 삶에 비례하는 것이 아닌가? 바울의 기도는 우리의 수많은 구실을 예리하게 베어 낸다. 우리는 스스로 활동에 파묻히고 있는가? 그러면 정작 부름받은 일인 말씀과 기도의 사역에는 언제 전념하는가? 지극히 선한 것을 위해 언제 기도하는가?

물론, 빌립보 교인들을 위한 바울의 결연한 기도가 사역자들에게만 적용되는 것은 아니다. 모든 신자는 이렇게 물어야 한다. 나는 자신을 위해서든 주변 사람들을 위해서든 지극히 선한 것, 하나님이 판단하시기에 탁월한 것을 위해 얼마나 기도하는가? 나의 사랑이 지식과 모든 총명으로 점점 더 풍성해지도록 기도하는가? 괜찮은 것과 탁월한 것, 무난한 것과 지극히 선한 것을 분별할 수 있도록 말이다. 나 자신의 삶 속에서 지극히 선한 것을 시험하고 인정할 수 있도록 말이다. 나의 교회를 위해서도 똑같이 기도하고 있는가? 아니면 솔직히 나는 침울한 적당주의가 더 좋은가? 바울은 탁월한 수준을 위해 기도했다. 이런 탁월함을 기도 없이 얻을 수 없음은 자명한 일이다.

2. 바울은 장기적 안목을 품고 기도한다.

대부분의 역본은 점증하는 사랑의 목적이 두 가지인 듯한 인상을 준다. "1)너희로 지극히 선한 것을 분별하며 또 2)진실하여 허물 없이 그리스도의 날까지 이르고 예수 그리스도로 말미암아 의의 열매가 가득하여."빌 1:10-11 그러나 헬라어 원문에는 2)번 앞의 "또"가 없이 새로운 절이 시작된다. 따라서 "진실하여 허물 없이" 이전까지의 모든 내용은 이 새로운 목적을 위한 준비 단계가 된다. 다시 말해서 바울은 신자들이 탁월한 것을 시험하고 인정하기를 위해 기도하고 있으며, 그 기도의 목적은 "진실하여 허물 없이 그리스도의 날까지 이르고 예수 그리스도로 말미암아 의의 열매가 가득"하게 하기 위해서다.

탁월한 것을 시험하고 인정하는 일을 단지 지적인 활동으로 여기고 싶을 수도 있다. 그러나 바울의 두 가지 역설이 그런 길을 차단한다. 첫째, 그 활동의 선결 조건은 분별력 있는 사랑이다. 둘째, 그 활동의 목표는 투명한 순결("진실하여"에 암시된 의미), 전혀 허물이 없는 모습, 의로 가득한 삶이다. 따라서 탁월함을 추구하는 일은 분명히 지적 활동에도 도전이 되지만 그것으로 국한되지는 않는다. 그 일은 우리의 모든 역량과 전 존재에 도전이 되며, 변화된 삶을 낳는다.

바울의 기도 가운데 이 부분에 설명을 요하는 두 가지 표현이 있다.

첫째는 "의의 열매가 가득하여"빌 1:11라는 말이다. "의"에 해당하는 헬라어 단어[3]는 자주 '칭의'로 번역되며, 여기에도 바울이 그런 뜻으로 썼다고 주장하는 사람들이 있다. 칭의란 나의 죄를 그리스도께 전가시키시고 그분의 의를 내게 전가시키시는 하나님의 결정적 역사다. 그들의 관점대로라면 "의의 열매"는 칭의에서 비롯된 삶이 된다. 이런 해석에 본질상 반대할 이유는 없으나 십중팔구 틀린 해석이다. **의의 열매**나 **의인의 열매**라는 표현은 워낙 굳어진 관용구라서 통상적 의미를 벗어난 용법이 바울에게 도움이 되었으리라고 보기 어렵다.잠 11:30, 암 6:12 게다가 "의의 열매가 가득하여"라는 전체 어구는 "진실하여"나 "허물 없이"와 의미상의 대구를 이룬다. 따라서 세 가지 표현을 모두 윤리적 속성으로 보는 게 최선일 것이다. 하나님께서 친히 옳게 여기시는 행실—말, 생각, 행동—이 곧 "의의 열매가 가득"한 사람의 특징이다.

그런데 이런 의로운 성품조차도 사실은 모두 열매다. 더 정확히 말해서 예수 그리스도로 말미암는 의의 열매다. 열매를 맺는 유기체를 생각하면 된다. 성장과 결실을 가능하게 하시는 분은 예수 그리스도다. 우리도 그 일에 힘을 쏟아야 하지만, 그래도 이 열매는 예수 그리스도로 말미암아 영적 성장이 가능해진 결과임을 명심해야 한다. 갈라디아서에서 사랑과 희락과 화평과 오래 참음과 자비와 양선과 충성과 온유와 절제가 "성령의 열매"이듯이[갈 5:22-23] 여기서도 빌립보 교인들이 말하거나 행하거나 생각하는 모든 의는 "예수 그리스도로 말미암아" 맺히는 "의의 열매"다. 바울은 우리에게 무조건 더 열심히 하라고 권하는 게 아니라 그리스도 예수께 합당한 그리스도인이 되도록 더 힘쓸 것을 권한다. 거기서 기인하는 의로운 삶이 하나님의 은혜의 산물임을 누구보다도 그가 먼저 인정할 것이다.

두 번째이자 우리의 취지상 더 중요한 표현은 "그리스도의 날까지 이르고"[빌 1:10]라는 문구다. 바울은 이 그리스도인들의 사랑이 지식과 모든 총명으로 점점 더 풍성해져 참으로 탁월한 수준을 능히 분별하고 인정하게 해달라고 기도했는데, 목적은 그들이 진실하고 허물이 없고 의의 열매가 가득하여 그리스도의 날까지 이르는(즉 그 날을 내다보며 사는) 것이다. 여기서 우리는 바울의 기도의 두드러진 특징인 종말론적 차원으로 다시 돌아온다(이 책의 2장과 3장을 참조하라). 동시에 '인내'라는 주제로도 다시 돌아온다. 불과 몇 구절 전에서 이미 보았듯 바울은 빌립보 교인들 안에서 착한 일을 시작하신 이가 그리스도 예수의 날까지 이루실 것이라는 자신의 확신을 표현했다. 바로 그 주제를 여기서 다시 꺼내 든 것이다.

바울이 "그리스도의 날" 즉 그분이 재림하실 날을 언급한 것은 은근히 겁을 주기 위해서가 아니다. 그의 말은 다음과 같은 의미가 아니다. "지금부터 너희는 내가 말한 의로운 행실의 징후를 진정으로 더 많이 보여야 한다. 그렇지 않으면 종말에 다 드러나서 무서운 심판을 당하든지, 최소한 진땀을 빼며 해명해야 한다." 대부분의 그리스도인들에게 그의 말은 그보다 훨씬 설득력이 있다. 즉 그리스도의 날을 내다보며 살아야 한다는 것이다. 우리는 그날을 향해 가고 있으며, 그날에 철저히 지배당한다. 그러니 그 사실을 기억하고 있음을 삶으로 보이라는 것이다. 그날 "의가 있는 곳인 새 하늘과 새 땅"벧후3:13에서는 우리 삶의 열매가 전적으로 의로워질 것이다. 그래서 그는 그리스도인들에게 이미 지금부터 그날을 바라보며 살라고, 그날을 고대하며 의의 열매를 풍성히 맺으라고 말한다. 우리를 탁월함으로 부르신 데는 이런 의미도 있다.

교회는 천국의 전초지다. 교회는 새 하늘과 새 땅이 우리의 한시적 시공 속으로 침투해 들어온 소우주다. 우리는 여전히 실패와 죄와 퇴보와 반항과 자기중심성에 오염되어 있어 아직 마땅히 되어야 할 모습은 아니다. 그러나 하나님의 은혜로 과거의 모습도 아니다. 이 땅에 사는 한 우리는 죄와 싸워야 한다. 더럽혀지지 않은 완전한 의의 복을 누리는 삶을 최대한 고대해야 한다. 요컨대 우리는 그리스도의 날을 내다보며 살아야 한다.

물론 그렇다면 그리스도인들은 본질상 선교 공동체라는 뜻이다. 우리의 참된 시민권은 하늘에 있으며, 우리는 신분상 이미 그리스도와 함께 하늘에 앉혀졌다.엡2:6 하지만 완성의 그날까지는 이 땅에서 살아간다. 상실되어 죽어 가고 부패해 가는 세상 속에서, 하늘의 선교 전초지에 살고 있다. 하나님의 심판 아래 놓인 낡은 세상 속에서 우리 자신이 새 하늘과 새 땅의 전초지인 것이다.

그래서 바울의 이 기도는 다름 아닌 부흥을 구하는 기도다. 그는 이미 지금부터 그리스도인들이 마땅히 되어야 할 모습, 장차 반드시 될 모습이 되도록 기도한다. 본문의 가르침대로 우리는 지극히 높고 선하고 거룩한 것을 시험하고 인정하게 해달라고 기도하되, 늘 예수 그리스도의 날을 바라보면서 해야 한다. 바울의 기도에 강조되어 있듯이 그리스도인들은 용서받은 죄인이 영원의 이편에서 거룩해질 수 있는 최대치만큼 이미 지금부터 거룩해져야 한다. 그것이 우리의 기도 제목이 되어야 한다. 탁월한 수준을 구하는 바울의 기도는 바로 그런 점에서 장기적 안목을 품고 있다. 즉 예수 그리스도의 날과 연계되어 있다.

굳이 부흥[4]의 역사에 관해 많이 읽어 보지 않아도 알 수 있다. 참된 부흥이 시작되면 원한이 녹아내린다. 부흥이 임하면 자화자찬이 흉해 보이고 시들해진다. 부흥이 임하면 사람들이 거룩해지려 애쓰고, 온전한 성품에 대해 진지해지고, 진정으로 자아를 부인하며 사랑을 배운다. 부흥이 임하면 골치 아픈 비현실감이 사라져 천국이 더 현실로 보일 뿐 아니라, 이 덧없는 세상 질서보다 당연히 더 중요해 보인다. 부흥이 임하면 예배는 더 이상 활동이 아니라 우리 삶의 주된 특성이 된다. 속된 농담이나 속임수나 오락은 사라지고, 예수 그리스도의 날이 더 가까워 보인다. 우리 삶 속에 능력으로 역사하시는 하나님의 은혜를 이렇게 새롭게 체험하면, 전도도 열정으로 그치지 않고 무한히 더 많은 열매를 맺는다.

필연적으로 어떤 사람들은 금세 방법론을 분석하여 부흥을 모방한다. 은혜를 공식으로 탈바꿈시키고 하나님의 능력을 길들이려 한다. 남용이 발생하다 못해 때로 급속도로 배가되어, 결국 부흥이 소멸되거나 빛바랜 모조품으로 변질된다. 그래도 복된 부흥의 때에 성령의 강력한 역사를 조금이라도 목격한 사람들은 대개 특이한 열의가 있다. 부흥을 통해 회심한 어떤 사람은 이렇게 표현했다. "나는 부흥의 불 속에서 거듭났다. 그 기억의 잿더미 속에서 죽고 싶지 않다."

본문의 문맥상 강조할 점이 있다. 탁월한 수준을 구하는 바울의 기도는 곧 부흥을 구하는 기도와 같지만, 정작 그가 하는 일은 기도다. 그는 무턱대고 사람들에게 더 나아지라고 권면하거나 부흥을 기획하려 하지 않았다. 부흥이 부족하다고 동료 신자들을 책망한 것은 더더욱 아니다. 그가 하는 일은 부흥을 위한 기도다. 참된 부흥은 하나님의 역사다. 신자들을 변화시켜 지극히 선한 것을 분별하고 인정하게 하는 사랑도, 결국은 우리 삶 속에 일하시는 하나님의 열매다. 참된 의도 예수 그리스도로 말미암는 열매다. 그렇다면 하나님이 아무리 이런저런 방법을 통해 일하신다 해도 방법 자체로는 아무것도 보장되지 않는다. 오직 하나님만이 변화를 낳으실 수 있고, 오직 하나님만이 부흥을 주실 수 있다. 물론 우리도 두렵고 떨림으로 힘써 구원을 이루어야 하지만, 바울의 예로 미루어 보건대 우리가 아무리 노력해도 그것은 우리 안에서 행하시는 하나님이 자기의 기쁘신 뜻을 위하여 소원을 두고 행하게 하심에 지나지 않는다.[빌 2:12-13] 그러므로 하나님께 우리 안에서 행하시도록 간구하는 것이 절실하며, 바울처럼 기도하는 법을 배우는 것 역시 중요하다.

서구 교회에 무엇보다 시급하게 필요한 것은 누가 시키지 않아도 함께 뜻을 합해 하나님의 얼굴을 구하는 이름 없는 신자들의 무리다. 그들은 선전이나 과시 없이 남몰래 성실하게 예수 그리스도의 날을 주시하면서 지극히 선한 것을 위해 간절히 기도한다. 요컨대 부흥을 구한다. 그러면 어떤 결과가 나타날까? 하나님은 주권적이시며 긍휼이 풍성하신 분이다. 그런 그분이 무슨 일을 하실지 누가 알겠는가?

3. 바울의 기도는 우상 숭배가 아니라 하나님을 찬송한다.
탁월함을 추구하는 일은 안타깝게도 비참한 우상 숭배로 변질될 수 있다. 수많은 정황 속에서 이런 원리를 관찰할 수 있다. 예컨대 당신은 결혼 전부터 상대가 약간 완벽주의자인 줄은 알 수 있지만, 첫날밤에서야 그 의미가 확인된다. 치약을 가지런히 짜지 않았다고 배우자에게 한 소리를 들은 것이다. 사람들은 어떤 분야에서는 완벽주의자이고 다른 분야에서는 그렇지 않을 수 있다. 우리 부부는 둘 다 본래 정리를 잘한다. 하지만 서로 묻지 않고 똑같은 것을 다르게 정리해 놓고는 나의 '완벽한' 계획에 상대도 동조해 주기만을 바라면 반드시 문제가 터진다.

완벽주의자 부모는 자녀에게 지독히 엄할 수 있다. 기본 행실 면에서만이 아니라 다양한 능력, 운동, 학교 공부, 여가 활동 등에서도 우리는 결국 자녀를 비하할 수 있다. 기준이 뻔히 비현실적인데도 거기에 도달하지 못했다고 화내며 자녀를 꾸짖을 수 있다.

불행한 형태의 완벽주의는 교회 안에도 침투해 들어온다. 몇 년 전 나는 기도회 후에 어느 목사와 함께 커피를 마셨다. 그는 내가 여태까지 만난 가장 유능한 설교자 중 한 사람이며, 정말 비범한 사람이다. 그의 설교는 들을 때마다 내게 지적인 통찰과 심적인 도전을 준다. 그의 설교를 들을 기회가 비교적 드물기는 하지만, 그의 사역은 매번 하나님의 말씀을 통해 나의 사고를 다시 빚어 준다. 아직 사십 대 후반밖에 되지 않았지만 그는 어느 전략적 교회에서 섬기고 있다. 그런데 그날 밤 커피를 마시면서 그가 조용히 이런 말을 꺼냈다. "도널드, 솔직히 말해서 요즘 부쩍 피곤합니다. 일부 유능한 목사들이 왜 나이 오십에 행정이나 교육 쪽으로 빠지는지 이제야 알 것 같네요. 매주 일요일마다 이런 수준의 사역을 지속하다가는 탈진할 수밖에 없습니다. 이제 피곤합니다. 솔직히 나는 꽤 완벽주의자라서 철저히 준비하지 못하면 강단에 설 마음이 내키지 않습니다. 메시지가 준비되어 있다고 느껴지지 않으면 설교하기가 싫은 거지요."

내 진부한 대답이 몇 마디 있은 뒤에 우리는 함께 기도했다. 몇 달 후 내가 호주에서 설교와 강연을 할 때 누가 내게 무어 신학교 학장을 지낸 브로턴 녹스$^{Broughton\ Knox}$의 말을 알려 주었다. 일찍이 녹스는 학생들에게 "하나님은 백 퍼센트주의에 관심이 없으시다"라고 말했다고 한다.

물론 어떤 의미에서 하나님의 관심은 온통 거기에 있다. 그분은 우리에게 전적인 신뢰와 순종을 원하시고, 백 퍼센트의 충성으로 그분을 섬기기 원하신다. 하지만 이때의 초점은 그분이다. 녹스의 말은 우리의 소위 '백 퍼센트주의'가 하나님과 복음에 대한 충정에 국한되지 않고, 그저 완벽주의적 성격의 표출일 때가 너무 많다는 뜻이다. 어떤 사람들은 무슨 일을 하든지 자신의 에너지와 실력을 백 퍼센트 쏟아붓지 않는 한 그 일을 아예 무가치하게 여긴다. 그런 식으로 일하지 않으면 자신을 용납하지 못한다. 대개 그런 사람들은 성취하는 것도 많다. 그러나 기독교적 관점에서 보면 이런 태도는 결국 또 하나의 자아 숭배에 불과할 수 있다. 요컨대 일종의 우상 숭배인 것이다.

그래서 나는 앞서 말한 동료 목사에게 글을 써 보내면서 "하나님은 백 퍼센트주의에 관심이 없으시다"라는 브로턴 녹스의 말을 인용했다. 사실 그의 백 퍼센트 역량의 설교를 3-4년만 더 듣느니, 차라리 80퍼센트 역량의 설교를 30-40년 더 듣고 싶다는 말까지 했다. 선택의 근거를 교회의 유익에 둔다면 당연히 그런 결론이 나올 것이다. 그래야 수많은 사람들이 강력하면서도 지성적으로 제시되는 복음을 듣는 유익을 누릴 것이고, 그리하여 그리스도께 최고의 영광이 돌아갈 테니 말이다. 우리는 힘써 탁월함을 추구하되 결코 탁월함을 숭배해서는 안 된다. 그것은 순전히 우상 숭배다.

다른 많은 분야에서도 똑같은 문제가 발생한다. 늘 완벽한 집을 고집하는 완벽주의자 주부는 너무 '완벽해서' 그녀와 함께 살기가 거의 불가능하다. 기업의 간부가 완벽주의자이면 무슨 수를 써서라도 사업의 성공을 우상으로 떠받들 수 있다. 최고 학점이 아니면 자신을 용납하지 못하는 그리스도인 학생은 부활하신 그리스도를 섬기기보다 자신의 명예를 유지하는 데 훨씬 관심이 많을 수 있다.

그렇다고 게으르거나 경솔하거나 훈련이 부족해도 좋다는 뜻은 아니다. 성경적 관점에서 던져야 할 깊은 질문은 우리의 동기가 무엇이냐는 것이다. 성격과 그에 따른 강점은 사람마다 다르다. 문제는 이것이다. 우리의 관심은 하나님께서 주신 은사와 은혜를 그분의 영광과 그분의 사람들의 유익을 위해 활용하는 데 있는가? 아니면 그냥 나 자신의 일을 하는 게 관건인가?

그래서 이 대목에서 바울은 매우 신중을 기한다. 그는 "지극히 선한 것"을 위해 기도하고 있고, 그 지극히 선한 것이 "예수 그리스도로 말미암아 의의 열매"를 낳아야 함도 알고 있다. 하지만 거기서 그치지 않고, 그는 이 모두가 하나님의 영광과 찬송을 위한 것임을 애써 덧붙인다.[빌 1:10-11]

동기의 시험, 그것이 궁극적 시험이다. 우리 중 어떤 사람들은 탁월함을 추구하는 이유가 단지 그 외에 다른 일은 하기 어렵기 때문이다. 심지어 영적인 부분에서도 그렇다. 성격이 완벽주의라서 훈련이나 설교나 전도나 기도나 교육의 수준이 떨어지면 배겨 내지 못한다. 그런 일들에 관심을 품는 이유가 교회가 안일과 영적 적당주의에 빠져 미지근해졌다고 느껴서라면 문제가 없다. 그런 부분들을 변화시키려는 이유가 우리 마음속 깊은 곳에 그리스도의 영광과 그분의 사람들의 유익에 대한 열정이 있어서라면 괜찮다. 그러나 이런 문제에 대한 관심이 주로 자신의 높고 완벽주의적인 기준에서 비롯된 것이라면, 우리는 도움이 되기보다 오히려 비판하기에 바빠질 것이다. 우리의 봉사조차도 은밀한 교만을 낳을 것이다. 주변의 웬만한 사람들보다 자신이 더 유능하기 때문이다. 안타깝게도 질적 수준에 대한 이런 표면상의 관심은 가장 흉측한 우상 숭배인 자아 숭배에 불과할 수 있다.

바울은 그런 식의 탁월함을 이미 배격했다. 빌립보 교인들의 사랑이 점점 더 풍성해지기를 위해 기도함으로써, 자신이 중시하는 탁월함의 성격을 명확히 밝혔다. 지극히 선한 것을 분별하고 인정하려면 사랑이 그 선결 조건이자 수단이 되어야 한다. 사랑은 본질적으로 자아를 부인하고 하나님과 동료 신자들의 유익을 구하기 때문이다. 마침내 이 부분에서 그의 기도는 더할 나위 없이 그 초점이 또렷해진다. 즉 사도는 하나님만이 영광과 찬송 받으시기를 위해 중보한다.

우리가 탁월함을 추구하는 동기가 자존심과 막연한 자아실현 때문이라면, 같은 이유에서 그것은 무가치하다. 기도뿐만 아니라 그리스도인의 삶 전반에서도 마찬가지다. 우리가 추구하는 탁월함은 분별력 있는 사랑에 점점 더 이끌려야 하고 "하나님의 영광과 찬송"을 지향해야 한다. 그렇게 하는 것만이 바울처럼 기도하는 것이고, 영원한 가치를 내다보며 살아가는 법을 배우는 것이다.

이런 교훈은 나이가 지긋한 사람들에게 특히 더 중요할 수 있다. 은퇴하거나 몸이 쇠약해지면 사람의 마음이 정말 어디에 있는지 드러난다. 알프레드 스탠웨이Alfred Stanway 주교는 하나님께 쓰임 받아 동아프리카 전역에 많은 교회를 세우고 힘써 복음을 전했다. 탄자니아에만 20개 이상의 교구를 신설했다. 그를 탄자니아의 사도라 부르는 사람들도 있다. 은퇴한 뒤에는 북미의 한 신학교 설립을 도왔다. 그러나 내가 만났을 때 그는 고국 호주로 돌아온 뒤였고, 파킨슨병으로 극히 쇠약해져 말도 못 하고 필담에 의지해야 했다. 정확히 말해서 글을 쓴다기보다 거의 알아볼 수 없게 그리는 수준이었다. 좀 친해진 뒤에 나는 그에게 이처럼 타격이 큰 병에 어떻게 대응하고 있느냐고 물었다. 평생 생산적으로 아주 왕성하게 활동한 그인데, 이렇게 뒷전으로 밀려난 삶을 어떻게 감당하고 있는지 궁금했다. 그가 종이에 답을 세 번이나 끄적인 뒤에야 나는 겨우 읽을 수 있었다. "좌절에는 미래가 없습니다."

한마디로 스탠웨이 주교는 자신에게 좌절이라는 호사를 허용하지 않았다. 그는 영원을 내다보며 살았고, 좌절은 거기에 끼어들 자리가 없었다. 그는 자신의 봉사를 결코 자존심과 연결시키지 않았다. 그래서 수십 년간 즐겁게 활동하며 많은 열매를 맺던 봉사가 끝났을 때도 위협을 느끼지 않았다. 여전히 주님을 신뢰하는 가운데 주어진 제약 속에서나마 지극히 선한 것을 추구할 수 있었다.

마틴 로이드 존스는 20세기의 가장 영향력 있는 설교자 중 한 사람이다. 그는 수십 년간 사역에 많은 열매를 맺으며 왕성하게 활동했다. 그러나 말년에는 몸이 너무 약해져 침대와 안락의자 사이를 오갈 기력조차 없었다. 그가 죽기 몇 주 전에 누군가 그에게 그것을 어떻게 감당하고 있느냐고 물었다. 그러자 그는 누가복음 10:20의 말씀으로 대답했다. "귀신들이 너희에게 항복하는 것으로 기뻐하지 말고 너희 이름이 하늘에 기록된 것으로 기뻐하라." 다시 말해서 그 말씀은 "당신의 기쁨과 평안을 사역의 능력과 연결시키지 말라. 사역은 떠나갈 수 있다. 당신의 기쁨을 하나님이 당신을 아시고 사랑하신 다는 사실과 연결시키라. 당신의 이름이 하늘에 기록되어 있다는 숭고한 진리와 연결시키라. 그것만은 아무도 앗아 갈 수 없다"라는 뜻이다. 로이드 존스는 이렇게 덧붙였다. "나는 완전히 자족합니다."

여기 자신이 추구하는 탁월함이 정말 하나님의 영광과 찬송을 위한 것인지 아니면, 나 자신의 자아상을 위한 것인지 알아보는 실제적 시험이 있다. 내가 중시하는 것들이 떠나가도 나는 똑같이 주 안에서 기뻐하는가? 아니면 꿈에 대한 애착이 지나쳐서 꿈이 무너지면 나 자신까지 무너지는가?

탁월한 수준을 간구하는 바울의 기도는 우상 숭배가 아니라 철저히 하나님을 찬송하기 위한 것이었다. 아일랜드의 옛 찬송에 그도 공감할 것이다.

> 내 맘의 주여 소망 되소서
> 주 없이 모든 일 헛되어라
> 밤에나 낮에나 주님 생각
> 잘 때나 깰 때 함께하소서
>
> 지혜의 주여 말씀으로서
> 언제나 내 안에 계십소서

주는 내 아버지 나는 아들
주 안에 내가 늘 함께하네

주 나의 흉배 또 내 싸울 검
나의 전신갑주 참된 능력
내 영혼의 쉼터 강한 망대
끝까지 하늘로 이끄소서

세상의 영광 나 안 보여도
언제나 주님은 나의 기업
주님만 내 맘에 계시오니
영원한 주님 참 귀하셔라

영원한 주님 내 승리의 주
하늘의 기쁨을 주옵소서
어떠한 고난이 닥쳐와도
만유의 주여 소망 되소서

「내 맘의 주여 소망 되소서」(새찬송가 484장),
메리 E. 번Mary E. Byrne, 1905년

이 기도를 다시 들으라. 하나님은 무엇을 구해야 할지 배우라는 뜻에서 이 기도를 말씀 속에 넣어 두셨다. "내가 기도하노라. 너희 사랑을 지식과 모든 총명으로 점점 더 풍성하게 하사 너희로 지극히 선한 것을 분별하며 또 진실하여 허물 없이 그리스도의 날까지 이르고 예수 그리스도로 말미암아 의의 열매가 가득하여 하나님의 영광과 찬송이 되기를 원하노라."^{빌 1:9-11}

복습과 묵상을 위한 질문

1. 사랑이 지식과 모든 총명으로 더 풍성해지는 일과 지극히 선한 것을 분별하는 일, 그 둘의 관계를 자세히 설명해 보라.

2. 우리가 기도로 구해야 할 지극히 선한 것의 성격을 더 설명해 보라.

3. 당신의 기도 중 영원히 가치 있는 일을 위한 기도는 몇 퍼센트나 되는가? 당신의 기도에 변화가 필요하다고 보는가? 왜 그런가, 혹은 왜 그렇지 않은가?

4. 바울은 탁월한 수준을 추구하되 어떻게 그것이 우상 숭배로 변질되지 않게 했는가? 그의 기도가 당신에게 어떻게 적용되어야 하겠는가?

9.

주권적이고 인격적이신 하나님

A Sovereign and Personal God

기도는 변화를 낳는다. 이런 개념을 공표하는 액자를 어디서나 볼 수 있다. 당신의 집에도 있을지 모른다. 이것을 전제로 한 설교와 기도가 그동안 수없이 많이 있었다. 하지만 과연 그럴까?

기도가 변화를 낳는다면 어떻게 하나님께서 전지하신 주권자이심을 믿을 수 있는가? 그분이 모든 일을 이미 계획해 두셨고, 그 계획이 결코 무산되지 않는다고 어떻게 믿을 수 있는가? 그분이 허락하지 않으시면 새 한 마리도 땅에 떨어질 수 없다. 우리는 그분의 주권 아래서 살며 움직이며 존재한다. 그분은 모든 일을 자신이 뜻하신 목적대로 하신다.엡 1:11 그렇다면 기도가 변화를 낳는다는 말은 도대체 어떤 의미에서 가능한가?

그래서 실제로 어떤 사람들은 하나님이 어떤 면에서 매우 유한할 수밖에 없다고 주장한다. 그들의 논리는 이런 식이다. "하나님의 능력이 대단하긴 하지만, 그분이 전능하신 절대적 주권자라는 생각은 솔직히 앞뒤가 맞지 않아 보인다. 그렇게 되면 온 우주는 하나님의 장난감으로 전락할 수밖에 없다. 우리도 자유를 잃고 독재자 신에게 놀아나는 한낱 꼭두각시나 물질 덩어리가 될 것이다. 그런 우주에서 우리가 기도한다면 그야 순전히 하나님이 기도하도록 정하셨기 때문이다. 기도하지 않는다면 그것도 하나님이 정하신 대로다. 어느 경우든 우리의 기도가 실제로 변화를 낳는다고 보기는 어렵다. 사람들에게 기도를 열심히 또는 간절히 하라고 권하는 것도 말짱 소용없는 일이다. 당신의 권면도 이미 정해진 일이다. 그들이 당신의 말을 듣고 열심히 기도한다면 그 또한 이미 정해진 일이다. 이럴 경우 삶 전체가 다분히 가짜로 변한다. 그러니 분명히 다른 합리적인 대안은 없다. 하나님이 전능하신 절대적 주권자일 수는 없다는 결론이 불가피하다."

이런 논리에 따르면 하나님께서 우리의 기도에 응답하지 않으시는 이유는, 절대적 주권자가 아니라서 응답하실 수 없기 때문일지도 모른다. 당신이 누나의 회심을 위해 기도하고 있다고 하자. 하나님은 그녀를 그분께로 이끄시기 위해 그분이 하실 수 있는 일을 이미 다 하셨다. 그런데도 누나는 왠지 마음을 굽히지 않는다. 그렇다면 누나를 구원해 달라고 그분을 번거롭게 할 이유가 무엇인가? 이미 최선을 다하신 그분께 더 하라고 조르는 것은 약간 무례하지 않은가?

또는 이런 논리도 가능하다. 하나님은 능력은 있으나 멀찍이 떨어져 계시며 우리가 구할 때까지는 별로 일하실 마음이 없다. 그렇다면 당연히 그분은 어떤 요청은 들어주시지만 어떤 요청은 거절하실 것이다. 단순히 그 이상은 하실 수 없기 때문이다. 그러니까 기도가 변화를 낳긴 하지만, 이런 논리의 반대급부로 하나님은 생각만큼 전능하지도 않고, 따라서 믿을 만한 분도 아니다. 사실 하나님이 정말 전능하지 않다면 암울한 순간에 이런 의문이 들 수도 있다. 그분이 종말에 우주를 좋게 완성하시리라고 어떻게 확신할 수 있는가?

어떤 사람들은 기도로 변화되는 것은 기도하는 본인뿐이라고 주장한다. 특정한 일(그 자체는 불변한다)로 기도하다 보면 아무래도 그 일에 집중하여 애쓰게 되고, 그래서 자신이 변한다는 것이다. 예컨대 직장에서 일을 잘하게 해달라고 기도할 수 있다. 그런 기도를 하고 있으니까 스스로 더 분발하게 되고, 그 결과로 업무 능력도 정말 향상될 수 있다. 그러나 기도 때문에 직접적으로 변하는 것은 자신뿐이다. 솔직히 말해서 하나님의 존재 여부는 썩 중요하지 않다는 뜻이다. 그들에게 기도는 심리적 목발에 불과하다. 기도란 좋은 것이지만 나약하고 불안한 사람들이나 하는 것이다.

그리스도인은 이상의 어떤 논리에도 따를 수 없다. 그런 생각은 기본적으로 무신론적이기 때문이다. 그런데 이상하게도 우리 중 더러는 똑같은 접근 방식의 기독교적 버전을 수용한다. 때로 우리도 기도로 바뀌는 것은 주로 기도하는 본인이라고 말한다. 변화의 원인을 심리학에서 찾지 않고 순종에서 찾을 뿐이다. 우리는 유일하게 의미 있는 기도란 "나의 원대로 마옵시고 아버지의 원대로 하옵소서"라고 생각할 수 있다. 그 기도가 응답되면 우리가 하나님의 뜻과 목적에 더 잘 맞추어진 것이다. 그야 물론 좋은 일이다.

하지만 하나님의 뜻이 이루어지기를 구하는 기도가 중요함에도 불구하고, 성경에 그런 기도만 나와 있는 것은 결코 아니다. 성경 속의 신자들은 자신을 위해서도 기도하고 뭔가를 요청하기도 한다. 하나님께 상황을 변화시켜 주실 것과 이것저것을 주실 것과 심지어 그분의 생각을 바꾸실 것을 구한다. 차차 살펴보겠지만, 하나님께서 이런 기도를 들으시고 "뜻을 돌이키시니라"고 기록된 본문이 많이 있다. 이것은 '생각을 바꾸시니라'는 말과 크게 다르지 않다.

그러나 하나님의 뜻이 바뀔 수도 있다면 왜 성경의 다른 본문들에는 그분이 틀림없고 한결같은 불변의 존재로 제시되어 있는가?

안타깝게도 우리는 심히 악한 존재라서 어떤 관점을 취하든 기도하지 않을 구실을 찾아낼 수 있다. 선교를 생각해 보라. 한편으로 당신이 믿기에 하나님이 누구는 '선택하여' 영생을 주시고 누구는 선택하지 않으신다면, 잃어버린 영혼을 위해 기도해도 소용없다는 결론에 빠지기 쉽다. 선택받은 무리는 어차피 구원받을 테니, 굳이 그들을 위해 기도할 까닭이 무엇인가? 그것은 기도하지 않을 좋은 구실이 된다. 반대로 당신이 믿기에 잃어버린 영혼들을 구원하기 위해 하나님이 하실 일은 다 하셨고 이제 나머지는 그들의 자유의지에 달려 있다면, 그들을 구원해 달라는 기도를 왜 하는가? 그분은 이미 자기 몫을 하셨으니 더 이상 하실 일이 별로 없다. 우리는 그저 나가서 복음을 전하기만 하면 된다. 어느 쪽이든 역시 기도하지 않을 이유가 된다. 이런 생각을 하다 보면 정말 머리가 지끈거릴 수 있다.

성경은 우리에게 기도해야 함을 역설하고, 기도할 것을 촉구하고, 기도의 많은 사례를 보여준다. 우리의 논리가 기도를 멀리하게 한다면, 그 논리는 뭔가 잘못된 것이다. 우리의 신학이 기도할 의욕을 떨어뜨린다면, 그 신학은 어딘지 빗나간 것이다. 그런데 때로 그런 일이 정말 벌어진다. 그래서 약간 순진하지만 열정적인 신자가 기도에 대해 많이 생각하는 신학자보다 기도에 관해 더 많이 경험했을 수도 있다. 때로 '은혜의 교리들'—하나님의 주권과 자유와 은혜를 강조하는 진리들—에 대한 그리스도인의 인식이 깊어질 때 가장 먼저 나타나는 결과 중 하나는 비참하게도 기도 훈련이 줄어든다는 것이다. 나도 순례 여정에서 한때 그럴 때가 있었다. 잘못은 교리 자체가 아니라 내게 있었다. 내가 그런 교리들을 성경의 다른 가르침과 제대로 조화시키지 못했던 것이다.

하나님의 주권과 인간의 책임

내게 기도를 전보다 좀 더 성경적으로 생각하게 해준 몇 가지 방책이 있어 이번 장에서 나누고자 한다. 나는 아직 내가 원하는 성숙한 기도에 도달하려면 멀었지만, 이런 성경적 깨달음은 기도에 대한 나의 생각에는 물론이고, 실제로 기도하는 데도 도움이 되었다. 우선 두 가지 진리를 이야기할 텐데, 둘 다 성경이 거듭해서 명백히 가르치고 예시하는 것들이다.[1]

1. 하나님은 절대적 주권자이시지만, 성경에서 그분의 주권은 결코

인간의 책임을 축소하지 않는다.

2. 인간은 책임을 지는 피조물이어서 스스로 선택하고 믿고 불순종하고 반응하며, 인간의 선택에는 도덕적 의미가 수반된다. 그러나 성경에서 인간의 책임은 결코 하나님의 주권을 축소하거나 그분을 철저히 의존적인 존재로 만들지 않는다.

나의 주장은 성경이 이 두 가지 명제를 모두 가르치고 예시한다는 것이다. 그런데 양쪽 다 사실임을 잘 믿지 못하는 게 우리의 문제다. 우리는 하나를 이유로 다른 하나를 축소하는 경향이 있다. 하나를 강조하느라 다른 하나를 희생시키는 경향이 있다. 그러나 성경을 책임감 있게 읽으면, 그런 지나친 단순화가 허용되지 않는다.

우선 큰 그림부터 보자. 잠언 16장에 그려진 하나님은 절대적 주권자라서 당신이나 내가 주사위를 던지면 어느 쪽이 나올지도 그분이 정하신다.^{잠 16:33} "여호와께서 온갖 것을 그 쓰임에 적당하게 지으셨나니 악인도 악한 날에 적당하게 하셨느니라."^{잠 16:4} "사람이 마음으로 자기의 길을 계획할지라도 그의 걸음을 인도하시는 이는 여호와시니라."^{잠 16:9} "어찌하여 뭇 나라가 그들의 하나님이 이제 어디 있느냐 말하게 하리이까. 오직 우리 하나님은 하늘에 계셔서 원하시는 모든 것을 행하셨나이다."^{시 115:2-3}

예수의 말씀에 따르면 새들이 먹고사는 것도 하나님께서 먹이시기 때문이요^{마 6:26} 들풀이 자라는 것도 하나님께서 입히시기 때문이다.마6:30 이렇듯 소위 자연현상의 배후에도 하나님이 계신다. 그래서 성경의 저자들은 그냥 '비가 온다'고 하지 않고 주께서 비를 보내신다는 표현을 즐겨 쓴다. 물의 순환 주기를 뻔히 알면서도 말이다. 선지자들은 하나님의 통치 영역을 잘 알았다. "여호와여, 내가 알거니와 사람의 길이 자신에게 있지 아니하니 걸음을 지도함이 걷는 자에게 있지 아니하니이다."렘10:23 "여호와께서 그가 기뻐하시는 모든 일을 천지와 바다와 모든 깊은 데서 다 행하셨도다."시135:6 에베소서 1:3-14의 본문도 똑같이 단호하다. 하나님은 "모든 일을 그의 뜻의 결정대로 일하시는 이"시다.엡1:11 고의가 아닌 살인,출21:13 가정의 불운,룻1:13 국가적 재난,사45:6-7 개인적 슬픔,애3:32-33, 37-38 심지어 죄삼하24:1, 왕상22:21의 배후에도 하나님이 계시지만, 신비롭게도 그분 자신은 악으로 더럽혀지지 않으신다. 하지만 그중 어느 경우에도 결코 인간의 책임이 감해지지 않는다. 따라서 하나님께서 진노 중에 다윗을 격동시켜 금지된 인구조사를 하게 하셨을지라도삼하24:1 다윗은 여전히 자신의 행동에 책임을 져야 했다.

두 번째 명제도 똑같이 강하게 성경으로 뒷받침된다. 인간에게 순종과 선택과 믿음을 명하는 말씀이 수없이 많다. 물론 그렇게 하지 않을 경우에는 본인이 책임져야 한다. 하나님은 악인의 죽음을 기뻐하지 않으시기에 친히 애절한 호소로 회개를 촉구하신다.사30:18, 65:2, 애3:31-36, 겔18:30-32, 33:11 여호수아는 당대의 이스라엘을 향해 이런 말로 도전했다. "그러므로 이제는 여호와를 경외하며 온전함과 진실함으로 그를 섬기라… 만일 여호와를 섬기는 것이 너희에게 좋지 않게 보이거든… 너희가 섬길 자를 오늘 택하라. 오직 나와 내 집은 여호와를 섬기겠노라."수24:14-15 항거하기 힘든 복음으로의 초청에도 깊은 책임이 전제된다. "네가 만일 네 입으로 예수를 주로 시인하며 또 하나님께서 그를 죽은 자 가운데서 살리신 것을 네 마음에 믿으면 구원을 받으리라… 성경에 이르되 누구든지 그를 믿는 자는 부끄러움을 당하지 아니하리라 하니."롬10:9,11 그렇다고 해서 하나님의 주권이 조금도 침해되지 않음은 물론이다. 불과 몇 구절 전에 사도는 성경출33:19을 인용하여 그 사실을 입증했다. "그런즉 하나님께서 하고자 하시는 자를 긍휼히 여기시고 하고자 하시는 자를 완악하게 하시느니라."롬9:18

수많은 본문을 살펴보면 알겠지만, 성경은 하나님이 주권자이심과 인간의 행동이 인간 각자의 책임인 것을 둘 다 천명한다. 양쪽을 동시에 받아들이기가 어렵겠지만, 이 두 진리가 성경으로 뒷받침되지 않는다고 주장하려면 해석상 온갖 재주를 부려야 한다.

사실 성경에는 그 둘 중 한쪽만 따로 지지하는 본문도 수두룩하지만, 같은 본문에 두 진리가 함께 나오는 경우도 많이 있다. 여기서는 지면상 그중 일곱 가지만 언급한다.

창세기 50:19-20

야곱의 아들들은 아버지가 죽은 후에 요셉을 찾아가, 그를 노예로 판 자신들에게 복수하지 말 것을 간청한다. 요셉의 답변은 교훈적이다. "두려워하지 마소서. 내가 하나님을 대신하리이까. 당신들은 나를 해하려 하였으나 하나님은 그것을 선으로 바꾸사 오늘과 같이 많은 백성의 생명을 구원하게 하시려 하셨나니."

요셉이 하지 않은 말을 생각해 보면 그의 말뜻을 가장 잘 이해할 수 있다. 그는 이렇게 말하지 않았다. "보소서, 한심한 죄인들이여. 당신들이 이 악한 음모를 꾸며 실행에 옮겼소. 막판에 하나님이 끼어들지 않으셨다면 내 상황이 지금보다 훨씬 나빠졌을 것이오." 그는 이렇게 말하지도 않았다. "하나님은 나를 최고로 대우하여 이집트로 내려 보내려 하셨는데, 지독히도 못된 당신들이 그분의 계획을 방해하는 바람에 나만 죽을 고생을 했소."

요셉의 말인즉 하나의 동일한 사건으로 형들은 악을 꾀했으나 하나님은 선을 의도하셨다는 것이다. 하나님은 기근의 세월 중에 수백만의 사람들이 아사하지 않게 하실 계획을 세우셨다. 하지만 그분의 이런 주권 때문에 형들의 악이 축소되지도 않으며, 그들의 악한 계략 때문에 하나님이 의존적인 존재가 되지도 않으신다. 하나님의 주권과 인간의 책임이 둘 다 진리로 간주된다.

사무엘하 24장

앞서 말했듯이 하나님은 진노 중에 다윗을 격동하여 인구를 조사하게 하셨다. 그런데 이 금지된 행동을 하고 난 후에 다윗은 양심의 가책을 느꼈고, 결국 하나님께서 제시하신 세 가지 혹독한 심판 중 하나를 선택해야 했다. 그 결과로 7만 명의 백성이 목숨을 잃었다.

여기서 잊어서는 안 될 사실이 있다. 성경에 강조되어 있듯이 하나님은 온전히 선하신 분이다. "그는 반석이시니 그가 하신 일이 완전하고 그의 모든 길이 정의롭고 진실하고 거짓이 없으신 하나님이시니 공의로우시고 바르시도다."신32:4 "곧 하나님은 빛이시라. 그에게는 어둠이 조금도 없으시다는 것이니라."요일1:5 천국에도 이런 찬송이 울려 퍼진다. "주 하나님 곧 전능하신 이시여, 하시는 일이 크고 놀라우시도다. 만국의 왕이시여, 주의 길이 의롭고 참되시도다. 주여, 누가 주의 이름을 두려워하지 아니하며 영화롭게 하지 아니하오리이까. 오직 주만 거룩하시니이다."계15:3-4

하지만 희한하게 악의 배후에 하나님이 계신 것으로 묘사된 본문도 많이 있으며, 이번 사무엘하 24장도 그런 경우다. 악이 저절로 발생하여 하나님의 입에서 다급하게 "아차, 내가 저걸 놓쳤구나. 깜빡해서 미안하다"라는 말이 나오는 게 아니다. 하나님은 어떤 사람들에게 "미혹의 역사"를 보내 큰 거짓을 믿게 하시고,살후2:11 아합의 선지자들을 꾀어 거짓 예언을 하게 하시며,왕상22:21 궁극적으로 욥의 고난의 배후에도 계신다. 욥의 이야기는 하나님의 격동으로 다윗이 인구조사의 죄를 지은 사무엘하 24장을 묵상할 때 중요하다. 그 이유는 같은 이야기를 약간 다르게 기록한 역대상 21장에는 하나님이 아니라 사탄이 다윗을 격동하여 인구를 조사하게 한 것으로 되어 있기 때문이다. 어떤 독자들은 이것을 있을 수 없는 모순으로 본다. 물론 강조점은 다르지만 모순은 아니다. 비슷하게 욥의 고난을 사탄이 주었다고 볼 수도 있고, 하나님이 주셨다고 볼 수도 있다. 두 관점이 반드시 상호 배타적인 것은 아니다.

물론 거기서 부수적 원인 등에 관한 온갖 난해한 질문이 제기된다. 하지만 지금 나의 유일한 요지는 하나님이 이 특정한 죄까지 포함하여 다윗의 삶의 주권자이시지만, 그렇다고 다윗 자신이 면책되지는 않는다는 점이다. 두 가지 명제가 모두 진리로 간주된다.

이사야 10:5-19

이 본문은 선지서의 많은 본문의 전형이다. 하나님은 이사야 시대의 가장 잔인한 초강대국에게 이렇게 말씀하신다. "앗수르 사람은 화 있을진저. 그는 내 진노의 막대기요 그 손의 몽둥이는 내 분노라. 내가 그를 보내어 경건하지 아니한 나라를 치게 하며 내가 그에게 명령하여 나를 노하게 한 백성을 쳐서 탈취하며 노략하게 하며 또 그들을 길거리의 진흙같이 짓밟게 하려 하거니와."^{사 10:5-6} 문맥을 보면 분명히 알 수 있듯이 하나님이 앗수르를 보내 치게 하신 백성은 다름 아닌 그분의 언약 공동체다. 하나님은 죄를 짓는 자기 백성에게 노하셔서 앗수르를 보내 그들을 치게 하신다. 그런데도 그분은 이 사명과 관련하여 앗수르 백성에게 화를 발하신다. 이유가 무엇인가? 그들이 이 일을 자기 힘으로 한다고 생각했기 때문이다. 그들은 사마리아와 예루살렘도 자기네가 이미 무너뜨린 이교 나라들의 수도와 같다고 생각했다. 그래서 주님은 시온 산과 예루살렘을 다 치신 후에(즉 앗수르를 통해 그들을 다 벌하신 후에) "앗수르 왕의 완악한 마음의 열매와 높은 눈의 자랑을 벌하시리라"^{사 10:12}고 말씀하신다. "도끼가 어찌 찍는 자에게 스스로 자랑하겠으며 톱이 어찌 켜는 자에게 스스로 큰 체하겠느냐… 그러므로 주 만군의 여호와께서 살진 자를 파리하게 하시며 그의 영화 아래에 불이 붙는 것 같이 맹렬히 타게 하실 것이라."사 10:15-16

보다시피 하나님은 군사적 초강대국을 한낱 연장―도끼나 톱―처럼 사용하여 엄한 심판이라는 그분의 목적을 이루신다. 하지만 그렇다고 앗수르가 자신의 행동에 대해 책임이 없는 것은 아니다. 그들의 "완악한 마음"과 "높은 눈"과 무엇보다 자기 스스로 강해졌다고 믿는 교만한 생각은 모두 전능자께 심히 무엄한 것이기에, 그분은 그들에게 책임을 물으신다. 그분의 손에 들린 연장이라 해서 그들의 책임이 벗겨지는 것은 아니다.

요한복음 6:37-40

"생명의 떡"에 대한 강론 중에 예수는 "아버지께서 내게 주시는 자는 다 내게로 올 것이요 내게 오는 자는 내가 결코 내쫓지 아니하리라"요 6:37고 말씀하신다. 모든 선민, 즉 하나님께서 택하신 모든 사람은 아버지께서 아들에게 주시는 선물이고, 일단 그들이 주어지면 예수는 반드시 그들을 지키신다. 다음 몇 절로 이어지는 논리를 따라가 보면 37절 하반절이 그런 뜻임이 특히 분명해진다. 예수는 이렇게 말씀하신다. "내가 결코 내쫓지 아니하리라. 내가 하늘에서 내려온 것은 내 뜻을 행하려 함이 아니요 나를 보내신 이의 뜻을 행하려 함이니라. 나를 보내신 이의 뜻은 내게 주신 자 중에 내가 하나도 잃어버리지 아니하고 마지막 날에 다시 살리는 이것이니라."요 6:37-39

이렇듯 하나님은 구원의 과정에서 절대적 주권자이시므로, 그분의 백성은 아버지께서 아들에게 주시는 선물이고, 아들은 그들을 보호하여 마지막 날에 다시 살리신다(그분의 약속이다). 그럼에도 불구하고 이 특권을 입은 사람들은 로봇이 아니다. 다음 절에 그 사람들이 할 일이 나와 있다. "내 아버지의 뜻은 아들을 보고 믿는 자마다 영생을 얻는 이것이니 마지막 날에 내가 이를 다시 살리리라."^{요 6:40}

앞서 밝힌 명제는 둘 다 진리로 간주되며, 어느 한쪽도 다른 쪽을 축소시킬 수 없다.

빌립보서 2:12-13

바울은 예수 그리스도의 진귀한 모본을 강력하게 제시한 후에^{빌 2:6-11} 이렇게 썼다. "그러므로 나의 사랑하는 자들아, 너희가 나 있을 때뿐 아니라 더욱 지금 나 없을 때에도 항상 복종하여 두렵고 떨림으로 너희 구원을 이루라. 너희 안에서 행하시는 이는 하나님이시니 자기의 기쁘신 뜻을 위하여 너희에게 소원을 두고 행하게 하시나니."^{빌 2:12-13} 이 말씀의 의미에 대해서는 논쟁이 있으나 여기서 논쟁자들에게 대응할 마음은 없다. 다만 바울이 하지 않은 말에 주목하면, 얼핏 보기에도 그의 말뜻이 좀 더 분명해질 수 있다.

바울은 독자들에게 하나님의 몫은 이미 완료되어 이제 모든 게 그들에게 달렸으니 스스로 구원을 이루라고 하지 않았다. 반대로 하나님께서 다 하실 테니 그들은 손 하나 까딱하지 않고 있으면 된다고 말한 것은 더더욱 아니다. '손을 떼고 그분께 맡기라'든지, 그와 비슷한 구호를 외치지 않았다. 오히려 그는 그들에게 구원을 이루라고 말하면서, 그 이유는 바로 하나님이 그들 안에서, 곧 그들의 의지의 차원과 행동의 차원 둘 다에서 행하시기 때문이라고 했다("자기의 기쁘신 뜻을 위하여 너희에게 소원을 두고 행하게 하시나니").

이로써 두 명제가 진리로 간주될 뿐만 아니라, 하나님의 주권은 우리가 영적인 삶에 힘써야 할 동인의 역할을 한다. 그분의 주권은 그만큼 멀리까지 영향을 미쳐 우리의 의지와 행동을 두루 아우른다.

사도행전 18:9-10

하나님의 선택이 전도의 동인이 된다는 비슷한 논리가 사도행전 18장에서도 전개된다. 바울은 마게도냐를 거쳐 아가야로 남하하는 동안 모진 박해를 당한 탓에, 틀림없이 약간 낙심한 상태로 고린도에 도착했을 것이다. 그런데 밤에 주께서 환상 가운데 그에게 말씀하셨다. "두려워하지 말며 침묵하지 말고 말하라. 내가 너와 함께 있으매 어떤 사람도 너를 대적하여 해롭게 할 자가 없을 것이니 이는 이 성중에 내 백성이 많음이라."^{행 18:9-10} 많은 사람들이 회심하리라는 전망이 바울에게 힘과 인내를 더해 주었다. 하나님께서 뜻하신 선택이 그 전망을 보장했기에 그는 고린도에 정착하여 장기간 사역했다.

나는 까다로운 질문을 던지기 시작하던 성장기에 이런 논리를 처음으로 조금 이해했다. 나의 아버지는 캐나다의 퀘벡에서 교회를 개척했는데, 당시에는 열매가 거의 없었다. 그 시기에는 퀘벡에서 아주 크다는 불어권 복음주의 교회도 핵심 교인이 20-30명에 불과

했다. 아버지는 스무 명 남짓한 사람들에게 설교할 때가 많았다. 한번은 프랑스령 서아프리카에서 아주 효과적인 사역을 검증받은 미국인 몇이 퀘벡에 와서 상황을 둘러보았다. 그중 한둘은 용케도 이런 메시지를 은근히 흘렸다(물론 경박하게 입 밖으로 내지는 않았다). "당신들은 저리 비키시오. 어떻게 하는 건지 우리가 보여드리리다."

하지만 그 선교사들은 하나도 남지 않고 몇 달 내로 다 떠났다. 나는 그때 제법 나이가 들었으므로 아버지에게 왜 그들 중 남아서 도와주는 사람이 하나도 없느냐고 물었다. 아버지는 그들이 여태껏 열매가 많은 지역에서 섬겼기 때문에 이렇게 피폐해 보이는 곳에서 일할 엄두를 내지 못했다고 조용히 설명해 주었다. 내친 김에 나는 그럼 아버지는 왜 남아 있느냐고 물었다. 그는 왜 주님의 능력이 풍성하게 나타나는 다른 곳으로 갈 수 없을까? 왜 낙심할 일만 많고 열매는 거의 없는 곳에서 몸 바쳐 일하는 것일까? 아버지는 가만히 내게 속내를 털어놓았다. "내가 남아 있는 이유는 이곳에 하나님의 백성이 많다고 전심으로 믿기 때문이다."[2]

물론 아버지는 죽는 날까지 아무런 열매를 보지 못할 수도 있었다. 그러나 주님의 자비로 1972년부터 추수가 시작되었다. 복음주의 교회가 50개도 안 되던 기반에서 수백 개가 생겨났다. 메트로폴리탄 지역에서 대규모 전도 대회를 열어도 와서 복음을 들을 사람이 수백 명이 될까 말까 했는데, 수천 명이 참석하기 시작했다. 요지는 이 일로 바울이 사도행전 18:9-10에서 이해한 원리가 또 한 번 입증되었다는 것뿐이다. 하나님의 주권적 선택은 전도를 막기는커녕 오히려 힘써 일할 동인이 된다. 이번에도 앞선 명제는 둘 다 진리로 간주된다.

사도행전 4:23-30

이 말씀은 지금까지 간략히 논한 본문 중 가장 의미심장하다.

본문은 잡혀 갔다가 갓 풀려난 베드로와 요한이 "그 동료"[행 4:23] 즉 예루살렘에 사는 그리스도인들에게 자신들의 경험을 알리는 것으로 시작된다. 그들이 체포된 일은 앞으로 닥쳐올 더욱 심한 박해의 전조였다. 그런데 그들의 반응은 기도였다. 기도로 우선 하나님의 주권을 인정한다. "대주재여, 천지와 바다와 그 가운데 만물을 지은 이시요."[행 4:24] 그들은 하나님을 우주의 창조주로 고백할 뿐만 아니라, 그분께 거역하는 나라들까지도 다스리시는 그분의 지속적 주권을 시편을 인용하여 인정한다.[시 2:2] "세상의 군왕들이 나서며 관리들이 함께 모여 주와 그의 그리스도를 대적하도다."[행 4:26] 시편에 보면 하나님은 대적하는 그들 때문에 당황하지 않으신다. "하늘에 계신 이가 웃으심이여, 주께서 그들을 비웃으시리로다."[시 2:4]

예루살렘에서 기도하던 그리스도인들은 틀림없이 그 시의 문맥을 알았다. 그런데 그들은 시 전체를 인용하지 않는다. 세상의 왕들과 관리들이 함께 모여 하나님과 그분의 기름 부음 받으신 분을 대적한다고 말한 뒤 그들은 창조주를 대적한 가장 충격적인 사례를 떠올린다. "과연 헤롯과 본디오 빌라도는 이방인과 이스라엘 백성과 합세하여 하나님께서 기름 부으신 거룩한 종 예수를 거슬러"[행 4:27]

초대 그리스도인들은 시편 2편의 가장 비참한 성취가 바로 십자가의 사건임을 알았다. 정의를 왜곡하여 정치적 이득을 챙기려던 흉측한 음모는 다름 아닌 하나님 자신과 그분의 '기름 부음 받은 자' 곧 메시아를 대적한 음모였다.

그러나 이 그리스도인들의 기도는 거기서 끝나지 않는다. 신자들은 현실적으로 헤롯과 본디오 빌라도 등 이방인과 유대인의 여러 당국자들에게 책임을 돌린 뒤에 "(그들이) 하나님의 권능과 뜻대로 이루려고 예정하신 그것을 행하려고 이 성에 모였나이다"[행 4:28]라고 덧붙였다.

잠깐만 생각해 보아도 알 수 있듯이 다른 모든 해석은 기독교 신앙의 피륙을 망가뜨린다. 예수를 갈보리로 데려간 음모에 대해 하나님이 주권자가 아니었다고 생각해 보라. 그러면 결론적으로 십자가는 하나님이 뒤늦게 생각해 내신 일이 되지 않는가? 하나님의 의도는 사뭇 달랐는데, 이 반역자들 때문에 계획이 틀어지는 바람에 차선책을 쓰셨다고 보아야 하는가? 기껏 그 결과로 예수께서 십자가에서 대속의 죽음을 당하셨단 말인가? 이런 관점은 성경 전체에 어긋난다. 그렇다면 우리도 현대의 일부 신학자들처럼 다음과 같은 결론을 내려야 하는가? 초대 그리스도인들이 하나님을 주권자로—그 주권이 오죽 절대적이면 음모 세력이 한 일조차 그분의 "권능과 뜻대로 이루려고 예정하신 그것을 행"한 것뿐이라고—믿었으니, 당연히 음모 세력의 책임이 없다고 말이다. 하지만 이 또한 기독교를 망쳐 놓기는 마찬가지다. 예수께서 십자가를 지신 이유는 죄인들이 마땅히 당해야 할 형벌을 대신 치르시기 위해서였다. 그렇다면 죄인들에게 엄연히 도덕적 책임이 있다는 뜻이 된다. 그들은 엄연히 도덕적으로 유죄이며, 그래서 형벌이 선고되었다. 예수를 죽인 행위에 인간의 책임이 없다면 그들이 여타의 모든 행위에 책임져야 할 이유는 무엇인가? 게다가 그들에게 책임이 없다면 하나님이 그분의 그리스도를 보내 그들 대신 죽게 하셔야 할 이유는 무엇인가?

하나님은 절대적 주권자이시지만 그 주권이 인간의 책임과 의무를 축소하지는 않는다. 반대로 인간은 도덕적으로 책임을 지는 피조물이지만 그 사실 때문에 결코 하나님의 주권이 위태로워지지는 않는다. 갈보리에서 모든 그리스도인은 이 두 명제가 진리임을 시인해야만 한다. 그렇지 않으면 자신이 그리스도인이라는 고백이 무효가 된다.

하나님의 신비와 속성

이렇듯 성경은 그 두 가지 명제가 진리임을 자주 인정하거나 예시한다. 거기에 우리가 동의한다면 그다음에는 어디로 갈 것인가?

첫째, 두 명제를 대할 때 깊은 모순을 받아들이듯 해서는 안 된다. 물론 그 안에 신비가 있으므로, 정확히 어느 부분이 신비인지 탐색해야 할 것이다. 하지만 의미론에 신중을 기한다면 둘을 마치 상호 배타적인 진술인 듯 대치시키지 않을 수 있다. 기독교의 관심은 사람을 꾀어 허튼 모순을 믿게 하는 데 있지 않다. 기독교는 때로 신비에 호소하지만 허튼 소리에 호소하지는 않는다.

그렇다면 우리는 예컨대 자유의 개념에 주의해야 한다. 오늘날 많은 그리스도인들은 인간이 도덕적으로 책임을 지는 피조물일진대 선택, 믿음, 불순종 등의 자유가 있어야 한다고 생각한다. 하지만 '자유'란 무슨 뜻인가? 우리는 때로 잘 생각해 보지도 않고, 그런 자유에 하나님의 주권 바깥에서 행동할 수 있는 힘이 포함되어야 한다고 단정한다. 우리가 생각하는 자유에는 거역할 수 있는 절대적 힘, 즉 일체의 속박을 깨뜨리는 힘이 포함된다. 우리의 선택에 필연성이 없도록 말이다. 특정한 길을 택할 수밖에 없어 어차피 불가피한 결정을 내린다면 어찌 그것이 우리의 선택일 수 있겠는가? 그리고 참으로 우리의 선택이 아니라면 어찌 우리에게 도덕적 책임이 있다 하겠는가?

하지만 방금 훑어본 본문들은 그런 개념을 철저히 배격한다. 맨 마지막 예만 보더라도 그렇다. 헤롯과 본디오 빌라도와 나머지 모두는 함께 음모를 꾸몄다. 비록 하나님께서 그 권능과 뜻대로 이루려고 예정하신 그것을 행했지만, 그래도 자신들이 하고 싶은 대로 했다. 그래서 많은 신학자들은 결코 '자유'를 하나님의 뜻에 거역할 수 있는 절대적 힘과 연결시키지 않는다. 오히려 인간이 원하는 일이나 의지적 선택과 연결시킨다. 요셉의 형들은 자신들이 하고 싶은 대로 했다. 헤롯과 빌라도와 유대인의 관원들도 자신들이 하고 싶은 대로 했다. 앗수르 사람들도 자신들이 하고 싶은 대로 했다. 각 경우마다 막후에 하나님의 주권이 작용했다. 참여한 인간들은 초대 그리스도인들의 표현을 빌리자면, 하나님의 권능과 뜻대로 이루려고 예정하신 그것을 행했다. 하지만 그렇다고 면책되지는 않았다. 그들은 자신들이 하고 싶은 대로 했다.

이것을 거론함은 오직 다음 사실을 역설하기 위해서다. 즉 우리의 난해하고 신비로운 두 명제는 어이없게 여겨지다 못해 완전히 모순처럼 취급될 수 있다. 성경에서 비롯되지 않은 의문스러운 가정들과 정의들로부터 출발하면 그렇게 된다.

둘째, 하나님께서 배후에 계시는 방식이 선과 악의 경우에 똑같지 않음을 아는 것이 중요하다. 여기 우리가 피해야 할 두 가지 입장이 있다. 1)어떤 사람들은 하나님이 악의 배후에는 어떤 의미로도 계시지 않는다고 본다. 2)어떤 사람들은 하나님이 선과 악의 배후에 똑같은 방식으로 계신다고 생각한다.

첫 번째 생각에 따르면, 모든 악한 사건 등 우주의 어떤 일들은 완전히 하나님의 통제 밖에서 벌어진다. 이는 하나님과 그분의 주권적 통치 바깥에 다른 세력이 있어 그분께 도전한다는 뜻이다. 철학에서 이런 관점을 이원론이라 한다. 이런 우주에서는 선과 악 중 결국 어느 쪽이 이길지 확실히 알기 어렵다. 이미 충분히 많은 본문에서 보았듯이 성경은 절대로 이런 하나님관을 용인하지 않는다.

두 번째 관점의 주장에 따르면, 무엇이든 하나님께서 정하신 일만 일어나고 그분이 정하지 않으신 일은 하나도 일어나지 않는다. 선과 악이 둘 다 발생한다면, 하나님이 둘 다 정하셨기 때문이다. 하지만 그분이 선과 악의 배후에 똑같은 방식으로, 즉 **대칭적으로** 계신다면 그분은 도덕과 무관한 존재가 된다. 능력은 있으실지 몰라도 선하신 분은 아니다.

성경의 증언에 따르면 우리는 둘 중 어느 쪽의 입장도 받아들일 수 없다. 성경은 하나님이 주권자이시라고 역설한다. 그 주권이 워낙 절대적이라서 우주에서 벌어지는 어떤 일도 그분의 통제의 가장자리를 벗어날 수 없다. 동시에 성경은 하나님이 전적으로 선하시며, 선의 기준 자체라고 역설한다. 따라서 우리는 하나님이 선과 악의 배후에 계시는 방식이 똑같지 않다고 결론지을 수밖에 없다. 다시 말해서 그분은 선과 악의 배후에 **비대칭적으로** 계신다. 선의 배후에 계실 때는 그 선의 공로를 결국 그분 자신께로 돌리시고, 악의 배후에 계실 때는 악한 일의 책임을 반드시 부수적 행위자와 모든 악한 세력에게 물으신다. 그들은 그분의 지배권을 벗어날 수 없다. 사탄이 하나님의 허락 없이는 욥을 지배할 수 없었던 것과 똑같다. 그럼에도 하나님은 신비롭게 악 자체와 멀리 계신다.

"신비롭다"라는 것은 그분이 그렇게 하시는 방식이 신비롭기 때문이며, 그 이유도 아직 탐색의 제목으로 남아 있다. 사실 그분의 신비로운 통제 때문에 성경의 적잖은 저자들이 악의 문제로 씨름하며 고뇌했다. 욥기의 저자만이 아니라, 하박국과 일부 시편의 저자들과 다른 사람들도 그랬다.

셋째이자 가장 중요한 것은, 하나님의 주권과 인간의 책임에 관한 두 명제는 하나님의 속성과 직결된다는 점이다. 그분이 주권자이기만 하다면 우리는 다 기독교적 운명론자가 될 것이다. 인간과 신의 교류라든지 인간의 책임은 설 자리를 잃고 말 것이다. 반대로 그분이 인격적이기만 하다면—우리와 대화하고 우리에게 반응하여 묻고 답하시는 등—그분을 향한 인간의 책임은 이해하기 쉽겠지만, 그런 하나님이 어떻게 전능하고 초월적인 주권자인지는 더 이해하기 어려울 것이다.

놀라운 진리는 하나님이 초월적이면서도 인격적인 분이라는 것이다. 우선 그분은 초월자이시다. 우주가 창조되기 전부터 계셨으므로 시공을 초월하여 존재하신다. 가히 상상하기 힘든 그 높은 자리에서 그분은 자신의 손으로 지으신 만물을 주권적으로 다스리신다. 동시에 그분은 인격체이시다. 우리에게 모습을 드러내시는 그분은 무서운 힘이나 불가항력의 세력이 아니라 아버지요 주님이시다. 그분이 말씀하시고 명령하실 때 내가 순종하면 그분께 순종하는 것이고 불순종하면 그분께 불순종하는 것이다. 하나님과 나의 가장 의미 있는 관계는 그분이 자신을 인격체로 계시하신다는 사실에 온통 의존해 있다.

문제는 우리가 알고 있는 '인격성'이 사실상 전부 시공 속의 경험에서 비롯되었다는 점이다. 그래서 우리는 하나님이 어떻게 초월적인 동시에 인격적일 수 있는지 쉽게 상상할 수 없다. 성경에 밝혀진 그분의 그러한 속성을 똑똑히 보면서도 말이다.

따라서 서두에 밝힌 두 명제에 담겨 있는 신비가 무엇이든, 그것은 더도 말고 덜도 말고 하나님 자신의 신비다. 그리스도인들은 일정한 신비들을 받아들일 준비가 되어 있다. 우리는 성부도 하나님이고 성자도 하나님이고 성령도 하나님이시되 하나님은 오직 한 분이시라고 고백한다. 고금의 그리스도인 사상가들은 하나님을 삼위일체로 보는 이런 관점에 아무런 필연적 모순도 없음을 입증하고자 애썼다. 비록 거기에 거대한 신비가 개입되어 있을지라도 말이다. 여기서도 마찬가지다. 하나님은 초월적 주권자이신 동시에 인격적이신 분이다.

아마도 하나님께서 부수적 원인들을 지금처럼 다루실 수 있음은 그분이 시공 바깥에 계시기 때문일 것이다. 나로서는 모르는 일이다. 초월자 하나님께 시간이란 무엇일까? 그 역시 나는 모른다. 그분께 **예정**의 능력이 있어 사건을 **미리** 정하신다는 것만 성경을 통해 알 뿐이다. 하지만 이조차도 시간의 범주들이다. 내 생각에 그분이 우리와 제대로 소통하시려면, 은혜로 낮아지셔서 우리가 이해할 만한 범주들을 사용하셔야만 할 것이다. 하지만 하나님의 속성에 얽힌 모든 신비에도 불구하고 나는 그분이 인격적인 동시에 초월적인 존재임을 성경에 근거하여 안다. 그분은 절대적 주권으로 자신의 창조 질서를 지배하시지만, 나를 대하실 때는 지극히 인격적이시다. 때로는 그런 하나님을 이해하는 것보다 예배하는 것이 더 중요하다.

결론: 성경 속의 기도

이 모두는 기도와 무슨 관계가 있는가?

그 질문에 직접 답하기 전에 이상의 논의에서 반드시 도출해야 할 한 가지 중요한 교훈이 있다. 성경대로 하나님이 절대적 주권자이시고, 인간은 도덕적으로 책임을 지는 피조물이라 하자. 또 그분이 초월적이고도 인격적인 존재라 하자. 거기에 상당한 신비가 수반됨도 솔직히 인정하자. 그렇다면 이제 우리는 이렇게 자문해야 한다. 어떻게 하면 서로 쌍을 이루는 이런 보완적 진리들이 우리 삶 속에서 제 역할을 할 수 있을까? 거기에 그토록 신비가 많다면, 이 진리들을 활용할 때 우리가 신비를 부인한다든지, 또는 마땅히 알아야 할 다른 무엇과 모순되게 할 위험이 늘 있지 않은가?

답은 간단하지만 그 영향력은 깊다. 우리는 이런 보완적 진리들이 우리 삶 속에서 하는 역할이 성경 속 신자들의 삶 속에서 했던 역할과 똑같도록 최선을 다해야 한다.

예컨대 예정과 선택은 성경에서 어떤 역할을 하는가? 우리 삶 속에서는 어떤 역할을 해야 하는가? 성경에서 선택은 운명론을 부추기거나 전도의 열정을 꺼뜨리는 역할을 한 적이 없다. 오히려 그로 인해 은혜의 경이로움을 강조하는 역할이 되풀이된다.[요 6:68-70, 롬 9장] 그 밖에도 특히 하나님의 사람들에게 확실한 영적 열매를 보증하거나,[요 15:16] 전도 중에 인내하도록 격려하는 역할도 한다.[행 18:9-10]

믿고 순종하라는 한결같은 권면은 성경에서 어떤 역할을 하는가? 하나님을 본질상 자원이 떨어져 우리에게 기댈 수밖에 없는 존재로 그려 내는 역할은 한 적이 없다. 즉 그분을 철저히 의존적인 존재로 전락시키지 않는다. 오히려 이런 권면은 우리의 책임감을 고취시키고, 우리가 취해야 할 조치의 시급성을 강조하며, 그런 하나님께 유일하게 합당한 반응이 무엇인지 보여주는 역할을 한다.

반복되는 진리인 하나님의 주권적 섭리는 성경에서 어떤 역할을 하는가? 태평한 운명론을 정당화하는 역할은 한 적이 없다. 어차피 역부족이라는 이유로 도덕성을 내팽개치는 것도 허용하지 않는다. 성경에 강조된 하나님의 주권은 오히려 아주 다른 역할을 한다. 나에게 그것은 예컨대 다음 사실을 믿을 근거가 되어 준다. 범사가 하나님의 은혜로운 통제 안에 있으므로 결국 모든 것이 합력하여 그분의 사람들의 삶 속에 선을 이룬다는 사실이다.^{롬 8:28}

기도할 때도 똑같이 접근해야 한다. 기도와 관련된 성경 본문들에서 하나님의 주권은 어떤 역할을 하는가? 물론 기도를 못 하게 말리는 역할은 결코 아니다! 특정한 부류의 터무니없는 기도를 금할 수는 있다. 예컨대 예수는 제자들에게 이방인처럼 중언부언하지 말라고 하셨다. 그들은 말이 많아야 하나님께서 들으실 줄로 생각했다. "그러므로 그들을 본받지 말라. 구하기 전에 너희에게 있어야 할 것을 하나님 너희 아버지께서 아시느니라."^{마 6:8} 그러나 이 부정적 명령을 모든 인내하는 기도에 대한 일괄적 비판으로 해석해서는 안 된다. 동일하신 예수께서 다른 본문에는 그런 인내의 중요성을 강조하셨다.^{눅 11, 18장}

하나님의 주권은 그분의 뜻대로 기도하게 하는 직접적인 원인이 되기도 한다. 그래서 예수는 "아버지여, 때가 이르렀사오니 아들을 영화롭게 하사 아들로 아버지를 영화롭게 하게 하옵소서"^{요 17:1}라고 기도하신다. 이것은 중요하다. 요한복음에서 때란 예수께서 십자가를 통해 영광을 받고, 그리하여 창세 전부터 아버지와 함께 누리던 영화로 다시 돌아가도록 아버지께서 정하신 때다.요 12:23-24, 17:5 때가 이르렀다는 말은 아버지께서 정하신 그때가 왔다는 예수의 고백이다. 그런데 그때 그분은 "아버지의 뜻이 이루어지이다"라고만 기도하신 게 아니다. 때가 이르렀고 하늘 아버지께서 다 정해 놓으셨으니, 딱히 더 할 일이 없다는 식으로 침묵에 빠지신 것은 더더욱 아니다. 오히려 예수의 논리는 이와 같았다. "아버지여, 아버지께서 아들을 '영화롭게' 하시기로 정하신 때가 왔으니, 이제 아들을 영화롭게 하소서."

이런 논리는 전혀 이례적인 것이 아니다. 성경 속의 기도하는 사람들은 매번 하나님께서 행하시겠다고 이미 밝히신 내용에 맞추어 기도한다. 다니엘 9장에 놀라운 예가 나온다. 다니엘은 "여호와께서 말씀으로 선지자 예레미야에게 알려 주신" 대로 70년의 포로 생활이 끝나 가고 있음을 성경을 통해 알았다.단 9:2 운명론자라면 어서 70년이 다 차서 약속대로 해방되기만을 두 손 놓고 고대했을 것이다. 하지만 다니엘은 달랐다! 그는 하나님이 로봇이 아니며, 우리의 명령을 받고 램프에서 튀어나오는 마법의 요정은 더더욱 아님을 아주 잘 알았다. 그분은 주권자이실 뿐 아니라 또한 인격체이시며, 인격체이기에 자유로운 분이시다.[3] 그래서 다니엘은 그 인격적인 하나님을 부르며 자신의 죄와 자기 백성의 죄를 자백한다. "내가 금식하며 베옷을 입고 재를 덮어쓰고 주 하나님께 기도하며 간구하기를 결심하고."^단9:3 다시 말해서 다니엘은 인격적이고 주권적인 하나님의 약속을 알았고, 바로 그렇기 때문에 성경에서 배운 하나님의 뜻대로 기도할 의무를 느꼈다. 다니엘 9장의 나머지 본문에는 대부분 그의 기도가 적혀 있다. 그가 하나님께 상기시키듯 비록 자신과 이스라엘 자손은 죄를 지었으나 그분은 "언약을 지키시고 그에게 인자를 베푸시는 이"^단9:4시며, 그분께 "긍휼과 용서하심이 있사오니 이는 우리가 주께 패역하였음"^단9:9이라고 고백한다. 그는 또 "주를 위하여 주의 얼굴빛을 주의 황폐한 성소에 비추시옵소서… 주여, 들으소서. 주여, 용서하소서. 주여, 귀를 기울이시고 행하소서. 지체하지 마옵소서. 나의 하나님이여, 주 자신을 위하여 하시옵소서. 이는 주의 성과 주의 백성이 주의 이름으로 일컫는바 됨이니이다"^단9:17,19라고 기도한다. 요컨대 다니엘은 하나님께 그분 자신의 온전한 이름과 신성한 언약, 그분 자신의 긍휼과 용서의 명성을 지키실 것을 호소한다.

그렇게 포로 생활은 막을 내린다.

하나님의 주권과 인격성이 서로 융합된 가장 놀랄 만한 예는 아마 그분이 뜻을 돌이키셨다고 쓰여 있는 본문들일 것이다. 모세가 시내 산에서 율법의 돌판을 받는 동안 이스라엘 자손은 금송아지를 만들어 놓고 한심한 우상 숭배에 빠졌다. 하나님은 격노하셨다. "내가 이 백성을 보니 목이 뻣뻣한 백성이로다. 그런즉 내가 하는 대로 두라. 내가 그들에게 진노하여 그들을 진멸하고 너를 큰 나라가 되게 하리라."^출32:9-10

하지만 모세는 결코 '하나님이 하시는 대로 두지' 않았다. 그는 놀랍도록 논리적인 중보기도를 통해 주권자이자 지극히 인격적인 신에게 호소한다. 그는 하나님께서 만약 이번 계획대로 그들을 진멸하신다면, 이집트 백성이 이스라엘의 신이 악하여 자기 백성을 멸하려고 광야로 꾀어 들였다며 비웃을 것이라고 주장한다. 동시에 모세는 하나님께 그분 자신의 주권적 약속을 상기시킨다. "주의 종 아브라함과 이삭과 이스라엘을 기억하소서. 주께서 그들을 위하여 (가리켜 맹세할 자기보다 더 큰 이가 없으므로) 주를 가리켜 맹세하여 이르시기를 내가 너희의 자손을 하늘의 별처럼 많게 하고 내가 허락한 이 온 땅을 너희의 자손에게 주어 영원한 기업이 되게 하리라 하셨나이다."출 32:13 다시 말해서 하나님이 자기 백성을 진멸하신다면 자신의 약속을 어기시는 게 아닌가? 신실하신 하나님이 어떻게 그러실 수 있는가? 모세가 보기에 이 논지의 귀결은 경건한 운명론―하나님의 약속대로 다 잘되겠거니 믿는 것―이 아니라 중보기도였다. 그래서 그는 "주의 맹렬한 노를 그치시고 뜻을 돌이키사 주의 백성에게 이 화를 내리지 마옵소서"출 32:12라고까지 간청한다. 그리고 결국 "여호와께서 뜻을 돌이키사 말씀하신 화를 그 백성에게 내리지 아니하"신다.출 32:14

본문을 가볍게만 읽는 사람은 이렇게 말할 수 있다. "그것 봐라. 하나님도 생각이 변하신다. 그분의 목적은 한결같거나 주권적이지 않다. 기도가 변화를 낳음은 하나님의 뜻이 바뀌기 때문이다."

그러나 이는 조급하고도 편파적인 결론이다. 한편으로 만일 하나님께서 이스라엘 자손을 진멸하려는 뜻을 돌이키지 않으신다면, 아브라함과 이삭과 야곱에게 주신 견고한 약속은 역설적이게도 그분의 변덕으로 무산된다. 다른 한편으로 하나님께서 족장들에게 주신 약속에 충실하시려면, 모세의 말대로 이스라엘 백성을 진멸하시면 안 된다. 따라서 그분은 이스라엘을 향해 선고하신 심판을 돌이키셔야만 한다. 모세의 기도는 바로 그 점에 의거하고 있다.

뜻을 돌이키시는 하나님에 대해 더 깊은 통찰을 얻으려면, 그분의 참선지자인 아모스의 기도와 기도하지 않는 거짓 선지자들을 비교해 보면 된다. 아모스는 자기 백성을 향한 하나님의 심판이 임박했음을 알고는 그들을 위해 간절히 중보한다. "내가 이르되 주 여호와여, 청하건대 사하소서. 야곱이 미약하오니 어떻게 서리이까 하매."암7:2 그리고 그 기도가 응답되어 "여호와께서 이에 대하여 뜻을 돌이키셨"다는 말이 두 번이나 나온다.암7:3,6 반면에 하나님께서 이스라엘의 거짓 선지자들을 호되게 책망하신 이유는 바로 그들이 백성을 위해 중보하지 않았기 때문이다. "너희 선지자들이 성 무너진 곳에 올라가지도 아니하였으며(백성을 위해 하나님께 중보하지 않았다는 뜻의 관용구) 이스라엘 족속을 위하여 여호와의 날에 전쟁에서 견디게 하려고 성벽을 수축하지도 아니하였느니라."겔13:5 이처럼 하나님께 진지하게 중보하는 사람이 아무도 없었다. "이 땅을 위하여 성을 쌓으며 성 무너진 데를 막아서서 나로 하여금 멸하지 못하게 할 사람을 내가 그 가운데에서 찾다가 찾지 못하였으므로 내가 내 분노를 그들 위에 쏟으며 내 진노의 불로 멸하여 그들 행위대로 그들

머리에 보응하였느니라. 주 여호와의 말씀이니라."겔 22:30-31

　이런 본문들의 특별한 요점을 놓쳐서는 안 된다. 하나님은 우리의 간청을 바라시며, 경건한 신자들이 그분께 중보하기를 기대하신다. 중보기도는 그분이 뜻을 돌이키기 위해 그분께서 정하신 수단이다. 우리가 기도하지 않으면 그분은 그 뜻을 돌이키지 않고 진노를 쏟으신다. 모세의 삶에 벌어진 일도 그와 비슷하다. 결국 모세가 기도를 잘한 셈인데, 이는 하나님께서 족장들에게 주신 자신의 언약을 하마터면 어기실 뻔하셨다든지, 또는 잠시 자제력을 잃었다가 모세 덕분에 겨우 정신을 차리셨다는 의미가 아니다. 그보다 하나님의 자비로 모세는 그분께서 친히 정하신 중보기도라는 수단을 통해 그분이 자신의 뜻을 돌이키시게 했다. 그렇게 뜻을 돌이키심으로써, 그분은 아브라함과 이삭과 야곱에게 주신 언약을 은혜로 확증하셨을 뿐이다.

　정말 놀라운 진리는 모세와 당신과 나 같은 인간들이 하나님께서 정하신 수단을 통해 그분의 목적을 이루는 일에 동참할 수 있다는 사실이다. 이런 제한적 의미에서 기도는 정말 변화를 낳는다. 기도가 무슨 절대적인 방식으로 변화를 낳는다고 생각해서는 안 된다. 기도는 하나님의 허를 찌른다든지, 그분을 위협하여 생각지도 못하셨던 일을 하게 만드는 것이 결코 아니다.

　물론 우리는 하나님의 속성이라는 근본적 신비의 주변을 맴돈다. 하나님은 우리에게 인격적 존재로 다가오신다. 그래서 우리는 그분께 기도하고 의견을 아뢰고 논리를 전개하고 중보할 수 있다. 동시에 그분은 주권적 하나님이셔서 우리 안에서—특히 기도를 통해—행하시되 "자기의 기쁘신 뜻을 위하여 너희에게 소원을 두고 행하게" 하신다.[빌 2:13] 그분의 주권과 인격성은 서로를 침해하지 않는다. 그분은 언제나 철저히 주권자이시며, 또한 철저히 인격체이시다.

악인들과 비신자들은 하나님의 주권을 빙자하여 기도의 무용론과 우주의 결정론을 내세운다. 반대로 하나님을 인격체로 묘사한 본문들(뜻을 돌이키신다는 말까지 포함하여)을 그들은 그분이 나약하고 변덕스럽고 무능하다는 뜻으로 해석하여, 역시 기도가 허사라는 결론을 내린다. 그러나 성도들은 확신하거니와 하나님의 주권과 인격성을 제대로 이해하면, 이는 둘 다 기도에 더욱 힘쓸 이유이지 기도를 저버릴 이유가 아니다. 주권자 하나님께 기도할 가치가 있음은 그분이 자유로이 자신의 뜻대로 행하실 수 있기 때문이다. 인격적인 하나님께 기도할 가치가 있음은 그분이 무조건 엄하고 냉혹한 운명에 따르시는 게 아니라, 자신의 사람들을 위해 들으시고 응답하시고 행동하시기 때문이다.

또 하나 기억하면 도움이 될 것이 있다. 우리가 드리는 기도 자체도 하나님의 주권을 벗어날 수 없다는 사실이다. 내가 바르게 기도한다면, 이는 하나님께서 은혜로 내 안에서 나를 통해 그분의 목적을 이루고 계신 것이다. 내가 하는 기도이지만, 동시에 하나님께서 성령을 통해 내 안에 강력하게 역사하신 열매이기도 하다. 하나님께서 정하신 이 수단을 통해 우리는 하나님께서 정하신 목적을 이루는 도구가 된다. 그렇다고 내가 기도하지 않는다 해서 하나님께서 정하신 목적이 무산되어 그분이 낭패를 보는 것은 아니다. 대신 그럴 때는 상황이 완전히 달라진다. 기도하지 않는 것은 전적으로 내 책임이면서, 동시에 하나님의 주권적 영역에서 벗어날 수 없다. 따라서 이 경우 하나님께서 정하신 또 다른 목적들이 적용된다는 결론이 불가피하다. 그 목적들에는 나를 향한 심판, 내가 마땅히 중보했어야 할 사람들을 향한 심판이 포함될 수도 있다!⁴

요컨대 우리는 하나님의 속성인 보완적 측면이 우리 삶 속에서 하는 역할과 성경에 나오는 그분의 종들의 삶 속에서 했던 역할이 동일하도록 힘써야 한다. 비록 하나님의 속성이 여러모로 우리에게 깊은 신비일지라도 그들을 따른다면 크게 잘못될 일은 없다. 또한 그리하면 우리가 왜 기도해야 하는지, 뭐라고 기도해야 하는지, 어떻게 간구해야 하는지 등의 기도법을 더 잘 알게 된다. 더불어 성경에 강조된 하나님의 주권과 인격성이 우리 삶 속에서 제 역할을 하면, 그것이 기도의 강력한 동인이자 하나님께 나아가는 지침이 될 것이다.

복습과 묵상을 위한 질문

1. 기도를 성경적으로 생각하기 위해 반드시 공존해야 할 두 가지 진리는 무엇인가? 이 진리들은 어떻게 하나님의 속성 자체와 맞물려 있는가?

2. 이 두 진리가 공존하는 방식에는 상당한 신비가 개입되는데, 그렇다면 어떻게 그것들이 부단한 왜곡 없이 우리 삶 속에서 제 역할을 할 수 있겠는가? 몇 가지 예를 들어 보라. 다니엘 9장의 기도에 나타난 다니엘의 논리에 대해서도 간략하게 설명해 보라.

3. 창세기 50:19-20, 이사야 10:5-19, 사도행전 4:23-30, 빌립보서 2:12-13 등의 본문 중에서 하나를 골라 다른 사람에게 설명해 보라.

4. 기도는 변화를 낳는가?

10.

주권자 하나님께 드리는 기도
Praying to the Sovereign God

| 에베소서 1:15-23 |

에베소 교인들을 위한 바울의 기도

³찬송하리로다 하나님 곧 우리 주 예수 그리스도의 아버지께서 그리스도 안에서 하늘에 속한 모든 신령한 복을 우리에게 주시되 ⁴곧 창세 전에 그리스도 안에서 우리를 택하사 우리로 사랑 안에서 그 앞에 거룩하고 흠이 없게 하시려고 ⁵그 기쁘신 뜻대로 우리를 예정하사 예수 그리스도로 말미암아 자기의 아들들이 되게 하셨으니 ⁶이는 그가 사랑하시는 자 안에서 우리에게 거저 주시는 바 그의 은혜의 영광을 찬송하게 하려는 것이라. ⁷우리는 그리스도 안에서 그의 은혜의 풍성함을 따라 그의 피로 말미암아 속량 곧 죄 사함을 받았느니라. ⁸이는 그가 모든 지혜와 총명을 우리에게 넘치게 하사 ⁹그 뜻의 비밀을 우리에게 알리신 것이요 그의 기뻐하심을 따라 그리스도 안에서 때가 찬 경륜을 위하여 예정하신 것이니 ¹⁰하늘에 있는 것이나 땅에 있는 것이 다 그리스도 안에서 통일되게 하려 하심이라.

¹¹모든 일을 그의 뜻의 결정대로 일하시는 이의 계획을 따라 우리가 예정을 입어 그 안에서 기업이 되었으니 ¹²이는 우리가 그리스도 안에서 전부터 바라던 그의 영광의 찬송이 되게 하려 하심이라. ¹³그 안에서 너희도 진리의 말씀 곧 너희의 구원의 복음을 듣고 그 안에서 또한 믿어 약속의 성령으로 인 치심을 받았으니 ¹⁴이는 우리 기업의 보증이 되사 그 얻으신 것을 속량하시고 그의 영광을 찬송하게 하려 하심이라.

¹⁵이로 말미암아 주 예수 안에서 너희 믿음과 모든 성도를 향한 사랑을 나도 듣고 ¹⁶내가 기도할 때에 기억하며 너희로 말미암아 감사하기를 그치지 아니하고 ¹⁷우리 주 예수 그리스도의 하나님, 영광의 아버지께서 지혜와 계시의 영을 너희에게 주사 하나님을 알게 하시고 ¹⁸너희 마음의 눈을 밝히사 그의 부르심의 소망이 무엇이며 성도 안에서 그 기업의 영광의 풍성함이 무엇이며 ¹⁹그의 힘의 위력으로 역사하심을 따라 믿는 우리에게 베푸신 능력의 지극히 크심이 어떠한 것을 너희로 알게 하시기를 구하노라. ²⁰그의 능력이 그리스도 안에서 역사하사 죽은 자들 가운데서 다시 살리시고 하늘에서 자기의 오른편에 앉히사 ²¹모든 통치와 권세와 능력과 주권과 이 세상뿐 아니라 오는 세상에 일컫는 모든 이름 위에 뛰어나게 하시고 ²²또 만물을 그의 발아래에 복종하게 하시고 그를 만물 위에 교회의 머리로 삼으셨느니라. ²³교회는 그의 몸이니 만물 안에서 만물을 충만하게 하시는 이의 충만함이니라.

— 에베소서 1:3-23

바울은 다른 데서도 자주 그러듯이 기도의 내용[엡 1:15-23]을 하나님께 드리는 찬송[엡 1:3-14]과 연결시킨다. 에베소서 서두에 그 연결 고리가 나온다. "이로 말미암아… 내가 기도할 때에 기억하며 너희로 말미암아 감사하기를 그치지 아니하고."[엡 1:15-16] 여기서 "이로 말미암아"라는 말은 그 앞 절까지의 사고의 흐름을 가리킨다. 앞에서 바울은 "그리스도 안에서 하늘에 속한 모든 신령한 복을 우리에게 주"신 하나님을 찬송했다.[엡 1:3] 이 복의 지고한 증거는 충격적이다. "곧 창세 전에 그리스도 안에서 우리를 택하사 우리로… 그 앞에 거룩하고 흠이 없게 하시려고."[엡 1:4] 이는 주권적 변덕이 아니라 주권적 사랑의 행위였다. "사랑 안에서… 그 기쁘신 뜻대로 우리를 예정하사 예수 그리스도로 말미암아 자기의 아들들이 되게 하셨으니."[엡 1:4-5]

그 복은 조금도 우리의 내재적 선이나 가치 때문에 주어진 것이 아니다. 모든 복은 "그가 사랑하시는 자 안에서 우리에게 거저 주시는 바 그의 은혜의 영광을 찬송하게 하려는 것"이다.[엡 1:6] 예수를 언급한 김에 바울은 그분이 아버지의 명을 따라 이루신 일을 좀 더 이야기한다.엡 1:7-10 그러고 나서 자신의 핵심 주제로 돌아간다. "모든 일을 그의 뜻의 결정대로 일하시는 이의 계획을 따라 우리가 예정을 입어 그 안에서 기업이 되었으니."엡 1:11 이는 우리도 "그의 영광의 찬송이 되게 하려 하심"이다.엡 1:12 그리고 사도는 자신이 말한 "우리"에 독자들도 포함되어 있다며 그들을 안심시킨다. "그 안에서 너희도 진리의 말씀 곧 너희의 구원의 복음을 듣고."엡 1:13 또한 "약속의 성령"이라는 놀라운 선물을 포함하여 하나님의 모든 복이 "그 얻으신 것" 즉 우리에게 주어졌으며, 이 모두는 "그의 영광을 찬송하게 하려 하심"이라고 덧붙인다.엡 1:13-14

바울은 이로(이런 이유로) 말미암아 자신이 기도한다고 말한다. 어떤 이유인가? 일각에서는 바울이 독자들을 위해 기도하기로 마음먹은 것이 그들의 믿음을 들었기 때문일 뿐이라고 해석한다. 하지만 이는 3-14절 중 작은 한 부분으로 초점을 너무 좁혀 해석한 것이다. 게다가 15절에 바울이 독자들의 믿음을 들었다는 말이 나오지만, 그것이 바울이 이하의 내용으로 기도하는 이유로서 제시되지는 않는다. "이로 말미암아"라는 말은 3-14절 전체나, 더 구체적으로는 그 부분에 반복되는 핵심 주제들을 가리킬 소지가 훨씬 높다. 바울은 깊이 예배하는 마음으로 하나님의 주권과 특히 구속救贖을 개괄한다. 그분의 주권은 그분의 은혜의 닻이자, 그분의 백성이 누리는 복의 근원이다. 바울의 구체적인 기도 제목들은 그런 것들을 생각하다가 나왔다. 하나님께서 이미 주권적으로 이루신 일이 곧 그가 기도할 구체적인 이유가 된 것이다. 다시 말해 바울은 그분의 목적에 맞추어 기도한 것이다.

요컨대 이번 장에서 살펴볼 바울의 기도는 하나님의 주권 아래서 기도하는 법을 보여주는 본보기다. 그가 보고하는 기도에는 특히 하나님의 주권에 관한 세 가지 측면이 강조되고 있다.

1. 하나님께서 주권자이시기에 바울은 독자들의 삶에 개입하시는 그분의 주권적 은혜로 인해 감사한다. 엡1:15-16

"주 예수 안에서(주 예수를 믿는) 너희 믿음과 모든 성도를 향한 사랑"엡1:15에 관해 들은 바울[1]은 성도들의 회심과 변화 속에서 인간의 삶에 은혜로 개입하시는 주권자 하나님의 놀라운 사례를 목도한다. 그들의 "믿음"(여기서는 신뢰와 충절이 다 포함된 의미일 것이다)은 주 예수를 믿는 확실한 믿음이었다. 그들의 성품도 변화되었는데, 이는 신비롭거나 얄팍하거나 단지 감상적으로 사유화된 것이 아니라 공적인 영역에서 "모든 성도를 향한 사랑"으로 풍성하게 나타났다. 바울은 그들의 이런 믿음과 사랑에 관해 듣고 감사하며 기도했다.

그럼에도 "이로 말미암아"라는 말은 바울의 기도를 그가 들은 믿음과 사랑 자체와 연결시키기보다는 하나님이 주권적으로 그들 안에 행하신 일(물론 그것이 믿음과 사랑으로 예시되었다)과 더 극적으로 연결시킨다. 하나님께서 그들 안에서 역사하셨기 때문에 바울은 그분께 감사하기를 그치지 않는다. 오직 주권자 하나님만이 은혜로 그런 변화를 계속 낳으실 수 있기에, 그 선한 일을 지속하시도록 바로 그분께 간구해야만 하는 것이다. 그래서 바울은 (독자들에게 말했듯이) 전심을 다해 "기도할 때에 (너희를) 기억"했다. 요컨대 하나님께서 주권자이시기에 바울은 독자들의 삶에 개입하시는 그분의 주권적 은혜로 인해 감사한다.

여기에 깔려 있는 전제는 명백하다. 하나님께서 강력하게 역사하여 변화시켜 주지 않으셨다면, 그들은 결코 회심하지 못했을 것이다. 지금 그들의 삶에 풍성히 드러나는 신뢰와 충절과 사랑도 하나님이 아니었다면 어림도 없었을 것이다. 그러므로 그들을 특징짓는 기독교적 덕목이 무엇이든 간에 그것은 하나님을 진심으로 찬송할 이유가 된다.

이는 우리 그리스도인들이 다 아는 사실이다. 때로는 그것이 다른 방식보다 노래로 더 잘 표현된다. 그중 내가 즐겨 부르는 작자 미상의 찬송이 있다.

주를 찾다가 문득 깨달았네
날 감화하여 주 찾게 하심을
내가 주를 찾음이 아니라
참구주가 나를 찾으셨네

주 손 내밀어 내 손 잡으시니
풍랑 위 걸어도 빠지지 않네
내가 주를 붙듦이 아니라

사랑의 주 나를 붙드셨네

나 이제 주를 찾아 동행함은
다 주께 답하는 사랑의 고백
처음부터 내 곁에 계신 주
항상 나를 사랑해 주시네

삶 속에서 말없이 역사하시는 능력의 하나님을 볼 때 우리는 그분께 감사한다. 마찬가지로 다른 사람들 속에 그분이 역사하셨다는 말을 들을 때도 그분께 감사한다. 다른 도시나 나라에서 상당수의 사람들이 복음을 통해 진정으로 변화되었다는 소식을 접할 때 우리는 그들을 찾아가 그리스도인이 되어 준 그들에게 감사할 생각을 하는 게 아니라, 그들 안에서 역사하여 그들을 그리스도인이 되게 하신 하나님께 감사한다. 바울도 지금 그 일을 하고 있다.

그러므로 바울의 기도를 본받으려면 우리도 복음의 진척을 알리는 소식에 주목해야 한다. 가까운 반경 내에서만 아니라 가 본 적이 없는 곳들에 대해서도 마찬가지다. 선교 기관의 소식지를 구독할 수도 있고, 해외에서 사역하는 사람의 기도 편지를 받을 수도 있고, 기독교 잡지에 실리는 보도를 훑어볼 수도 있다. 누군가 하나님의 은혜로 그리스도인이 되었다는 믿을 만한 소식을 접할 때면, 우리도 바울처럼 반응하는 법을 배울 수 있다. 그들의 삶에 주권적으로 개입하여 그런 복된 결과를 이루신 하나님께 즉시 찬양과 감사를 드리는 것이다.

죄인 하나가 회개하면 하늘의 천사들도 기뻐한다 했으니 똑같은 소식 앞에서 하나님의 사람들도 감사해야 한다는 말이 그리 과해 보이지는 않는다.

하나님께 그런 감사를 마지막으로 언제 드렸는가? 그리스도를 믿기 시작한 사람들의 소식을 듣고도 하나님께 감사를 표현하지 않는다는 게 있을 법한 일인가?

2. 하나님께서 주권자이시기에 바울은 성도들을 구원하신 하나님의 거룩하고 주권적인 목적이 이루어지기를 위해 중보한다. 엡 1:17-19

다니엘이 포로 생활의 종식을 위해 기도한 것은 하나님께서 그날을 약속하셨기 때문이다. 마찬가지로 그리스도인들이 하나님을 더 잘 알게 해달라고 바울이 기도한 것도 그분이 그 은혜의 영광을 지금부터 영원까지 성도들에게 알리실 뜻을 밝히셨기 때문이다. 그리스도인들이 "아멘, 주 예수여, 오시옵소서"라고 부르짖는 것은 예수께서 재림을 약속하셨기 때문이다. 마찬가지로 우리는 사람들 안에 은혜롭고 주권적인 목적을 행하기 시작하신 하나님께서 그것을 끝까지 이루시기를 위해 기도한다. 이는 하나님께서 그리스도 안에서 우리를 택하셨기 때문이고,엡 1:4 사랑 안에서 우리를 예정하여 예수 그리스도로 말미암아 자녀로 입양하셨기 때문이며,엡 1:4-5 풍성한 은혜를 우리에게 넘치도록 부어 주셨기 때문이다.엡 1:7-8 요컨대 그런 이유로 우리도 바울처럼 기도해야 한다. 우리 삶 속에 임하는 하나님의 주권적 은혜는 기도를 위축시키는 것이 아니라 오히려 기도의 동인이 되어야 한다. 바울의 경우처럼 말이다. "이로 말미암아… 내가 기도할 때에… 우리 주 예수 그리스도의 하나님, 영광의 아버지께서…".^{엡 1:15-17}

그렇다면 바울의 기도 제목은 정확히 무엇인가?

바울은 에베소 교인들이 하나님을 더 잘 알도록 기도한다. 본문에 그렇게 나와 있다. 수많은 간구 중에서 바로 그것이 기도 목록의 첫 번째를 차지한다. "우리 주 예수 그리스도의 하나님, 영광의 아버지께서 지혜와 계시의 영을 너희에게 주사 하나님을 알게 하시고."^{엡 1:17}

하나님을 충분히 잘 알고 있다고 느끼는가? 생각이 있는 그리스도인치고 이런 질문에 그렇다고 답할 사람은 분명히 없을 것이다. 사실 우리는 하나님을 알수록 더 잘 알고 싶어진다.

하나님을 아는 지식은 어떻게 자라 갈까? 기도로 하나님께 나아가야 한다. 지혜와 계시의 영을 주셔서 그분을 더 잘 알게 해달라고 간구해야 한다.

이 구절의 두 가지 세부 사항을 올바로 이해하면, 바울의 의중을 명확히 아는 데 큰 도움이 된다. 첫째로, 하나님께 뭔가를 구할 때 바울은 대개 그 요청과 관계된 어휘로 하나님을 부르거나 묘사한다. 예컨대 로마서 15:4에 그는 이전의 성경이 기록된 목적이 우리를 가르쳐서 "우리로 하여금 인내로 또는 성경의 위로로 소망을 가지게 함"이라고 했다. 그러고는 바로 이어서 "인내와 위로의 하나님이 너희로 그리스도 예수를 본받아 서로 뜻이 같게 하여 주"시도록 기도한다.㈜ 15:5 분명히 바울은 그리스도인들이 서로 연합하려면 성경에 기록된 인내와 위로가 필요하다고 보았다. 그래서 기도할 때 하나님을 그런 식으로 수식했다.

여기서도 그와 비슷하다. 바울이 불러 기도하는 대상은 "우리 주 예수 그리스도의 하나님"이고 "영광의 아버지"시다. 첫 번째 표현은 우리가 기도하는 대상이 궁극적으로 그의 아들, 곧 우리 주 예수 그리스도를 통해 스스로를 계시하셨다는 사실을 상기시킨다. 하나님의 모든 복은 그 아들을 통해 전달된다. 나아가 그 아들은 하나님의 새 언약의 모든 복을 이미 우리의 것으로 확보하셨다. 그러므로 예수의 이름으로 기도하거나 하나님을 예수 그리스도의 아버지로 부른다는 것은, 곧 하나님의 기도 응답의 근거가 예수이심을 인정한다는 뜻이다.

두 번째 표현인 "영광의 아버지"는 아버지가 영광을 자식처럼 낳았다는 뜻이 아니다. 그보다 '영광스러운 아버지'로 이해하면 거의 정확하다. 그런데 영광은 대개 하나님의 통치와 연결되고, 또 그분의 은혜로운 자기 계시와 연결된다. 그래서 아브라함이 아직 메소포타미아에 있을 때 영광의 하나님이 그에게 나타나셨다.㈜ 7:2 더불어 모세는 전능자 하나님을 더 알고 싶어 그분의 영광을 보여달라고 간구했고, 그러자 하나님은 영광의 뒷모습이나마 그에게 보여주셨다.㈜ 33:18-23 예수는 통치하시는 아버지께로, 즉 창세 전부터 아버지와 함께 누리시던 영광으로 돌아가기를 원하셨다.㈜ 17:5 그분이 이 땅에서 하신 일도 다 하나님의 영광을 드러내는 일이었고, 그 절정이 곧 십자가였다.^요 1:14, 2:11, 12:27-28^ 영광은 그리스도인의 최종 목적지이며, 이미 우리는 "(주)와 같은 형상으로 변화하여 영광에서 영광에 이르"는 중이다.^고후 3:18^ 그래서 바울이 영광의 아버지께 기도했다는 것은 곧 하나님의 통치의 정당성을 고백하고, 그분의 은혜로운 자기 계시에 감사를 표현하며, 아버지의 통치를 그리스도인의 궁극적 소망으로 천명했다는 뜻이다.

이제 간구의 내용을 다시 보라. 위의 하나님에 관한 두 가지 묘사가 바울의 간구와 어떻게 맞물리는지 똑똑히 보일 것이다. 그는 하나님이 독자들에게 지혜와 계시의 영을 주셔서 그분을 더 잘 알게 해달라고 기도한다. 이런 기도에 응답하실 하나님은 어떤 분인가? 바로 우리 주 예수 그리스도의 하나님이요 아버지시다. 하나님의 모든 복이 그리스도의 사역을 통해 우리의 것이 되었기 때문이다. 아울러 우리가 하나님과 관계를 맺은 것도 그리스도를 통해서이고, 택함을 받은 것도 그리스도 안에서다.^엡 1:4^ 하나님께서 "그 뜻의 비밀을 우리에게 알리신 것이요 그의 기뻐하심을 따라 그리스도 안에서 때가 찬 경륜을 위하여 예정하신 것"이다.^엡 1:9^ 나아가 영광으로 통치하시는 하나님께서 은혜로 우리에게 자신의 영광을 더 계시해 주지 않으시는 한 어떻게 우리 힘으로 그분을 더 잘 알겠으며, 그분의 영광에 들어갈 날을 위해 준비하겠는가?

둘째로, 바울은 단순히 하나님을 더 잘 알게 해달라고 기도하는 것이 아니라, 이를 위해 하나님께서 우리에게 지혜와 계시의 영을 주시도록 기도한다. 여기에 바라는 목표와 정해진 수단이 있다. 우리에게 필요한 것은 성령을 통해 전달되는 지혜와 계시다. 이는 그저 조직신학 책을 읽고 파악하는 진리 체계가 아니다. (그런 독서도 큰 유익이 될 수 있지만 말이다!) 우리는 지혜—여기서는 하나님의 우주에서 그분께 기쁨이 되게 사는 법을 의미한다—와 계시에서 자라 가야 한다.

오늘날 어떤 사람들은 계시의 영을 구하는 바울의 기도에 다음과 같이 불안감을 느낀다. 계시는 예수 그리스도 안에서 절정에 이르지 않았던가? 이런 식으로 말하면 정경正經 바깥에서 계시를 찾도록 오도할 소지가 있지 않은가?

사실 요즘에는 계시revelation와 조명illumination을 구분하는 그리스도인들이 많이 있다. 후자는 비표준적 경험에 해당하는 말로, 개인의 마음속에 깨달음이 있어 하나님의 진리와 주장과 가치와 규범을 흡수하고 받아들인다는 의미다. 하지만 바울은 "계시"라는 말을 둘 다의 개념으로 썼다. 그중 어떤 의미로 사용했는지는 문맥을 살펴보면 충분히 분명해진다. 예컨대 빌립보서에 바울은 "그러므로 누구든지 우리 온전히 이룬 자들은 이렇게 생각할지니 만일 어떤 일에 너희가 달리 생각하면 하나님이 이것도 너희에게 나타내시리라(직역하면 계시하시리라)"빌 3:15고 썼다. 여기서도 마찬가지다. 그리스도인들이 하나님을 더 잘 알려면 그분의 영이 자신과 자신의 길을 더 계시해 주셔야 한다. 하나님의 통치 곧 영광의 통치에 속한 것들을 취하여 우리에게 가져다주시는 것은 성령의 일이다. 그래야만 우리가 그것을 받아들일 수 있기 때문이다.고전 2:9-16

성령의 그런 역사를 통해서만 우리는 하나님을 더 잘 알 수 있다. 그러므로 이를 위해 기도해야 한다. 기도하지 않는다면 그만큼 하나님을 더 잘 아는 일에 열의가 없다는 뜻이다. 잠시만 생각해 보아도 알 수 있다. 현세에나 내세에나 하나님의 우주에 그분을 더 잘 아는 것보다 중요한 일은 없다. 그러므로 우리도 바울처럼 그분을 더 잘 알게 해달라고 간절히 기도해야 한다.

특히 바울은 특정한 핵심 진리들을 이해하는 데 필요한 통찰력을 주시도록 기도한다. 하나님께 성령을 통해 스스로를 계시해 달라고 구한 것처럼, 이번에는 독자들의 마음눈을 밝히셔서 특정한 것들을 배우게 해달라고 구한다. 어떤 의미에서 이는 동일한 요청의 연장이거나, 다르게 표현하면 동일한 요청의 이면이다. 성령께서 계시해 주시므로 우리는 그 계시를 받아들일 만한 영적 역량을 갖추어야 한다. 하지만 바울이 두 가지를 다 구했다는 것은 계시하시는 분도 오직 하나님이요 그 계시를 능히 이해하게 하시는 분도 오직 하나님임을 말해 준다. 그래서 바울은 기도했고, 그래서 우리도 기도해야 한다. 하나님께 이런 것들을 구하지 않고는 결코 그분을 아는 지식에서 제대로 자라 갈 수 없다. 이것이야말로 그리스도인의 모든 경험과 성장의 기본이며, 이것이 없으면 나머지는 종교놀이에 지나지 않는다.

그렇다면 바울의 기도대로 독자들이 밝은 눈으로 보아야 할 것은 구체적으로 무엇인가?

첫째, 바울은 에베소 교인들이 부르심의 소망을 알기 원했다. 이는 구원의 목표를 뜻한다. 앞서 바울의 다른 기도들에서 보았듯 하나님께서 그분의 사람들을 부르시면 소기의 결과가 뒤따른다. 즉 부르심을 받은 사람은 구원도 받는다. 그러므로 부르심의 소망이란 그럼에도 불구하고 계속해서 앞을 내다보기 위한 부르심 또는 구원의 관점이다. 그리스도인이라면, 부르심의 소망은 구원 중에서 미래를 고대하는 요소가 된다.

다시 말해 이 "소망"은 다름 아닌 새 하늘과 새 땅에서 하나님의 임재 안에 살아갈 삶이다. "하나님의 영광을 바라"는 소망,[롬 5:2] 그 영광에 동참할 소망, 더불어 종말에 그리스도와 함께 영광 중에 나타날 소망[골 3:4]이다. 우리가 "티나 주름 잡힌 것이나 이런 것들이 없이 거룩하고 흠이 없게"[엡 5:27] 그리스도께 드려질 것이라는 기대다.

우리 세대는 여간해서 미래를 생각하지 않으며, 영원을 생각하는 일은 거의 전무하다. 따라서 우리에게 하나님의 도움이 필요함은 뼈저리게 분명한 사실이다. 그래야만 부름받은 소망을 알 수 있고, 그 소망을 알아야만 영원의 가치를 늘 목전에 두고 살아갈 의욕이 샘솟는다. 마지막 날 위대하신 왕께 무엇을 보여드릴 것인가가 이 땅에 무엇을 두고 갈 것인가보다 무한히 더 중요하다.

둘째, 바울은 독자들이 "성도 안에서 그 기업의 영광의 풍성함"[엡 1:18]을 알 수 있기를 원했다. 여기에도 "영광"이라는 주제가 계속된다. 이미 같은 장에 바울은 하나님이 "그 얻으신 것", 즉 우리를 마지막 날에 속량하실 것이라고 말했다.[엡 1:14] 우리는 하나님의 기업이다. 복음서의 표현으로 우리는 아버지께서 아들에게 주신 사람들,

즉 메시아에게 주신 선물이다. 이는 하나님이 우리를 그리스도 안에서 보지 않으신다면 있을 수 없는 일이다.^{엡 1:11, 골 2:1-10} 하나님은 그리스도를 귀히 여기시는 것만큼이나 자신의 사람들도 똑같이 귀히 여기신다.

우리는 자신이 누구인지를 하나님께서 보시는 대로 알 필요가 있다. 바울은 하나님께서 우리에게 부여하시는 가치를 그리스도인들이 알기 원했다. 그분께서 우리를 귀히 여기심은 우리가 본질적으로 가치 있는 존재여서가 아니라, 우리가 그리스도와 연합했기 때문이다. 우리는 그리스도 안에서 선택되었고, 그분의 의가 우리에게 전가되었음으로, 그분과 함께 상속자가 될 운명이다. 우리의 정체를 늘 이렇게—다름 아닌 하나님의 기업으로!—본다면, 상상을 초월하는 그 고귀한 부르심에 합당하게 살고 싶어진다. 우리 자신에게 집중한다는 뜻이 아니다. 하나님의 기업이 되었다고 거들먹거리거나 자화자찬한다는 뜻도 아니다. 그보다 바울은 우리가 하나님의 기업으로서 "영광의 풍성함"을 깨닫기를 원했다. 이는 하나님의 기업이라는 이유만으로 우리에게 주어지는 형언할 수 없이 큰 특권이다. 하나님의 영광과 하늘의 영광을 바라보며 살기 위한 동인으로 이보다 더 크고 높은 게 또 있을까? 장차 우리에게 풍성히 부어질 은혜와 영광을 생각한다면 하나님을 찬송하며 사는 게 당연하다. 하나님께서 우리를 그리스도 안에서 그분의 기업으로 삼으셨다는 이유만으로도 충분하다. 그래서 바울은 그리스도인들이 스스로의 정체를 깨닫기를 원했다.

셋째, 바울은 하나님께서 "믿는 우리에게 베푸신 능력의 지극히 크심"엡1:19을 우리가 알기 원했다. 이 능력이 우리 안에서 역사하여 정확히 어떤 일을 하는지는 그의 다음 기도에 나온다. 에베소서 3:14-21의 그 기도는 다음 장에서 공부하겠지만, 일단 이것만은 짚고 넘어가야 한다. 바울은 정통이지만 죽은 기독교에 만족할 수 없었다. 칭의의 이론은 무성하지만 사람들의 삶을 변화시키는 데는 무능한 기독교에 만족할 수 없었다. 다음 장에서 살펴보겠지만, 바울은 이 능력으로 어떤 일이 이루어지는지 아주 구체적으로 생각하는 바가 있다. 하지만 그 강권적 힘을 어떻게 기술하든, 그와 관계없이 바울이 떠올리는 것은 신자들의 삶 속에 역사하는 하나님의 능력이다. 그래서 그는 이를 위해 기도할 수밖에 없고, 신자들이 각자의 실존 속에서 그것을 알고 체험하기를 위해 기도할 수밖에 없다.

요컨대 하나님이 주권자이시기에 바울은 성도들을 구원하신 하나님의 거룩하고 주권적인 목적이 이루어지기를 위해 중보한다. 특히 그는 우리가 그분을 더 잘 알도록 기도하고, 특정한 핵심 진리들—부르심의 소망, 성도 안에 주신 그분의 영광스럽고 풍성한 기업, 믿는 우리에게 베푸신 지극히 크신 능력—을 깨닫는 통찰을 얻도록 기도한다. 이런 것들을 위해 마지막으로 기도한 때가 언제인가?

3. 하나님께서 주권자이시기에 바울은 하나님의 능력이 가장 극적으로 드러난 사례를 제시한다. 엡1:19-23

앞서 그리스도인들이 체험해야 할 하나님의 능력을 언급한 바울은 이제 그 능력의 가장 두드러진 표준 사례를 개괄한다(그 능력이 우리 안에서 어떤 일을 하는지는 에베소서 3장에 가서야 설명한다). 바울이 기도로 구하는 능력은 특정한 일들이 벌어지던 때에 "그의 힘의 위력으로 역사"하신 바로 그 능력이다. 그렇다면 그 특정한 일들이란 무엇인가?

무엇을 예로 들어 하나님의 능력을 묘사하겠는가? 하나님의 주권을 생각할 때 무엇이 떠오르는가? 솔직히 나는 하나님의 창조의 능력이 생각나곤 한다. 그분이 말씀하시면 온 세상이 튀어나온다. 그분이 설계하신 물의 분자는 신기하게도 원자 구조의 밀도가 결빙점보다 섭씨 4도일 때 더 높다. 그래서 호수와 강이 얼 때 밑에서부터 얼지 않고 위에서부터 얼므로, 빙판 아래로 물이 흘러 물고기들이 살 수 있다. 하나님은 또 쿼크 입자의 수학을 계산하실 때 수십억 분의 1초의 반감기를 두셨다. 또한 능력의 말씀으로 각각의 별들을 지으셨고 지금도 우주를 붙들고 계신다. 딱따구리를 기뻐하시는 하나님도 생각해 본다. 이 새는 특수 설계된 꼬리 깃털 덕분에 부리로 쪼는 힘이 매우 세다. 타조와 치타와 오리너구리를 창조하신 하나님은 정말 대단하시다. 그분의 능력은 우리의 유한한 상상력을 초월한다.

그러나 바울이 생각한 것은 그게 아니다. 전능하신 하나님께 어차피 난이도란 있을 수 없다. '가장 강력한' 행위가 따로 존재할 리 없다. 바울은 하나님의 능력이 가장 강력하게, 또는 가장 어렵게 드러난 사례를 찾지 않는다. 그런 범주가 본질상 무의미한 까닭이다. 그보다 그는 가장 영광스럽고 의미심장한 사례를 찾았고, 그 결과로 세 가지 사건에 초점을 맞춘다.

바울이 말하는 능력은 그리스도께서 죽음에서 부활하실 때 역사했다. 그리스도인들이 체험해야 할 능력은 "그리스도 안에서 역사하사 죽은 자들 가운데서 다시 살리"신 하나님의 능력이다.^{엡 1:20} 바울은 예수 그리스도의 부활을 생각했다. 여기 죽음의 종말이 있고, 죄의 파멸이 있다. 그리스도의 부활은 막강한 부활의 첫 열매로서, 사망의 사망을 조롱하고 새 하늘과 새 땅을 연다. 그러니 바울이 다른 서신에 그리스도와 그 부활의 권능을 알고 싶다고 고백할 만도 하다.^{빌 3:10}

바울이 말하는 능력은 높여지신 그리스도를 통해 드러났다. 그리스도인들이 체험해야 할 능력은 하나님이 그리스도 안에서 역사하여 그분을 "하늘에서 자기의 오른편에 앉히사 모든 통치와 권세와 능력과 주권과 이 세상뿐 아니라 오는 세상에 일컫는 모든 이름 위에 뛰어나게 하"신 능력이다.^{엡 1:20-21} 권위에도 우리가 잘 모르는 등급이 있어 귀신의 권능, 천사의 권능 등이 있으며, 이 세상에서만 아니라 천상에서도 그렇다.^{골 1:16} 그러나 그 모든 권능 위에 예수 그리스도가 계신다. 그분은 죽기까지 복종하고 부활로 승리하신 결과로, 아버지의 오른편에 높이 들리셨다.^{빌 2:6-11}

사실 이 비전이 에베소서 2장의 논리의 흐름을 일부 지배한다. 바울이 말했듯이 우리는 비록 죄와 허물로 죽어 본질상 진노의 대상이었으나^{엡 2:1,3} "긍휼이 풍성하신" 하나님께서 우리를 향한 크신 사랑으로 "허물로 죽은 우리를 그리스도와 함께 살리셨고… 또 함께 일으키사 그리스도 예수 안에서 함께 하늘에 앉히"셨다.^{엡 2:4-6} 물론 어떤 의미에서 나는 거기에 있지 않고, 아직 여기에 있다. 그러나 하나님이 보시는 나는 "그리스도 안에" 있고 그리스도는 아버지와 함께 하늘에 앉으셨기 때문에, 하나님이 보시는 나도 원칙상 거기에 있다. 하나님의 크신 사랑 덕분에 거기가 내 종착지이고, 엄밀한 의미에서 내가 속한 곳이다. 그래서 나의 미국 시민권은 부차적일 수밖에 없다. 나는 이미 새 예루살렘의 시민이며, 그리스도와 함께 하늘에 앉혀졌다.

바울이 말하는 능력은 교회를 위해 만물을 지배하시는 그리스도의 능력이다. "또 만물을 그의 발아래에 복종하게 하시고 그를 만물 위에 교회의 머리로 삼으셨느니라. 교회는 그의 몸이니 만물 안에서 만물을 충만하게 하시는 이의 충만함이니라." 엡 1:22-23 하나님의 모든 주권은 그리스도를 통해 중개되며, 고전 15:27, 시 110:1 이 모든 주권적 능력은 교회의 유익을 위한 것이다. 그리스도는 만물의 머리이므로, 그 권위로 만물을 지배하신다. 그러나 "몸"이 더해지면 "머리"의 은유는 갑자기 의미가 더 깊어진다. 그리스도는 만물의 머리이지만, 특히 교회의 머리이며 교회는 그분의 몸이다.[2] 그 자리에서 그분은 모든 주권을 행사하시되 철저히 자기 백성의 유익을 위해 하신다.

예수의 주권의 궤도를 벗어나서는 한 방울의 비도 떨어질 수 없다. 우리의 모든 날—건강, 질병, 기쁨, 승리, 눈물, 기도, 기도 응답—도 그분의 주권의 영역 안에 있다. 그런데 그분은 인간으로 오셨고, 그 얼굴에 가시관의 그림자가 드리워져 있다. 하나님의 모든 주권은 우리를 위해 십자가에 달리신 그분을 통해 중개된다. 그러므로 그리스도인은 하나님의 주권을 더 이상 신경(信經)의 한 조항이나 끝없는 신비의 원천으로만 보아서는 안 된다. 물론 거기에 신경으로 고백할 내용도 충분히 있고 신비도 적지 않지만, 그런 신비의 중심에 우리 대신 죽으신 그분이 계신다. 기도의 신비는 여전하지만, 그것은 예배와 감사 속에서 녹아내린다. 하나님의 주권에 그 못지않게 큰 하나님의 사랑이 더해지면 그 주권의 신비를 받아들이기가 훨씬 쉽다.

이 모든 주권이 교회를 위해 행사된다니 얼마나 가슴 벅찬 일인가. 하나님은 "만물을 그의 발아래에 복종하게 하시고 그를 만물 위에 교회의 머리로 삼으셨"다.(엡 1:22) 그러니 우리에게서 어떤 감사가 흘러나와야 하겠는가! 또한 이는 하나님의 사람들을 위해 그분의 목적에 맞도록 기도하고 싶게 하는 얼마나 강력한 동인인가!

그리스도 안의 형제자매들이여, 하나님에 대해 생각하다 보면 이런 내용이 너무 벅차서, 우리로서는 이해할 수 없고 그분을 알 수도 없다는 결론에 도달할 때가 있다. 그러나 하나님께서 계시해 주신 그분의 모습에 집중한다면, 그런 묵상은 불평이나 사심이나 운명론이나 죄의 구실이 아니라 오히려 예배의 이유가 될 것이다. 또한 주권적 사랑의 하나님께 나아가 성경에 밝혀진 그분의 계획과 목적대로 중보하고 싶게 하는 동인이 될 것이다. 그분의 아들의 영광과 그분의 사람들의 유익을 위해서 말이다.

복습과 묵상을 위한 질문

1. 에베소서 1장에서 바울이 간구하는 내용은 무엇인가? 자신의 말로 요약해 보라. 당신도 평소에 그런 내용으로 기도하고 있는가? 왜 그런가, 혹은 왜 그렇지 않은가? 어떻게 하면 이 부분에서 더 나아질 수 있겠는가?

2. 바울은 하나님의 능력이 모든 신자의 삶 속에 역사하기를 원하여 기도의 끝부분에 그 능력의 최고 사례를 기록해 두었다. 그 가슴 벅찬 내용은 당신의 기도 생활과 어떤 관계가 있는가?

3. 하나님의 주권 아래서 기도하는 법에 대해 이 본문이 당신에게 가르쳐 주는 것은 무엇인가?

11.

능력을 구하는 기도
Praying for Power

| 에베소서 3:14-21 |

에베소 교인들을 위한 바울의 또 다른 기도

[14]이러므로 내가 하늘과 땅에 있는 각 족속에게 [15]이름을 주신 아버지 앞에 무릎을 꿇고 비노니 [16]그의 영광의 풍성함을 따라 그의 성령으로 말미암아 너희 속사람을 능력으로 강건하게 하시오며 [17]믿음으로 말미암아 그리스도께서 너희 마음에 계시게 하시옵고 너희가 사랑 가운데서 뿌리가 박히고 터가 굳어져서 [18]능히 모든 성도와 함께 지식에 넘치는 그리스도의 사랑을 알고 [19]그 너비와 길이와 높이와 깊이가 어떠함을 깨달아 하나님의 모든 충만하신 것으로 너희에게 충만하게 하시기를 구하노라.
[20]우리 가운데서 역사하시는 능력대로 우리가 구하거나 생각하는 모든 것에 더 넘치도록 능히 하실 이에게 [21]교회 안에서와 그리스도 예수 안에서 영광이 대대로 영원무궁하기를 원하노라. 아멘.

— 에베소서 3:14-21

기도를 어떻게 배웠는가? 나처럼 보수적인 기독교 가정에서 자라면서 일찍부터 흠정역^{KJV} 성경으로 교육받았다면, 고어로 기도하는 법을 배웠을 것이다. 내가 자라날 때만 해도 그것은 더 거룩하거나 경건한 문제로 간주되지 않았다. 그 당시 절대다수의 영어권 개신교도들이 사용하던 영어 성경의 어법이 그랬을 뿐이다. 기도회에서 처음으로 대표기도를 하던 날, 내가 뭐라고 기도했는지는 기억에 없다. 하지만 아주 어린 나이였음에도 그 기도는 이런 식으로 시작되었다. "하늘에 계신 아버지시여, 우리에게 임하여 주시니 황송한 은혜에 감사하나이다." 그런데 우리 가족들이 불어로 기도할 때는(나는 이중언어 가정에서 자랐다) 상당히 최신 불어를 썼다. 이는 불어 성경이 언어학적으로 말해서 영어 성경보다 더 현대어였기 때문이다.

그러나 오늘날 누군가 믿지 않는 가정에서 자랐고 대학교 3학년 때에야 그리스도인이 되었다면, 그의 첫 대표기도는 약간 다를 것이다. 대학 선교회를 통해 그리스도를 믿게 되었다 하자. 공부와 모임에 참석하다가 마침내 사람들 앞에서 기도할 용기가 생겼을 때 그 기도는 이런 식으로 시작될 것이다. "예수님, 이 자리에 계심에 감사합니다."

어느 한쪽의 기도가 다른 기도보다 낫다는 말이 아니다. 하나님은 어디까지나 중심을 보신다. 다만 내 요지는 그리스도인들이 주변 사람들의 기도를 들으면서 기도를 배운다는 사실이다.

그 자체는 아무런 문제가 없다. 우리가 살고 있는 시대와 지역의 그리스도인들이 늘 지식과 영감을 겸비하여 기도한다면, 우리는 그들의 기도를 배우는 놀라운 특권을 누릴 것이다. 그러나 서글프게도 서구의 기도는 퇴조하여 차세대 신자들에게 내보일 모본이 별로 없다. 소생의 징후가 더러 있긴 하지만 말이다.

그러면 우리의 기도를 어떻게 개혁할 것인가?

당연히 최고의 답은 성경 속의 기도들로 다시 돌아가는 것이다. 우리 삶의 모든 부분이 하나님의 말씀으로 쇄신되고 개혁되어야 한다면, 기도는 오죽하겠는가? 만약 우리 세대가 성경의 기준을 정확히 대변하며 기도하는 습관을 지닌 기도의 용사들을 많이 배출하지 못하고 있다면, 그럴수록 더욱더 시급하게 가장 주된 근원으로 돌아가야 한다. 그러면 무엇을 위해 기도할 것인지, 어떤 논리를 펼 것인지, 어떤 주제에 집중할 것인지, 어떤 열정이 적절한지, 이런 기도가 기독교의 전체 비전에 어떻게 들어맞는지, 하나님을 어떻게 늘 기도의 중심에 둘 것인지 등을 새롭게 배울 수 있다.

이제부터 우리가 깊이 살펴보려는 기도에는 두 가지 길고 풍성한 간구가 나온다. 바울은 그 간구의 두 가지 근거 내지 이유를 밝히고 나서 찬송의 말, 즉 힘찬 송영으로 기도를 마무리한다.

두 가지 핵심적 간구

두 가지 간구는 본문에 직접 드러나 있다. 바울은 1)하나님이 성령으로 말미암아 우리 속사람을 능력으로 강건하게 하시고^{엡 3:16} 2)우리가 능히 그리스도의 사랑의 무한한 차원을 깨닫게 해달라고 기도한다.^{엡 3:17-19}

첫 번째 간구의 골자는 능력을 구하는 기도다. 이것은 바울이 늘 하는 기도다. 이 책의 10장에서 보았듯이 그는 이 편지에서도 이미 독자들에게 능력을 주시도록 하나님께 구한바 있다. "너희 마음의 눈을 밝히사 그의 부르심의 소망이 무엇이며 성도 안에서 그 기업의 영광의 풍성함이 무엇이며… 믿는 우리에게 베푸신 능력의 지극히 크심이 어떠한 것을 너희로 알게 하시기를 구하노라."^{엡 1:18-19} 여기서는 더 직접적으로 능력을 구한다. "능력으로 강건하게 하시오며."^{엡 3:16}

바울은 이 능력의 성격을 신중히 제한한다. 그가 구하는 능력은 하나님의 영을 통해 전달된다. "그의 성령으로 말미암아… 능력으로 강건하게 하시오며."^{엡 3:16} 또한 그는 이 능력이 역사하는 영역을 "속사람"이라 칭한다. "그의 성령으로 말미암아 너희 속사람을 능력으로 강건하게 하시오며."^{엡3:16} 이 말은 정확히 무슨 뜻인가?

바울이 똑같은 표현을 사용한 다른 구절을 살펴보면, 그의 말뜻을 더욱 분명히 알 수 있다. 고린도후서 4:16-18에 바울은 이렇게 썼다. "우리의 겉사람은 낡아지나 우리의 속사람(에베소서 3:16과 똑같은 표현)은 날로 새로워지도다. 우리가 잠시 받는 환난의 경한 것이 지극히 크고 영원한 영광의 중한 것을 우리에게 이루게 함이니 우리가 주목하는 것은 보이는 것이 아니요 보이지 않는 것이니 보이는 것은 잠깐이요 보이지 않는 것은 영원함이라." 우리의 몸 곧 겉사람은 세월과 박해에 시달려 닳지만, 그 겉사람이 완전히 낡아진 후에 남는 것은 속사람이다.

대다수 서구인은 큰 박해를 당한 적은 없으나 그래도 모두 늙어 간다. 사실 바울의 생각과 비슷한 현상을 주변 노인들에게서 발견할 때가 있다. 우리는 기력이 떨어지는데 오히려 더 한결같고 더 빛을 발하는 그리스도인 노인들을 알고 있다. 그들은 기억이 가물거리고 관절염을 참기 어려워 작은 방이나 아파트를 벗어날 엄두조차 내지 못할 수도 있다. 그런데도 신기하게 마치 한 발을 이미 천국에 들여놓은 것처럼 살아간다. 겉사람은 약해지지만 속사람은 날로 힘을 더해 간다. 이와는 반대로 겉보기에 이렇다 할 중병이 없는데도 나이가 들수록 원망과 불평과 요구와 심술이 늘고 자기밖에 모르는 노인들도 알고 있다. 그들의 모습은 마치 문화적 기대치에서 비롯된 문명의 족쇄가 풀려 버린 것만 같다. 젊었을 때는 왕성한 기력으로 어떻게든 속사람을 단속했으나 축적된 기운이 점점 바닥나면서 속사람의 본색이 그대로 드러난다.

겉사람의 늘어나는 제약과 한계는 노인이 되려면 아직 먼 사람들도 느낄 수 있다. 내 몸은 20년 전과 다르다. 샤워할 때마다 배수구로 영영 사라지는 머리카락이 점점 많아진다. 두어 군데에 관절염도 있고, 칼로리 섭취량도 따져야 하고, 반응 시간도 전보다 좀 느려졌고, 돋보기까지 필요하다. 이 낡은 세상이 그때까지 지속된다면 언젠가 내 겉사람은 낡아져 땅속에 묻힐 것이다. 그러나 바울이 역설했듯이 우리 그리스도인의 속사람 곧 내면은 "날로 새로워"진다.

그리스도인의 궁극적 소망은 몸의 부활이다. 그러나 그 선물을 받을 때까지는 우리의 속사람이 하나님의 능력으로 강건해진다. 우리 문화의 허다한 무리는 건강에만 매달릴 뿐 속사람의 변화를 딱히 갈급해하지 않는다. 그럴수록 그리스도인들은 시급히 바울을 본받아 속사람에 하나님의 능력이 나타나도록 기도해야 한다. 우리 존재 가운데 속사람은 성품을 지배하고 우리를 천국에 합당한 자로 준비시켜 주는 영역이다. 요컨대 바울의 가장 핵심적인 기도 제목은 바로 그 영역에 하나님의 강한 능력이 나타나는 것이었다.

이 첫 번째 간구와 관련하여 우리가 던져야 할 두 가지 중요한 질문이 있다.

이 간구의 목적은 무엇인가? 사실 능력을 추구하는 사람들은 많이 있다. 마술사 시몬은 사람들을 조종하고 지역 사회에서 자신의 지위를 유지하려고 성령의 능력을 원했다. 다들 알고 있듯 어떤 그리스도인들은 자신의 삶에 하나님의 능력이 임했다고 말할 때마다 마치 자신이 남들보다 한 수 위라는 식이어서 매우 위태로워 보인다. 그들이 승리감에 도취되어 추구하는 능력은 사도의 입장과는 한참 거리가 멀다. 사실 바울은 그리스도의 부활의 능력을 더 경험하기 원했을 뿐 아니라, 동시에 그분의 고난에도 더 깊이 동참하기 원했다.빌3:10 서구에서는 이런 균형을 찾아보기 힘들다. 그렇다면 바울은 정확히 왜 그리스도인들에게 하나님의 능력이 나타나도록 기도하는가?

기도의 목적을 살펴보면 바울이 구하는 능력의 성격과 초점을 더 잘 이해할 수 있다. 그는 이렇게 썼다. "그의 영광의 풍성함을 따라 그의 성령으로 말미암아 너희 속사람을 능력으로 강건하게 하시오며 믿음으로 말미암아 그리스도께서 너희 마음에 계시게 하시옵고."엡3:16-17

이 기도에 나타난 삼위일체와 관련한 특성에 주목하지 않을 수 없다. 바울은 **아버지**엡3:15께 구하기를 **성령**엡3:16으로 말미암아 우리를 강건하게 하시고, 그리하여 믿음으로 말미암아 **그리스도**엡3:17께서 우리 마음에 계시게 해달라고 간구했다. 하지만 언뜻 보기에 이 명시적 목적은 그리스도인 독자들에게 약간 이상하게 다가온다. 우리는 처음 그리스도인이 될 때 그리스도께서 성령으로 우리 안에 들어오신다고 믿지 않는가?요 14장 그런데 왜 바울은 이 기도의 목적이 믿음으로 말미암아 그리스도께서 우리 마음에 계시는 것이라고 말하는가? 그분은 이미 와 계시지 않는가?

'계시다'로 번역된 동사의 의미가 강력하다는 점을 알면 도움이 된다. 바울이 바라는 것은 그리스도께서 참으로 신자들의 마음에 입주하여 그곳을 '내 집처럼' 삼으시는 것이며, 그렇게 되려면 그들이 그분을 신뢰해야 한다("믿음으로 말미암아"는 그런 의미다).

비유를 하나 생각해 보면 의미가 더 확실해진다. 어느 부부가 애써 돈을 융통하여 계약금을 치르고 집을 산다고 하자. 집에 손볼 데가 많다는 것을 처음부터 알고 있다. 안방의 칙칙한 무채색 벽지도 마음에 들지 않고, 지하실에는 쓰레기가 잔뜩 쌓여 있다. 주방은 요리하는 사람보다 배관공에게 더 편리하도록 설계되어 있다. 지붕에 한두 군데 물이 새는가 하면, 단열은 겨우 최소 기준치에 미치는 정도다. 전기 분전함이 너무 작고 화장실의 조명도 어두운 데다 보일러의 열교환기도 녹슬었다. 하지만 그래도 젊은 부부는 처음 장만한 내 집인지라 감사하기만 하다.

몇 달이 지나고 몇 년이 흐르는 사이에 칙칙한 무채색 벽지는 고상한 파스텔풍으로 바뀌었다. 부엌도 리모델링을 했는데, 대부분의 작업을 부부가 직접 했다. 지붕은 더 이상 새지 않고, 보일러는 중앙냉방과 겸용인 고성능 기기로 교체되었다. 무엇보다 식구들이 많아지면서 부부는 지하실에 방을 두 개 더 들였고, 서재와 작업실로 쓸 작은 쪽방도 냈다. 마당도 깔끔히 손질하여 돌들로 눈부신 정원을 만들었다. 집을 구입한 지 25년째 되던 어느 날, 남편이 아내에게 말한다. "여보, 나는 이 집이 정말 마음에 들어요. 우리한테 꼭 맞는 집이지. 어디를 보나 우리가 작업한 결과가 보이잖소. 우리의 필요와 취향에 맞게 고친 집이라서 정말 편하다오."

그리스도께서 성령으로 입주하실 때 우리 안에도 쓰레기 더미, 칙칙한 무채색 벽지, 새는 지붕 등에 상응하는 도덕적 문제들이 있다. 그분은 이곳을 자신에게 맞는 곳, 자신의 편안한 집으로 고치기 시작하신다. 치울 것도 많고, 몇 군데 수리도 해야 하고, 반드시 넓혀야 할 데도 있다. 그분의 목표는 분명하다. 그분은 우리 마음에 계시기 원하며, 그러려면 우리가 그분을 믿어야 한다.

누구나 한 집에 오래 살면 결국 그 집에 주인의 특성이 고스란히 묻어난다. 진 소피아 피고트Jean Sophia Pigott도 그 점을 잘 알고, 1876년에 예수께 드리는 시를 썼다. 1연에는 믿음의 기쁨이 표현되어 있다.

그 이름 예수여,
부활하신 생명과 권능의 주여,
날마다 시간마다
주를 신뢰함이 어찌나 기쁜지요!
구주요 상담자요 왕이신
주의 놀라운 은혜를 찬송하나이다.

그러나 믿음으로 말미암아 그리스도께서 우리 마음에 계시게 해달라는 바울의 기도의 의미를 잘 담아낸 것은 3연이다.

제 삶이 주의 삶을 밝히 비추어
모두가 보게 하소서,

제 안에 풍성히 부으시는

주의 부활의 권능을.

제 마음이 계속 더 의지적으로

주의 집이 되게 하소서.

어법은 다르지만 개념은 청교도들이 매우 중시했던 강조점과 거의 똑같다. 그들은 갈라디아서 4:19의 표현을 빌려 신자들 안에 그리스도의 **형상**을 이루기까지 이를 위해 마음을 쓰고 애를 태웠다.

분명히 알아야 한다. 그리스도께서 처음 입주하실 때 우리 삶은 아주 형편없는 상태다. 우리를 변화시키려면 엄청난 능력이 필요하다. 그래서 바울은 능력을 구한다. 우리 속사람을 능력으로 강건하게 하여 그리스도께서 진정으로 우리 안에 사시게 해달라고 하나님께 기도한다. 우리를 그분 자신의 성품이 물씬 배어나는 집으로 변화시켜 달라는 기도다.

더러운 옛것을 버리고 깨끗한 새것을 취하며, 얼룩진 옛것을 벗고 빛나는 새것을 입는다는 개념은 바울의 저작에 여러 형태로 나타난다. 예컨대 아래의 골로새서 말씀을 우리는 천천히 묵상하면서, 그리고 정직히 자신을 성찰하면서 읽어야 한다.

그러므로 땅에 있는 지체를 죽이라. 곧 음란과 부정과 사욕과 악한 정욕과 탐심이니 탐심은 우상 숭배니라. 이것들로 말미암아 하나님의 진노가 임하느니라. 너희도 전에 그 가운데 살 때에는 그 가운데서 행하였으나 이제는 너희가 이 모든 것을 벗어 버리라. 곧 분함과 노여움과 악의와 비방과 너희 입의 부끄러운 말이라. 너희가 서로 거짓말을 하지 말라. 옛 사람과 그 행위를 벗어 버리고 새사람을 입었으니 이는 자기를 창조하신 이의 형상을 따라 지식에까지 새롭게 하심을 입은 자니라. 거기에는 헬라인이나 유대인이나 할례파나 무할례파나 야만인이나 스구디아인이나 종이나 자유인이 차별이 있을 수 없나니 오직 그리스도는 만유시요 만유 안에 계시니라.

그러므로 너희는 하나님이 택하사 거룩하고 사랑받는 자처럼 긍휼과 자비와 겸손과 온유와 오래 참음을 옷 입고 누가 누구에게 불만이 있거든 서로 용납하여 피차 용서하되 주께서 너희를 용서하신 것 같이 너희도 그리하고 이 모든 것 위에 사랑을 더하라. 이는 온전하게 매는 띠니라.

그리스도의 평강이 너희 마음을 주장하게 하라. 너희는 평강을 위하여 한 몸으로 부르심을 받았나니 너희는 또한 감사하는 자가 되라. 그리스도의 말씀이 너희 속에 풍성히 거하여 모든 지혜로 피차 가르치며 권면하고 시와 찬송과 신령한 노래를 부르며 감사하는 마음으로 하나님을 찬양하고 또 무엇을 하든지 말에나 일에나 다 주 예수의 이름으로 하고 그를 힘입어 하나님 아버지께 감사하라. 골 3:5-17

이 본문은 강력하면서도 실제적이다. 바울이 신자들의 삶 속에서 보고자 했던 변화가 여기에 구체적으로 설명되어 있다. 에베소서 3장의 기도도 표현만 다를 뿐 바울이 생각한 변화는 똑같다. 그는 하나님의 능력이 속사람에 강력히 역사하여 우리가 부활하신 그리스도께 합당한 집이 되도록 기도한다. 능력을 구할 때 그가 품은 목적이 바로 그것이다.

여기서 이 간구와 관련된 두 번째 중요한 질문이 나온다. **이 기도는 어떤 자원으로 응답될 것인가?** 공급은 어떻게 되느냐는 것이다. 질문의 답이 본문에 나와 있다. 바울은 "**그의 영광의 풍성함을 따라 그의 성령으로 말미암아 너희 속사람을 능력으로 강건하게 하시오며 믿음으로 말미암아 그리스도께서 너희 마음에 계시게 하시옵고**" 엡3:16-17라고 썼다. 바울이 선뜻 의지하는 "영광의 풍성함"이란 무엇인가?

바울의 이 표현은 하나님이 그리스도로 말미암아 이미 우리에게 확보해 주신 것들을 가리킨다. 더 잘 알려져 있는 다른 본문을 보면 그 점이 분명해진다. "나의 하나님이 그리스도 예수 안에서 영광 가운데 그 풍성한 대로 너희 모든 쓸 것을 채우시리라."빌4:19 바울의 관점에 볼 때 하나님에게서 우리에게로 오는 모든 것은 그리스도 예수를 통해서 온다. 예수는 우리를 용서하셨고, 하나님과 화목하게 하셨고, 우리 죄를 없애셨고, 우리에게 영생을 주셨고, 완성될 삶을 약속하셨고, 우리를 새 언약의 자녀로 삼으셨고, 자신의 의를 우리에게 전가하셨다. 그분은 죽은 자들 가운데서 부활하셨다. 하나님의 모든 주권은 예수를 통해 중개되어 우리의 유익과 하나님의 영광을 지향한다. 하나님은 바로 이 아들을 보내 우리를 구속救贖하셨다. 하나님의 전지하신 계획과 전능하신 실행 가운데 아들은 추악한 죽음과 승리의 부활로 그 모든 복을 확보하셨다. 하나님께서 우리에게 주시는 모든 복은 그리스도의 사역과 연계되어 있다.

그러므로 예수 그리스도 안에서 공급되는 하나님의 풍성한 영광은 그리스도께서 확보하신 모든 혜택만큼이나 철철 넘쳐 난다. 이 공급을 우습게 보면 곧 예수를 우습게 보는 것이고, 하나님께서 우리를 위해 마련하신 공급을 의심하면 곧 그분이 예수 안에서 확보하신 공급을 의심하는 것이다. 다음 사실을 이해하고 믿는 게 훨씬 지혜롭다. 아들 안에서 이미 우리에게 풍성한 복을 주신 하나님은, 능력도 똑같이 풍성하게 부으셔서 우리를 그리스도인의 성숙으로 이끄신다. 그래서 바울은 하나님께 이런 변화의 능력을 간구한다. 그에게는 예수 그리스도께서 골고다에서 확보하신 혜택만큼이나 공급도 광범위하다는 확신이 있다.

이렇듯 첫 번째 간구는 능력을 구하는 기도다. 거룩해지는 능력, 말과 생각과 행동으로 그리스도를 철저히 기쁘시게 하는 능력, 도덕적 각오를 굳히는 능력, 삶 속에서 하나님께 정직하게 감사하는 능력, 겸손해지는 능력, 분별하는 능력, 순종하고 신뢰하는 능력, 예수 그리스도를 점점 더 닮아 가는 능력이다. 여기 신경信經뿐인 기독교는 없다. 물론 성경적 기독교는 특정한 진리들을 믿을 것을 요구하며, 믿기를 거부하는 모든 사람에게는 심판을 공언한다. 요컨대 기독교에는 심오한 신경이 있다. 하지만 신경만 있는 것은 아니다. 마귀도 사도신경을 외우며 분명히 그 진리를 고백하지만, 거기에 담긴 변화의 능력을 직접 체험한 적은 없다. 하나님이 남녀 인간을 구속하시는 목적은 단순히 일정한 진리들을 믿게 하기 위해서가 아니라, 천국으로 이어지는 평생의 과정을 통해 그들을 변화시키기 위해서다. 그래서 바울은 하늘 아버지의 풍성한 영광을 따라 성령으로 말미암아 우리 속사람을 능력으로 강건하게 하셔서, 믿음으로 말미암아 그리스도께서 우리 마음에 계시기를 간구한다.

그리고 그 간구는 곧 두 번째 간구로 이어진다.¹ 바울은 신자들이 능히 그리스도의 사랑의 무한한 차원을 깨닫게 되기를 구한다. "너희가 사랑 가운데서 뿌리가 박히고 터가 굳어져서 능히 모든 성도와 함께 지식에 넘치는 그리스도의 사랑을 알고 그 너비와 길이와 높이와 깊이가 어떠함을 깨(닫게)… 하시기를 구하노라." 엡 3:17-19

첫 번째 간구처럼 이것 역시 하나님의 능력을 구하는 기도다. 다만 기도가 응답되어 그 능력이 우리 삶 속에 역사할 때의 모습은 약간 다르다. 이 능력의 목적은 우리가 능히 그리스도의 사랑의 무한한 차원을 깨닫는 데 있다.

바울의 말은 그리스도 예수 안에서 독자들을 향한 하나님의 사랑을 그들이 여태까지 몰랐다는 뜻이 아니다. 정반대로 그는 그들이 그리스도인임을 알고 있으며, 따라서 그들이 "사랑 가운데서 뿌리가 박히고 터가 굳어"졌음을 인정한다. 엡 3:17 그들의 구원을 생각할 때마다 그는 그것이 전적으로 하나님의 주권적 사랑에 기초한 일임을 떠올리지 않을 수 없었다. 이미 같은 편지의 첫 장에서부터 그는 "하나님 곧 우리 주 예수 그리스도의 아버지"를 뜨겁게 찬송했으며, 그 이유는 "창세 전에 그리스도 안에서 우리를 택하사 우리로 사랑 안에서 그 앞에 거룩하고 흠이 없게 하시려고 그 기쁘신 뜻대로 우리를 예정하사 예수 그리스도로 말미암아 자기의 아들들이 되게 하셨으니 이는 그가 사랑하시는 자 안에서 우리에게 거저 주시는 바 그의 은혜의 영광을 찬송하게 하려는 것"이었다.엡 1:3-6 그러니 그가 그리스도인들을 "사랑 가운데서 뿌리가 박히고 터가 굳어"진 존재로 생각한 것은 당연한 일이다.

그러나 이 간구의 놀라운 사실은 다음과 같은 바울의 명확한 전제에 있다. 그의 독자들은 비록 그리스도인이지만 그리스도의 사랑을 충분히 인식하지 못하고 있다는 것이다. 그래서 이제 그의 소원은 그리스도의 사랑이 얼마나 큰지 그들이 능히 깨닫는 것이다. 이 기도는 우리 쪽에서 그리스도를 더 사랑하게 해달라는 기도가 아니라(그것도 좋은 기도 제목이긴 하지만), 우리를 향한 그분의 사랑을 더 잘 알게 해달라는 기도다.

이것이 단지 지적인 일일 수만은 없다. 바울은 지금 독자들이 그리스도 예수를 통한 하나님의 위대한 사랑을 더 잘 설명할 수 있게 해달라거나, 구원의 계획에서 하나님의 사랑이 얼마나 중요한지 머리로만 알게 해달라고 기도하는 게 아니다. 그가 하나님께 구한 것은 그들이 이 사랑의 모든 차원을 능히 체험으로 아는 것이다. 물론 거기에 지적인 사고도 포함되지만 그것만으로 축소될 수는 없다.

그동안 교회의 일부 진영에서는 계시보다 체험에 호소했고, 또는 복음으로부터 본질상 분리된 엉성한 '영성'을 그럴듯하게 얼버무렸다. 그래서 우리 중 일부는 그에 대한 과잉 반응으로 체험에 대한 일체의 언급을 기껏해야 수상쩍게 보거나, 최악의 경우 오류로 여기기 시작했다. 하지만 이런 과잉 반응은 중단되어야 한다. 체험의 자리가 그보다 커야 함은 성경 자체가 요구하는 바다. 시편의 저자는 극심한 절망 속에서 가장 깊은 자족의 비결을 배웠다. "하늘에서는 주 외에 누가 내게 있으리요 땅에서는 주밖에 내가 사모할 이 없나이다. 내 육체와 마음은 쇠약하나 하나님은 내 마음의 반석이시요 영원한 분 깃이시라."시 73:25-26 바울은 우리에게 "하나님의 나라는 먹는 것과 마시는 것이 아니요 오직 성령 안에 있는 의와 평강과 희락이라"롬 14:17고 일깨운다. 그는 또 특정한 체험을 간구하기도 했다. "소망의 하나님이 모든 기쁨과 평강을 믿음 안에서 너희에게 충만하게 하사 성령의 능력으로 소망이 넘치게 하시기를 원하노라."롬 15:13 그리스도의 사랑이 그에게 어찌나 소중했던지 비슷한 주제가 나오기만 해도 그의 입에서 저절로 흠모의 찬송이 터져 나왔다. 예컨대 "하나님의 아들을 믿는 믿음 안에서 사는 것이라"고 고백할 때도 그는 그 앞에 "나를 사랑하사 나를 위하여 자기 자신을 버리신" 분이라는 말을 붙였다.갈 2:20 더불어 베드로는 독자들에게 "예수를 너희가 보지 못하였으나 사랑하는도다. 이제도 보지 못하나 믿고 말할 수 없는 영광스러운 즐거움으로 기뻐하니 믿음의 결국 곧 영혼의 구원을 받음이라"벧전 1:8-9고 말했다. 그들이 "주의 인자하심을 맛보았"다는 사실벧전 2:3은 순결의 동인이 된다. 이것을 축소시켜 기독교가 그들에게 지적인 만족만 주었다는 뜻으로 볼 수는 없다.

지금 우리가 살펴보고 있는 서신에서도 자못 충격적인 대비가 언급된다. "술 취하지 말라. 이는 방탕한 것이니 오직 성령으로 충만함을 받으라."[엡 5:18] 술에 취하면 방탕해지므로 위험하지만, 반면 성령에 "취하면" 방탕해지거나 숙취로 고생하는 게 아니라 오히려 순결해지고 관계가 바르게 되고 주님을 기뻐하게 된다는 뜻이다(다음 구절에 "너희의 마음으로 주께 노래하며"라는 말도 나온다).

이렇듯 그리스도인들이 능히 그리스도의 사랑의 무한한 차원을 알게 해달라는 바울의 기도는 단지 지적인 이해를 뜻하는 것이 아니다. 그렇다면 사랑을 어떻게 감식할 것인가? 어떻게 측정할 것인가? 양동이로 40통의 사랑이라든지 3.5에이커 면적의 사랑이라는 말이 가능한가? 바울은 은유를 활용한 뒤 역설을 내놓는다. 그의 은유는 척도법이다. "그리스도의 사랑을 알고 그 너비와 길이와 높이와 깊이가 어떠함을 깨달아."[엡 3:18-19] 그의 역설은 우리를 더욱 깜짝 놀라게 한다. "지식에 넘치는 그리스도의 사랑을 알고."[엡 3:18] 우리가 알아야 할 그 사랑이 한낱 지식의 차원을 벗어난다는 것이다.

"성경의 저자들이 자신의 체험을 통해 가르치는 본문들을 우리는 하나님의 진리의 기준으로만 삼을 게 아니라 영적 체험의 기준으로도 삼아야 한다. 그런 본문을 주해할 때도 진리와 체험을 양쪽 다 거론하고 강화하는 쪽으로 해야 한다."[2] 이는 우리가 꼭 이해해야 할 점이다.

바울이 무절제한 신비주의에 호소한다고 생각해서는 안 된다. 그에게 그리스도의 사랑이란 그저 사적으로만 경험하는 게 아니다. 그리스도의 사랑은 바울이 붓을 들기 오래전에 예루살렘 외곽의 섬뜩한 십자가에서 **역사 속에** 더없이 명백하게 드러났다. 그 사랑은 놀랍도록 풍성한 구속의 계획이었다. 옛날부터 그 계획을 은혜로 친히 계시하신 하나님께서 마침내 아들의 죽음과 부활과 승천을 통해 이를 성취하셨다. 바울은 지금 복음의 울타리를 벗어난 사랑의 체험을 부추기는 게 아니며, '영적' 체험이라면 무조건 다 정당하고 중요하다는 식의 말을 하는 것은 더더욱 아니다. 그보다 바울의 기도는 하나님의 능력을 떠나서는 그리스도인들이 그리스도의 사랑을 거의 모를 수밖에 없다는 뜻이다. 그 사랑의 무한한 차원을 알기 위해서 하나님의 능력이 필요하다. 그래서 바울은 그 능력을 구한다.

이런 사랑은 말보다 노래로 더 잘 표현될 수 있다. 한 세기 반 동안 교회는 이렇게 노래했다.

나 영원한 사랑을 받고
은혜로 그 사랑을 알았네
위로부터 성령의 숨결이
그 사랑 내게 가르치셨네
오 완전하고 충만한 평화여
한없이 거룩한 기쁨이여
이 끝없는 사랑 안에서
나는 주의 것 주는 나의 것

위로 하늘은 더 파랗고

사방의 녹음은 더욱 짙으니
색깔마다 뿜어내는 생명
주 없이는 볼 수 없어라
새들이 더 즐거이 우짖고
꽃들이 더 어여삐 빛남도
비결은 하나뿐이니 곧
나는 주의 것 주는 나의 것

영원히 오직 주의 것이니
누가 주와 나를 가르리
주께서 사랑의 마음을
안식의 복으로 채우시니
하늘과 땅은 없어지고
태고의 빛마저 희미해져도
하나님과 내가 있는 한
나는 주의 것 주는 나의 것

「나는 주의 것 주는 나의 것 I am His, and He is Mind」,
조지 웨이드 로빈슨 George Wade Robinson, 1876년

그리스도인들의 전기를 읽어 보면 알 수 있듯 많은 하나님의 사람들은 그분의 사랑을 깊이 체험하며 기뻐했다. R. A. 토레이 R. A. Torrey

는 하나님의 얼굴을 간절히 구했는데, 어느 날 성경을 읽고 기도하다가 자신을 향한 하나님의 사랑이 주체할 수 없이 절절히 느껴져 하염없이 울었다고 한다. 결국 그는 하나님께 그만 보여달라고 기도했다. 감당할 수가 없었던 것이다.

성경을 접하는 시간이 많지 않은 사람이 그리스도의 사랑을 진정으로 깊이 지각하는 경우는 드물다. 하지만 가슴 아픈 사별이나 고난 등 비극이 그런 지각을 유발할 수도 있다. 나도 열 살 무렵에 그런 비슷한 경험을 했다. 그때 나는 중병에 걸려 몇 주 동안 병원에 있다가, 결국 생사의 고비를 넘기고 집에 돌아와서 몇 달 동안 천천히 회복하던 중이었다. 하루는 오후에 잠에서 깨어 보니 엄마가 침대맡에 앉아 소리 없이 울고 있었다. 아직 철부지이던 내 입에서 불쑥 이런 말이 튀어 나왔다. "와, 엄마, 나를 **진짜** 사랑하시는군요!"

물론 엄마는 얼른 눈물을 훔치고 방을 나갔다. 하지만 지금 돌아보면 내가 왜 그런 말을 했는지 좀 더 깊이 알 것 같다. 만일 그 전날 누가 내게 부모님이 나를 사랑하느냐고 물었다면 나는 주저 없이 그렇다고 답했을 것이다. 하지만 병을 계기로 엄마의 눈물을 보았고, 그러자 생각에 잠기게 되었다. "부모니까 당연히 나를 사랑하시지"라는 정답을 내놓기보다 의식적으로 상황을 분석했고, 그 결론이 그렇게 표출되었다. 설령 방식이나 타이밍은 좋지 않았을지라도 그 생각 자체만은 옳고 선했으며, 그것은 나를 진일보하게 만들었다.

이와 비슷하게 우리는 간혹 부득이 멈추어 자신처럼 반항하는 죄인들을 향한 하나님의 사랑을 곰곰이 생각하게 될 때가 있다. 예컨대 고생할 때, 만인의 운명인 죽음을 접할 때, 심히 약해질 때, 유난히 야만적인 잔인성을 목격할 때, 만성질환 때문에 한쪽으로 밀려날 때 등이다. 그때 우리는 우리 대신 고난당하셨고, 그 받으신 고난으로 순종을 배우신 주 그리스도를 더욱 섬기게 된다. 그러면 평소에 우리의 관심을 온통 사로잡던 하찮고 시시한 것들은 사라지고 영원한 것들이 제자리에 들어선다. 그제야 우리는 하나님의 사랑이 "영원만큼이나 가없고 끝없다"[3]라는 고백이 무슨 뜻인지 알게 된다.

바울은 우리가 그리스도의 사랑의 무한한 차원을 조금이나마 깨닫고, 지식에 넘치는 그 사랑을 알기 원했다. 그래서 하나님의 능력으로 우리가 걸음을 내디딜 수 있도록 기도한다. 하지만 그 이유가 무엇인가? 그것이 왜 그렇게 중요한가? 바울이 직접 답을 말해 준다. 우리가 "지식에 넘치는 그리스도의 사랑을 알"아야 함은 "하나님의 모든 충만하신 것으로 너희에게 충만하게 하시"기 위해서다.엡 3:18-19

간단히 말해서 바울의 기도대로 우리가 능히 그리스도 예수 안에서 하나님의 사랑을 알아야 할 목적은 바로 성숙에 있다. "하나님의 모든 충만하신 것으로… 충만하게" 된다는 말은 '하나님이 원하시는 본연의 모습이 된다'거나 '영적으로 성숙해진다'는 말의 바울식 표현일 뿐이다. 이 서신의 다음 장에도 비슷한 표현이 나온다. 거기에 바울이 말했듯이 다양한 사람들이 교회에서 섬기는 목적은 다음과 같다. "그리스도의 몸을 세우려 하심이라. 우리가 다 하나님의 아들을 믿는 것과 아는 일에 하나가 되어 온전한 사람을 이루어 그리스도의 장성한 분량이 충만한 데까지 이르리니."엡 4:12-13 기준은 하나님 자신이요 그리스도 자신이다. 다른 본문에 하나님은 "내가 온전하니 너희도 온전하라" 또한 "내가 거룩하니 너희도 거룩하라"고 하셨다. 지금 여기서 하시는 말씀도 사실상 내가 성숙하고 온전하니 너희도 성숙하고 온전하라는 것이다.

여기에 함축된 놀라운 의미가 보이는가? 바울은 우리가 하나님의 능력을 받아 그리스도의 사랑의 무한한 차원을 능히 이해하지 못하는 한 영적으로 제대로 성숙할 수 없다고 보았다. 우리는 신학이나 교육이나 경력이나 전통 때문에 자신이 특별히 성숙한 그리스도인이라고 생각할지 모르지만 바울은 그 정도로 어리석지 않다. 그는 우리가 "지식에 넘치는 그리스도의 사랑을 알"지엡 3:18 않는 한 제대로 성숙할 수 없음을 안다. 그래서 이런 기도를 하는 것이다. 그는 우리가 그리스도의 사랑을 아는 지식에서 자라 가서 결국 성숙해지기를, 즉 "하나님의 모든 충만하신 것으로… 충만하게"엡 3:19 되기를 원한다.

이런 사랑의 이치를 우리는 자연계의 경험을 통해 직관으로 알 수 있다. 내가 강의하고 있는 기관의 동료인 페리 다운스와 그의 아내 샌디는 오랜 세월 수양부모로 섬겨 왔다. 지금까지 도운 아이들이 족히 스무 명은 넘는데, 그중 대부분은 신생아였고, 그들 집에 있다가 다른 가정에 입양되었다. 그런데 몇 년 전에 관계 기관에서 그들에게 18개월 된 남자 쌍둥이를 맡아 달라고 부탁한 일이 있었다. 페리와 샌디는 망설였으나, 기관 측에서 6개월 정도만 데리고 있으면 된다고 확답하기에 결국 수락했다.

집에 온 첫날 밤에 아이들을 자리에 뉘었는데, 아이들이 문밖을 흘긋거리는 기색조차 없었다. 페리는 이상하다 싶어 반 시간 후에 살짝 방에 들어가 보았다. 둘 다 말똥말똥 깨어 있고 베개는 눈물로 젖어 있었는데, 찍 소리도 내지 않았다. 알고 보니 아이들은 이들 부부의 집에 오기 전 여러 집을 거치는 동안 운다고 손찌검을 당하곤 했었다. 이번이 아홉 번째 집이었다. 검사 결과 이 쌍둥이는 정서적, 지적으로 불치에 가깝게 손상을 입은 상태였다. 결국 아이들은 페리와 샌디의 집에 2년 가까이 있었는데, 입양될 무렵에는 정서적, 지적 역량에서 '정상' 범주라는 판정이 나왔다.

물론 이 이야기는 빙산의 일각에 불과하다. 신문만 읽어 보아도 알 수 있듯이 사랑과 훈육이 충분한 가정에서 자라지 못한 아이는 다른 모든 조건이 같더라도 정서적 성숙에 이르기 어렵다. 예컨대 수많은 연구에서 보여지듯 강인하고 자애로운 아버지 없이 자란 여자는 사랑을 주고받는 법을 좀처럼 배우지 못하며, 이는 불가피하게 훗날 결혼 생활의 불화로 이어질 수 있다. 핵가족의 대대적 붕괴에 따른 이런 대가의 지불은 이제 겨우 시작일 뿐이다.

정서적 상처가 치유될 수 없다는 말은 결코 아니다. 하나님의 은혜는 모든 환경 속에 침투하여 깨어진 사람들을 강력하게 변화시킨다. 그러나 우리 모두가 알다시피 하나님의 은혜가 개입하지 않는 한, 다른 모든 조건이 같은 상태에서 인간의 정서와 관계가 온전히 성숙하려면 사랑과 훈육으로 안정된 가정이 필수 요소다.

영적인 부분에서도 마찬가지다. 훈육과 사랑의 틀이 없는 가정에서는 정상적으로 발육하여 성숙한 인간이 될 수 없듯이, 그리스도인도 그리스도 안에서 하나님의 사랑을 점점 더 경험하지 못하면 온전히 성숙할 수 없다. 이것이 바울의 기도에 깔려 있는 전제다. 그래서 그는 그리스도인들이 능히 하나님의 사랑의 무한한 차원을 깨달아 그분의 모든 충만하신 것으로 충만하게 되기를 위해 기도한다.

모든 비유가 그렇듯이 이 비유도 완전하지 못하다. 앞선 쌍둥이 아이들의 경우는 사랑과 훈육의 틀을 박탈당했지만, 우리는 탕자처럼 스스로 사랑을 버리고 달아났다. 하지만 비참한 미성숙, 피폐한 관계, 깨어진 신뢰, 파산한 영적 현실감 등 결과는 동일하다.

우리가 그리스도의 사랑을 능히 알기 위해서는 다름 아닌 하나님의 능력이 필요하다. 우리는 워낙 '나 중심'에다 독립적이라서 하나님과 너무 가까워지기를 원하지 않는다. 그분께 의존하거나 그분의 사랑에 압도당하기 싫은 것이다. 부부간에도 너무 친밀해지면 사생활을 침해당하는 것 같아 한쪽에서 관계를 멀리할 수 있는데, 사실 이것은 심한 미성숙과 이기심의 발로다. 영적인 부분에서도 마찬가지다. 우리 많은 이들은 살아 계신 하나님께 조금 더 가까워진다 싶으면, 뒤로 물러나 울타리를 치려 한다. 능력을 체험하려는 이유도 스스로 통제하기 위해서다. 하지만 바울이 능력을 구하는 목적은 하나님의 통제를 받기 위해서다. 변화하기 위해 하나님의 능력이 필요함은 그만큼 우리의 자기중심성이 뿌리 깊고 병적이기 때문이다. 지각에 넘치는 그리스도의 사랑을 알아 성경이 말하는 성숙에 이르려면 그분의 능력이 없이는 안 된다.

하나님의 사랑에 흠뻑 젖는다는 것은 놀라운 일이다. 그 사랑을 참으로 체험하고 그 훈훈한 온기 안에서 살아가면, 삶 전체의 의미와 목적이 새로워진다. 성도들 사이의 형제애도 새삼 깊어진다. '교제'도 예배 때 인위적으로 나누는 악수라든가 그저 커피나 차 한잔을 함께 나누는 정도가 아니라 정말 소중해진다. 하나님의 측량할 수 없이 풍성한 사랑 덕분에 우리 자신이 한없는 용서를 받았으므로, 남을 용서하는 일도 거의 자연스러워진다. 혹시 남들이 자신을 멸시해도 하나님께서 나를 사랑하시면 별로 문제될 게 없다. 우리도 바울처럼 "누가 우리를 그리스도의 사랑에서 끊으리요" 롬 8:35 라고 고백할 수 있는데, 어떻게 문제나 슬픔이나 사별 때문에 무시무시한 절망에 빠지겠는가? 그리스도의 사랑을 의식적으로 누리며 살기만 한다면 우리의 말, 생각, 행동, 반응, 관계, 목표, 가치관 등 모든 것이 변화한다. 그러면 우리의 간증은 더 이상 건조하거나 그냥 옳기만 한 것이 아니라, 살아 있고 생기 넘치게 된다. 한마디로 우리는 영적으로 장성해 간다.

우리는 바울이 독불장군식의 기독교를 주창한다고 생각해서는 안 된다. 그의 관심은 각각의 그리스도인의 성숙에만 있는 것이 아니다. 천만의 말이다. 그는 "너희가 사랑 가운데서 뿌리가 박히고 터가 굳어져서 능히 **모든 성도와 함께** 지식에 넘치는 그리스도의 사랑을 알고 그 너비와 길이와 높이와 깊이가 어떠함을 깨달아 하나님의 모든 충만하신 것으로 너희에게 충만하게 하시기를 구하노라" 엡 3:17-19 고 썼다. 존 스토트 John Stott 는 "하나님의 사랑을 전부 알려면 하나님의 백성이 전부 필요하다"라고 말했다.[4] 사실 진정으로 이 부분에서 성장하고 있는 그리스도인이 동료 신자들에게 무관심한 모습은 가히 상상이 안 된다. 예수 그리스도의 사랑을 깊이 이해하고도 그 사랑이 완전히 내 것으로만 남아 있기란 불가능하다. 바울은 온 교회가 함께 자라 가기를 원하여 그렇게 기도한다. 이 간구 전체를 깊이 묵상한 내용을 담은 현대 시가 있다.

> 그리스도의 사랑을 체험하면
> 그 너비와 길이와 높이와 깊이를 알리니
> 한낱 지식은 벽을 깨고 나와
> 언어의 부실한 틀을 벗어나리라.
> 구원이 주는 최고의 풍작을 수확하라.
> 바다 같은 사랑의 기억을 쌓아 올리라.
> 늘 폭포수처럼 부으시는 그 사랑,
> 이보다 깊고 풍성한 복은 없으리.
> 주 하나님, 사랑으로 우리를 세우시고
> 옥토에 뿌리를 박게 하시니
> 풀 한 포기도 광풍에 쓸려 가지 않고
> 모든 성도가 고귀한 사랑을 마시나이다.
> 흙으로 빚으신 이 피조물이
> 하나님의 모든 충만하심을 알게 하소서.

이것을 원하지 않는가? 이런 내용으로 기도한 적이 마지막으로 언제인가? 이를 목표로 삼고 싶지 않은가? 앞으로 6개월 동안 매일의 기도에 이 같은 간구를 통합해 보면 어떨까? 혹시 하나님께서 이렇게 속삭이고 계시지는 않은가? "너희가 얻지 못함은 구하지 아니하기 때문이요."^{약 4:2}

바울의 간구를 지지하는 두 가지 근거

1. 바울의 간구는 하나님의 목적과 일치한다.

바울은 "**이러므로**(이런 이유로)… 아버지 앞에 무릎을 꿇고" 기도한다고 말했다.^{엡 3:14-15} 어떤 이유인가? "이러므로"라는 말은 분명히 그 앞의 내용을 가리킨다. 그런데 1-13절을 읽어 보면 금세 뭔가 특이한 점이 눈에 띈다. 이 단락의 첫 구절인 1절도 "이러므로"라는 말로 시작된 뒤 중간에 문장이 끊어진다. "이러므로 그리스도 예수의 일로 너희 이방인을 위하여 갇힌 자 된 나 바울이…." 짐작건대 바울은 에베소 교인들을 위한 기도를 시작하려다가 잠시 멈추어 사도직의 본질에 대해, 그것과 복음 및 교회와의 관계에 대해 좀 더 말해야겠다고 생각했던 것 같다. 그러니까 14절의 "이러므로"는 1절에 걸리고, 그것은 다시 에베소서 1-2장을 지칭한다는 뜻이 된다.

　여기서 그 두 장을 다 주해할 생각은 없다. 하지만 핵심 주제들을 요약하여 바울의 논지의 방향을 파악하기란 어렵지 않다. 사도는 잃어버린 유대인과 잃어버린 이방인을 연합시켜 하나의 새 인류이자 새 공동체를 만드신 하나님의 주권적 은혜로 인해 그분을 찬양한다. 하나님은 그 일을 아들의 십자가의 구속 사역을 통해 이루셨다. 바울은 이방인 회심자들을 상대로 이런 결론을 내린다. "그러므로 이제부터 너희는 외인도 아니요 나그네도 아니요 오직 성도들과 동일한 시민이요 하나님의 권속이라. 너희는 사도들과 선지자들의 터 위에 세우심을 입은 자라. 그리스도 예수께서 친히 모퉁잇돌이 되셨느니라. 그의 안에서 건물마다 서로 연결하여 주 안에서 성전이 되어 가고 너희도 성령 안에서 하나님이 거하실 처소가 되기 위하여 그리스도 예수 안에서 함께 지어져 가느니라."엡 2:19-22 거기에 덧붙여져 나오는 말이 바로 "이러므로… 이러므로 내가… 아버지 앞에 무릎을 꿇고"엡 3:1, 14-15이다. "이러므로"란 어떤 이유인가? 바울이 기도하는 이유는 하나님이 새 인류를 창조하신 목적을 밝히셨기 때문이며, 그 목적은 곧 그분의 백성을 영적 성숙으로 이끄시는 것이다. 그 성숙은 "주 안에서 성전… 성령 안에서 하나님이 거하실 처소" 등의 은유로 확대 표현되어 있다. 다시 말해서 바울의 기도는 하나님의 목적과 완전히 일치한다. 그래서 하나님께서 밝히신 목적이 바울에게는 이 특정한 간구들을 하늘 아버지께 가지고 나갈 이유가 된다. 요컨대 바울은 에베소서 1장에서 그랬던 것과 똑같이(이 책의 10장 참조) 자신이 아는 하나님의 뜻에 맞추어 기도한다.

하나님은 우리의 안락보다 거룩함에 더 관심이 많으시다. 교인들의 물질적 형통보다 교회의 온전함과 순결을 더 크게 기뻐하신다.

좋은 직장과 멋진 주택, 무난한 건강을 중심으로 살아가는 이들보다 그분을 즐거워하며 순종하는 이들에게 자신을 더 명확히 보여주신다. 우리의 체면을 지켜 주시는 일보다 성령이 거하실 공동체적 '성전'을 지으시는 일에 훨씬 더 헌신적이시다. 우리를 똑똑하다고 치켜세우기보다 자신의 은혜를 드러내시는 쪽을 더 중요하게 여기신다. 우리의 편안함보다 정의를 더 우려하신다. 우리의 인기보다 믿음을 넓혀 주시는 데 더 깊이 헌신하신다. 그분은 자신의 사람들이 주제넘은 자만심과 번지르르한 행복 속에 사는 것보다 훈련된 감사와 거룩한 기쁨 속에 살아가는 것을 더 좋아하신다. 그분은 우리가 날마다 자아실현이 아니라 죽음을 추구하기를 원하신다. 전자는 사망에 이르지만 후자는 생명에 이르기 때문이다.

복음의 이런 본질적 가치가 바울의 기도를 빚어냈듯이 또한 우리의 기도를 빚어내야 한다. 그런 가치가 우리 기도의 근거가 되어야 한다("이러므로 내가… 비노니"). 자신의 기도가 전능하신 하나님께서 밝히신 뜻과 일치함을 알면 놀라운 위로가 되고, 신기하게도 신앙에 탄력이 붙는다.

2. 바울이 간구하는 대상은 하늘 아버지시다.

그는 "이러므로 내가 하늘과 땅에 있는 각 족속에게 이름을 주신 아버지 앞에 무릎을 꿇고 비노니"엡 3:14-15라고 썼다. "하늘과 땅에 있는 각 족속에게 이름을 주신"으로 옮겨진 표현은 번역하기가 매우 까다롭다. 그 말은 단순히 모든 아버지 개념—핵가족의 아버지, 씨족의 아버지, 부족의 아버지 등—의 궁극적 원형이 하나님 자신이라는 뜻일 수 있다. 하나님은 완전한 아버지시며, 모든 적법한 아버지의 모본이시다. 하지만 그 말은 하나님의 백성이 아직 이 세상에 있든 이미 천국에 갔든, 그분이 그들 모두의 하늘 아버지라는 뜻일 수도 있다. 어느 쪽으로 해석하든 하나님은 최고의 아버지시다.

서구 사상의 '아버지'에는 존엄과 권위의 의미가 많이 담겨 있지 않다. 그러나 고대 세계의 아버지는 가족의 유익을 도모한 사람만이 아니라, 은혜를 베풀며 씨족이나 가정 단위를 다스린 사람이기도 했다. 우리가 하나님께 기도로 나아갈 때 그분은 초월적인 타자인 것만이 아니라 하늘 아버지시며, 우리는 "하나님의 권속(가족)"[엡2:19]이 된다. 우리가 대면하는 하나님은 능력만 많으신 게 아니라 우리의 친족, 즉 아버지시다. 예수께서도 제자들에게 "우리 아버지여"라고 기도하도록 가르치지 않으셨던가?

사실 바울의 말에 암시된 예수의 가르침을 쉽게 파악할 수 있다. "그러므로 염려하여 이르기를 무엇을 먹을까 무엇을 마실까 무엇을 입을까 하지 말라. 이는 다 이방인들이 구하는 것이라. 너희 하늘 아버지께서 이 모든 것이 너희에게 있어야 할 줄을 아시느니라. 그런즉 너희는 먼저 그의 나라와 그의 의를 구하라. 그리하면 이 모든 것을 너희에게 더하시리라."[마6:31-33] 이런 말씀도 있다. "구하라 그리하면 너희에게 주실 것이요 찾으라 그리하면 찾아낼 것이요 문을 두드리라 그리하면 너희에게 열릴 것이니… 너희 중에 누가 아들이 떡을 달라 하는데 돌을 주며 생선을 달라 하는데 뱀을 줄 사람이 있겠느냐. 너희가 악한 자라도 좋은 것으로 자식에게 줄 줄 알거든 하물며 하늘에 계신 너희 아버지께서 구하는 자에게 좋은 것으로 주시지 않겠느냐."마7:7-11

이렇듯 바울은 하나님께 나아가 간구할 때 그 대상이 자신의 하늘 아버지이심을 상기한다. 그분은 아버지의 원형이며, 하늘과 땅을 통틀어 모든 참백성의 아버지시다. 그분은 좋은 선물을 주실 줄 아시는 선하신 하나님이다. 바울이 이 하나님께 나아가 이렇게 요청하는 이유는 그분이 선하신 하나님이요 하늘 아버지이심을 알기 때문이다. 그래서 하나님의 속성과 성품은 바울에게 중보기도의 근거가 된다.

우리 하나님은 늘 함께하시는 분, 성경을 통해, 무엇보다 예수 그리스도를 통해 자신을 드러내신 분, 자신의 '권속'을 위한 계획과 목적을 계시하신 분, 기도를 들으시고 응답하시는 분이다. 이 같은 하나님을 더욱 묵상할수록 더욱 기도하고 싶어지게 마련이다. 기도하지 않는 삶은 그만큼 하나님에 대한 무지의 지표일 때가 많다. 하나님을 정말 생생하게 알면, 뭐라고 기도해야 할지도 알게 될 뿐 아니라 기도의 강력한 동인이 생겨난다.

마지막 찬송의 말

지금까지 바울은 하나님께 매우 귀중한 몇 가지 복을 구했다. 측량할 수 없이 큰 복을 전능자께 간구했다. 이제 마지막 송영(찬송의 말)

에서는 이 같은 간구를 바라보는 올바른 관점으로서 두 가지 주제를 강조한다.

1. 바울이 간구하는 대상은 우리가 구하거나 생각하는 모든 것에 더 넘치도록 능히 하실 하나님이다.

이것은 정말 상상을 초월하는 개념이다. 바울 시대에나 우리 시대에나 제법 똑똑하고 자만심에 찬 독자들은 얼마든지 다음과 같이 생각할 수 있다. 이런 간구는 듣기에만 그럴듯할 뿐 하나님께서 거기에 정말 응답하시기를 바란다는 것은 약간 낙천주의적이라는 것이다. 그러나 바울은 물러서지 않는다. 그가 기도하고 마지막 찬송의 말을 올리는 대상은 "우리 가운데서 역사하시는 능력대로 우리가 구하거나 생각하는 모든 것에 더 넘치도록 능히 하실" 하나님이다.엡3:20

물론 이런 확신은 하나님이 전능하신 분이라는 믿음에 당연히 함축된 것일 수 있다. 전능하신 하나님께 난이도란 있을 수 없다. 하지만 여기서 바울이 하나님에 대해 하는 말은 분명 그 이상이다. 하나님께서 우리가 구하거나 생각하는 모든 것에 더 넘치도록 능히 하실 수 있음은 능력이 많아서만이 아니라, 또한 너그러우시기 때문이다. 그분은 자녀들에게 좋은 선물을 주기를 좋아하신다. 하나님을 이와 다르게 생각한다면 이는 그분의 품격을 떨어뜨리는 일이다. 하나님이 이런 분이라는 생각 자체가 우리를 기도로 부르는 부름과도 같다.

우리가 구하는 좋은 것 중에 하나님의 능력이 부족해서 주시지 못할 것은 결코 없다. 심지어 우리가 생각하는 좋은 것 중에도 그분의 능력이 모자라서 못 주실 것은 하나도 없다. 그러므로 바울의 결론인 이 찬송의 말은 아주 강력한 기도의 동인이 된다.

2. 바울의 기도의 궁극적 목적은 교회 안에서와 그리스도 예수 안에서 하나님께 영광을 돌리는 것이다.

서글픈 생각이지만 우리는 기도의 막바지에 와서까지도 지독한 과오를 범할 수 있다. 사실이 그렇다. 좋은 것을 나쁜 목적으로 구할 수 있다. 우리 삶 속에 하나님의 능력이 역사하기를 바라는 것도 자신이 더 거룩해지기 위해서일 수 있다. 능히 그리스도의 사랑의 무한한 차원을 깨닫게 해달라고 구하면서도 이 선한 요청을 변질시킬 수 있다. 온 우주가 나의 발전을 중심으로 돌아간다는 틀 안에서 생각하면, 그 일의 실현까지도 그렇게 된다. 죄의 뿌리는 하나님의 자리를 찬탈하려는 자기중심성이다. 선한 것을 구하면서도 여전히 자신을 첫째로 여긴다면 얼마나 비참한 일인가. 하나님의 뜻을 생각할 때도 주로 내게 미칠 직접적 영향을 따지고, 아직도 그저 복을 위한 복을 사모한다면 말이다.

우리의 기도 제목의 수준은 약간 높아졌을지 모르지만 여기 더 깊이 있는 질문이 있다. 하나님 앞에 이런 간구를 올릴 때 우리는 당면한 목표(구하는 것을 받음)와 궁극적 목표(하나님의 영광)를 함께 생각하는가?

이것이야말로 가장 깊은 시험이다. 우리의 모든 생각과 추구, 나아가 기도에서도 하나님이 철저히 중심에 계시는가? 그래서 기도 응답이 하나님께 영광이 되기를 의식적으로 바라지 않고는 차마 아무것도 구할 생각을 못 하는가?

그것이 바울의 결론인 이 찬송의 말에 담겨 있는 비전이다. 그는 교회 안에서와 그리스도 예수 안에서 하나님께 영광이 돌아가기를 위해 기도한다. 교회 안에서라 함은 교회가 점점 더 하나님께 순종하고, 하나님을 기쁘시게 하며, 하나님을 자신들의 존재의 중심으로 삼기 때문이다. 그리스도 예수 안에서라 함은 교회의 말과 생각과 행실을 통해 예수께서 높임을 받으시기 때문이다.

여기 우리의 기도를 개혁할 길이 있다. 우리는 사도 바울처럼 기도하는 법을 배우되 간구의 내용뿐 아니라, 그의 찬송의 말, 궁극적 목표, 철저한 하나님 중심성에서도 바울처럼 기도해야 한다.

복습과 묵상을 위한 질문

1. 기도를 어떻게 배웠는가? 기도 생활에 가장 큰 영향을 미친 요인들은 무엇인가?

2. 에베소서 3:14-21에 나오는 바울의 기도에서 두 가지 간구를 요약해 보라.

3. 이 두 간구의 목적은 무엇인가?

4. 지금까지 그중 하나나 둘 다를 (표현은 꼭 똑같지 않더라도) 자신의 기도에 어느 정도나 통합했는가?

5. 바울이 말하는 그의 간구의 두 가지 근거는 무엇인가?

6. 간구의 배후에는 어떤 근거 내지 이유가 숨어 있는가? 어떻게 하면 이 부분에서 더 나아질 수 있겠는가?

7. 하나님의 영광을 기도의 핵심 관건으로 삼기 위해 취할 수 있는 조치는 무엇인가?

12.

사역을 위한 기도

Praying for Ministry

| 로마서 15:14-33 |

로마 교인들을 위한 바울의 기도

¹⁴내 형제들아, 너희가 스스로 선함이 가득하고 모든 지식이 차서 능히 서로 권하는 자임을 나도 확신하노라. ¹⁵그러나 내가 너희로 다시 생각나게 하려고 하나님께서 내게 주신 은혜로 말미암아 더욱 담대히 대략 너희에게 썼노니 ¹⁶이 은혜는 곧 나로 이방인을 위하여 그리스도 예수의 일꾼이 되어 하나님의 복음의 제사장 직분을 하게 하사 이방인을 제물로 드리는 것이 성령 안에서 거룩하게 되어 받으실 만하게 하려 하심이라.

¹⁷그러므로 내가 그리스도 예수 안에서 하나님의 일에 대하여 자랑하는 것이 있거니와 ¹⁸그리스도께서 이방인들을 순종하게 하기 위하여 나를 통하여 역사하신 것 외에는 내가 감히 말하지 아니하노라. 그 일은 말과 행위로 ¹⁹표적과 기사의 능력으로 성령의 능력으로 이루어졌으며 그리하여 내가 예루살렘으로부터 두루 행하여 일루리곤까지 그리스도의 복음을 편만하게 전하였노라. ²⁰또 내가 그리스도의 이름을 부르는 곳에는 복음을 전하지 않기를 힘썼노니 이는 남의 터 위에 건축하지 아니하려 함이라. ²¹기록된바 주의 소식을 받지 못한 자들이 볼 것이요 듣지 못한 자들이 깨달으리라 함과 같으니라.

²²그러므로 또한 내가 너희에게 가려 하던 것이 여러 번 막혔더니 ²³이제는 이 지방에 일할 곳이 없고 또 여러 해 전부터 언제든지 서바나로 갈 때에 너희에게 가기를 바라고 있었으니 ²⁴이는 지나가는 길에 너희를 보고 먼저 너희와 사귐으로 얼마간 기쁨을 가진 후에 너희가 그리로 보내주기를 바람이라. ²⁵그러나 이제는 내가 성도를 섬기는 일로 예루살렘에 가노니 ²⁶이는 마게도냐와 아가야 사람들이 예루살렘 성도 중 가난한 자들을 위하여 기쁘게 얼마를 연보하였음이라. ²⁷저희가 기뻐서 하였거니와 또한 저희는 그들에게 빚진 자니 만일 이방인들이 그들의 영적인 것을 나눠 가졌으면 육적인 것으로 그들을 섬기는 것이 마땅하니라. ²⁸그러므로 내가 이 일을 마치고 이 열매를 그들에게 확증한 후에 너희에게 들렀다가 서바나로 가리라. ²⁹내가 너희에게 나아갈 때에 그리스도의 충만한 복을 가지고 갈 줄을 아노라.

³⁰형제들아, 내가 우리 주 예수 그리스도와 성령의 사랑으로 말미암아 너희를 권하노니 너희 기도에 나와 힘을 같이하여 나를 위하여 하나님께 빌어 ³¹나로 유대에서 순종하지 아니하는 자들로부터 건짐을 받게 하고 또 예루살렘에 대하여 내가 섬기는 일을 성도들이 받을 만하게 하고 ³²나로 하나님의 뜻을 따라 기쁨으로 너희에게 나아가 너희와 함께 편히 쉬게 하라. ³³평강의 하나님께서 너희 모든 사람과 함께 계실지어다. 아멘.

— 로마서 15:14-33

일관성은 "속좁은 도깨비"라는 말이 있다. 이를 신학에 적용하면 이 경구는 깔끔하고 정연한 체계를 거부한다. 약간의 신비와 약간의 부조화가 있어야 주권적이고 초월적인 하나님이 들어설 여지가 생긴다.

하지만 부조화를 선뜻 위대한 덕목으로 여길 사람은 거의 없다. 그 단어는 변덕과 불안정과 심지어 허위를 연상시킨다. 예컨대 하나님의 진리를 진지하게 대하는 사람들은 그분의 자기 계시인 성경의 여러 부분들 사이에 어느 정도 통일성이 있어야 한다는 결론을 피할 수 없다. 이런 점에서 부조화를 마음이 조금 너그러운 도깨비로 여길 생각은 없다!

그래도 성경은 모든 조각의 공급이 보장되는 퍼즐은 아니다. 오히려 이 퍼즐을 만드신 분이 보장하는 것은 다음과 같다. 공급된 모든 조각은 동일한 퍼즐에 속하지만, 여러 가지 선한 이유에서 전체 조각이 다 주어진 것은 아니라는 점이다. 모세는 "감추어진 일은 우리 하나님 여호와께 속하였거니와 나타난 일은 영원히 우리와 우리 자손에게 속하였나니"신 29:29라고 말했다. 우리가 맞추는 퍼즐에 늘 빈자리가 있다는 뜻이다. 그래서 서투른 사람은 어떤 조각을 엉뚱한 자리에 억지로 끼우려고도 하고, 어떤 조각은 어디에 맞는지 몰라 그냥 제쳐 두고 싶을 수도 있다.

따라서 우리는 일관성 때문에 성경의 일부 증언을 알게 모르게 빼 버리지 않도록 조심해야 한다. 퍼즐 조각을 억지로 무리하게 끼워 맞추면 빈자리가 하나도 없는 뒤틀린 그림이 나온다. "감추어진 일"의 존재를 자신이 부정해 놓고도 그 사실을 모르게 된다. 이는 하나님을 통제하여 깔끔하게 길들이는 행위다.

이것은 기도와 관련해서도 중요한 개념이다. 어떤 면에서 성경 속의 기도들은 분명히 놀라운 일관성을 보여준다. 모세, 바울, 베드로, 요한의 기도를 보면 우선 대상이 동일한 하나님이다. 물론 서로 다른 점도 있지만, 그래도 강조점, 어조, 논지 등에 현저한 유사성이 있다. 예컨대 바울의 기도는 다분히 종말을 바라보는 비전과 맞물려 있다. 그의 기도에서는 그리스도의 재림을 간절히 사모하는 마음이 강조되고, 그 대격변의 사건에 비추어 살아야 할 절대적 중요성이 강조된다. 하지만 묵시록의 요한도 마찬가지이고, 베드로도 똑같이 "만물의 마지막이 가까이 왔으니 그러므로 너희는 정신을 차리고 근신하여 기도하라"벧전 4:7고 썼다.

바울 서신만 따로 보더라도 그의 기록된 기도들은 앞서 보았듯이 대략 몇 가지 주제로 구별된다. 그렇다고 그가 공식대로 기도했다는 뜻은 아니다. 바울의 기도는 참신하며, 그 참신성의 일부는 사도가 자신의 많은 기도를 현재 쓰고 있는 편지의 주제들 및 감사 제목과 연결시키기 때문이다.[1]

그럼에도 기도에 관한 성경의 자료 중 이 책에 다룬 것은 일부에 지나지 않는다. 예컨대 시편에 나오는 많은 기도를 여기서는 하나도 깊이 살펴보지 못했다. 사실 시편에 보전된 기도들에는 희망, 두려움, 분노, 회의, 믿음, 절망, 배신, 사랑, 낙심, 외로움 등 인간이 경험할 수 있는 전체 범위가 반영되어 있다. 노인들이 젊은이들보다 더 깊이 시편의 진가를 맛보는 이유는, 인생을 오래 살고 경험이 많다 보니 시편에 배어든 폭넓은 경험에 더 공감할 수 있기 때문이다. 그런데 이 모든 값진 기도를 이 책에서는 손도 대지 못했다.

그뿐 아니라 성경에는 다른 기도도 많이 있다. 기도와 관련된 주제 중 그냥 지나친 것들도 있다. 예컨대 '응답되지 않은' 기도는 어찌할 것인가? 또 "추수할 것은 많되 일꾼이 적으니 그러므로 추수하는 주인에게 청하여 추수할 일꾼들을 보내 주소서 하라"마 9:37-38와 같이 우리에게 명하신 구체적인 간구의 제목들은 어떤가?

이런 문제를 언급하는 유일한 이유는 아무도 이 책을 기도의 방법론으로 여겨서는 안 되기 때문이다. 마법의 주문처럼 바울의 기도를 따라 하기만 하면 기도 생활이 변화될 것이라는 인상을 주고 싶지 않다. 기도는 깔끔한 처방전과 다르다. 일련의 기계적 지침만 따르면 결과가 잘 나오는 게 아니다. 그래서 이 책에 강조했듯 살아 계신 하나님께 기도할 때는 관계를 가꾸어야 한다. 또한 9장에서 기도의 신비에 관해서도 조금 다루었다. 이를테면 퍼즐에 부분 부분 빠진 조각이 많음을 인정한 것이다. 그런데 어떤 사람들은 영적 훈련에 임할 때 성경이 허용하지 않는 방식의 일관성에 집착한다. 따라서 바울의 기도 중 지금까지 살펴본 것들과는 꽤 다른 기도를 따로 다루지 않는다면, 나의 불찰이 될 것이다. 이번 장에서 다룰 기도는 바울이 바라던 대로 응답되지 않았다. 그의 여느 기도처럼 내적인 일관성은 여전히 깊고 풍부하지만, 그것이 공식처럼 얄팍하거나 기계적이지는 않다.

이번 기도롬 15:30-33에서는 바울이 자신의 중보기도를 알리는 게 아니라, 오히려 자신과 자신의 사역을 위해 기도를 부탁한다. 이것은 (신자 개인이나 교회의) 거룩함을 구하는 간구도 아니고, 하나님의 사랑을 더 알게 해달라는 간구도 아니며, 속사람을 변화시키는 능력을 구하는 간구도 아니다. 이 기도는 사역, 특히 바울의 사역을 위한 기도다. 여기서 우리는 네 가지 중요한 교훈을 얻을 수 있다.

1. 바울은 이 기도가 진지하고 간절하고 끈기 있게 드려지기를 원했다. 그의 말은 일련의 강한 정서적 표현으로 시작된다. "권하노니… 나와 힘을 같이하여 나를 위하여 하나님께 빌어."롬 15:30 생면부지의 로마 교인들에게 사도는 막연히 당부하는 게 아니라 열정을 담아 간청한다. 그는 그들이 자신과 연합한 존재임을 상기시킨다. "형제들아, 내가… 너희를 권하노니." 이는 로마서 12:1에 쓴 그의 표현과 같을 뿐 아니라 강도까지 동일하다. "그러므로 형제들아, 내가 하나

님의 모든 자비하심으로 너희를 권하노니 너희 몸을 하나님이 기뻐하시는 거룩한 산 제물로 드리라."

그러나 이 요청의 가장 강력한 요소는 그다음 말에 있다. "형제들아, 내가 우리 주 예수 그리스도와 성령의 사랑으로 말미암아 너희를 권하노니 너희 기도에… 나를 위하여 하나님께 빌어." 이 호소의 논리는 다음과 같다. "너희가 메시아 예수를 진정 주님으로 고백한다면, 권하노니 그분의 이름으로 나를 위해 기도하라. 그분이 이루신 구원에 동참했다면, 우리에게 기도를 가르치신 그분께 복종한다면, 그분의 구속救贖을 맛보았고 그분의 나라가 온 땅에 퍼지기를 열망한다면, 권하노니 나와 내 사역을 위해 기도하라. '성령의 사랑'(문맥상 성령을 향한 우리의 사랑이 아니라 성령께서 사랑으로 우리를 채우시고 능하게 하신다는 뜻이다)을 조금이라도 안다면, 내가 권하는 이 중보기도 사역으로 그 사랑을 표현하라. 너희 안에 성령께서 행하고 계신다면 어찌 사랑하지 않을 수 있겠으며, 나를 사랑한다면 어찌 나를 위해 기도하지 않을 수 있겠는가? 너희가 그리스도의 정체를 알고 있고 서로를 온전히 사랑한다면 그것이 기도로 나타날 수밖에 없음을 한시도 잊어서는 안 된다."

이는 그리스도인의 체험에 근거한 솔직한 호소다. 바울 서신에서 그가 독자들의 체험에 호소하는 대목은 이것만이 아니다. 다음의 논지를 생각해 보라. "그러므로 그리스도 안에 무슨 권면이나 사랑의 무슨 위로나 성령의 무슨 교제나 긍휼이나 자비가 있거든 마음을 같이하여 같은 사랑을 가지고 뜻을 합하며 한마음을 품어." 빌 2:1-2

물론 이때는 바울이 독자들에게 기도를 독려한 것은 아니지만 그래도 논리의 흐름은 똑같다. "너희가 복음의 많은 복을 맛보았을진대 분명히 내가 권하는 이 일을 행할 것이다." 로마서 15장에서도 마찬가지다. "너희가 예수 그리스도께 속하였고 너희를 통해 역사하시는 성령의 강력한 사랑을 체험했을진대 분명히 예수 그리스도의 한 사도에게 그 사랑을 즐거이 표현하여 그를 위해 기도해 줄 것이다."

바울이 원하는 기도를 생생히 묘사해 주는 또 다른 표현이 있다. 그는 "형제들아, 내가 우리 주 예수 그리스도와 성령의 사랑으로 말미암아 너희를 권하노니 너희 기도에 **나와 힘을 같이하여** 나를 위하여 하나님께 빌어."롬 15:30라고 썼다. 강조된 부분은 헬라어 원어로서, 한 단어로 된 동사이며 신약에서 유일하게 이곳에만 쓰였다. 그러나 신약에 같은 어군의 다른 형태들이 등장하며, 때로 이것은 기도와 연관되어 쓰였다. 예컨대 바울은 에바브라에 대해 골로새 교인들에게 이렇게 썼다. "그가 항상 너희를 위하여 **애써** 기도하여 너희로 하나님의 모든 뜻 가운데서 완전하고 확신 있게 서기를 구하나니."골 4:12 또 이렇게 쓴 대목도 있다. "내가 너희와 라오디게아에 있는 자들과 무릇 내 육신의 얼굴을 보지 못한 자들을 위하여 얼마나 **힘쓰는지를**(자신의 기도 생활을 가리키는 말이다) 너희가 알기를 원하노니."골 2:1

분명히 바울은 기도를 그리스도인의 씨름의 일부로 보았다. 흔히 이 어군은 이기려고 애쓰는 운동선수의 고된 훈련을 기술할 때 쓰였다. 그래서 모슬렘 지역에 선교의 문을 연 선교사 새뮤얼 즈웨

머 Samuel Zwemer는 "기도는 영혼의 체육관이다"라는 유명한 말을 남겼다. 이는 기도할 때 열심히 땀을 쏟으면, 기도가 본질적으로 더 나아지고 응답의 가능성이 높아진다는 개념이 아니다. 또한 하나님과 씨름한 야곱의 사건이 바울의 기도에 직접 암시되었다고 보기도 어렵다.^{창 32:22-32} 2 그보다 이는 바울이 알았던 진정한 기도에 씨름과 훈련과 일의 요소, 악한 세력에 맞서는 영적 고뇌의 요소가 포함된다는 뜻이다. 바울을 위해 이런 식으로 기도하는 한 로마의 그리스도인들은 사도의 씨름에 동참하는 것이다.

기도를 이렇게 보는 관점은 에베소서 6장에 나오는 영적 전투의 개념과 일치한다. 바울은 독자들에게 "마귀의 간계를 능히 대적"하려면^{엡 6:11} 하나님의 전신 갑주를 입어야 한다고 경고한다. 이어 그는 진리의 허리띠, 의의 호심경, 구원의 투구, 기타 모든 필요한 장비로 무장하라고 말한 뒤에 이렇게 덧붙인다. "모든 기도와 간구를 하되 항상 성령 안에서 기도하고 이를 위하여 깨어 구하기를 항상 힘쓰며 여러 성도를 위하여 구하라. 또 나를 위하여 구할 것은 내게 말씀을 주사 나로 입을 열어 복음의 비밀을 담대히 알리게 하옵소서 할 것이니 이 일을 위하여 내가 쇠사슬에 매인 사신이 된 것은 나로 이 일에 당연히 할 말을 담대히 하게 하려 하심이라."^{엡 6:18-20}

서구의 많은 사람들에 비해 영적 전투를 훨씬 더 진지하게 대하는 지역이 세상에 많이 있다. 예컨대 정령 숭배에 문화적으로 깊이 물든 부족들 속에서 살며 그들을 섬기면 깜짝 놀랄 일이 많다. 물론 서구의 영적 전투가 미약해진 것은 오랜 세월 기독교의 영향으로 미신이 철저히 타파되었기 때문이기도 하다. 하지만 덜 명예롭게도 요즘에는 그 원인이 노골적인 세속주의에도 있고, 모든 현실을 자연주의적 차원에서만 보는 세계관이 만연한 데에도 있다. 다시 말해 우리가 귀신의 세계에서 벌어지는 일을 더 지각하지 못하는 것은 기독교적 유산 때문이라기보다 그만큼 우리가 문화에 깊이 종속되어 있기 때문이다. 우리 문화는 매사를 사회적, 심리적, 경제적 이유로 설명한다.

좋든 나쁘든 이제 상황이 달라지고 있다. 서구 세계에서 웬만한 규모의 도시는 거의 다 마녀 집회의 본산이 되었다. 비교秘教에 대한 일반의 관심이 높아지면서 때로 그것이 사탄 숭배 의식이나 심지어 살해라는 끔찍한 뉴스로 터져 나온다. 귀신의 세력은 우리를 엄청난 죄책감과 절망과 수치심으로 짓누를 수도 있다. 그런데 안타깝게도 우리는 이런 우울 증세가 그리스도인으로서 우리의 사명과 관계될 수도 있다는 가능성에 너무 둔감하다. 그 결과 어리석게도 쇼핑을 가거나 친구와 어울리거나 책을 읽는 방식으로 그것을 떨쳐 내고 기운을 차리려 할 때가 있다. 바울은 당장 기도로 주 예수의 얼굴을 구할 생각부터 했는데, 우리는 처음부터 그럴 때가 얼마나 드문가.

바울이 알고 있었듯 이런 기도의 씨름은 우리가 초자연적 전투에 가담 중이라는 사실에 이미 내포되어 있다. 우리가 세상에서 하려는 일은 사람들을 그저 지적으로 설득하는 게 아니다. 우리의 목표는 음악적 취향이나 열변이나 정서적 위력으로 사람들을 감동시키는 게 아니라, 그들을 예수 그리스도께로 인도하는 것이다. 거듭남

이 필요하고, 하나님의 능력이 회심과 변화로 나타나야 한다. "우리의 씨름은 혈과 육을 상대하는 것이 아니요 통치자들과 권세들과 이 어둠의 세상 주관자들과 하늘에 있는 악의 영들을 상대함이라."엡 6:12 그래서 사탄이 직접 우리를 대적한다. 하지만 온갖 어두운 세력이 아무리 우리를 대적해도 예수께서 우리 편이시다. 우리의 씨름은 깊고 영적이고 초자연적이다. 이런 싸움 속에서 우리는 적절한 무기를 구사할 줄 알아야 하는데, 진지하고 간절하고 끈기 있는 기도야말로 주무기 중 하나다.

2. 바울은 자신의 사역과 관련하여 기도를 부탁한다.

이 책에서 바울 자신을 위해 기도를 부탁하는 본문에 초점을 맞추는 것은 처음이다. 그러나 앞서 이 책의 4장에 열거했던 바울의 기도를 다시 보면, 이런 본문이 이례적이지 않음을 알 수 있다. 그중 일부를 잘 생각해 볼 가치가 있다. 하나는 방금 전에 인용했으므로,엡 6:12, 18-20 이어 세 군데만 더 살펴보자.

> 평강의 하나님이 친히 너희를 온전히 거룩하게 하시고 또 너희의 온 영과 혼과 몸이 우리 주 예수 그리스도께서 강림하실 때에 흠 없게 보전되기를 원하노라. 너희를 부르시는 이는 미쁘시니 그가 또한 이루시리라. **형제들아, 우리를 위하여 기도하라.**살전 5:23-25

> 형제들아, 우리가 아시아에서 당한 환난을 너희가 모르기를 원하지

아니하노니 힘에 겹도록 심한 고난을 당하여 살 소망까지 끊어지고 우리는 우리 자신이 사형선고를 받은 줄 알았으니 이는 우리로 자기를 의지하지 말고 오직 죽은 자를 다시 살리시는 하나님만 의지하게 하심이라. 그가 이같이 큰 사망에서 우리를 건지셨고 또 건지실 것이며 이후에도 건지시기를 그에게 바라노라. **너희도 우리를 위하여 간구함으로 도우라.** 이는 우리가 **많은 사람의 기도로** 얻은 은사로 말미암아 많은 사람이 우리를 위하여 감사하게 하려 함이라. 고후 1:8-11

오직 너는 나를 위하여 숙소를 마련하라. **너희 기도로** 내가 너희에게 나아갈 수 있기를 바라노라. 몬 1:22

조셉 하트Joseph Hart가 쓴 다음의 찬송가(1762년) 가사에 바울도 "아멘!"으로 화답할 것이다.

> 고통이 닥치고 악이 짓누를 때
> 근심이 많고 두려움이 쌓일 때
> 괴로운 죄와 가책에 시달릴 때
> 네 앞에 답이 있으니 곧 기도라

이상의 모든 요청이 바울의 사역과 관계된 것임은 확실하다. 다만 로마서에서 그가 정확히 무엇을 위해 기도를 부탁하는지, 또한 이 기도 부탁은 자신이 부름받은 사명에 대한 그의 비전과 어떤 관계가 있는지 잠시 멈추어 확인해 볼 필요가 있다. 로마서 15장에서 그는 두 가지를 위해 기도를 부탁한다.

바울은 자신을 유대의 순종하지 않는 자들로부터 안전하게 지켜 주시도록 기도를 부탁한다. 그의 말을 직접 들어 보자. "나를 위하여 하나님께 빌어 나로 유대에서 순종하지 아니하는 자들로부터 건짐을 받게 하고."룜 15:30-31 본인이 이미 설명했듯이 그는 마게도냐와 아가야 교회들이 예루살렘의 성도들에게 주려고 모은 상당한 액수의 헌금을 가지고 유대로 가는 길이었다.룜 15:26 하지만 그곳 사람들을 위한 선물을 들고 감에도 불구하고, 자신이 유대에서 그리 잘 받아들여지지 않을 수도 있음을 알았다.

신학적 이유와 문화적 이유가 둘 다 있었다. 예루살렘에는 회심하지 않은 보수 유대인들이 많았는데, 그들은 바울을 변절자로 여겼을 뿐 아니라, 성경의 모세 언약에 나타난 하나님의 계시를 근본부터 허물어뜨릴 소지가 높은 중대한 위험인물로 간주했다. 그들의 관점에 따르면 할례에 무관심한 바울은 하나님의 율법을 변질시키고 있었다. 그는 또 예수와 그분의 죽음과 부활을 강조함으로써 하나님과 죄인들이 만나는 곳인 성전의 입지를 약화시키는 결과를 낳았다. 유대인의 정체성과 문화유산은 각종 의식 및 금기를 준수하는 것과 맞물려 있는데, 바울은 유대인과 이방인이 섞여 있는 새로운 공동체를 조장하고 있었다. 적들의 관점에서 보면 바울이 시도하는 일은 불가능할 뿐 아니라 생각할 수도 없는 일이며, 아예 신성 모독이었다.

유대인 공동체에 속한 사람들이 바울을 향해 품었던 적의가 사도행전의 도처에 약술되어 있다. 바울이 회심한 후 예루살렘에 처음 갔을 때는 "헬라파 유대인들과 함께 말하며 변론하니 그 사람들이 죽이려고 힘"썼으며,[행 9:29] 비시디아 안디옥에서 그가 강력하게 말씀을 선한 뒤로 "그다음 안식일에는 온 시민이 거의 다 하나님의 말씀을 듣고자 하여 모이니 유대인들이 그 무리를 보고 시기가 가득하여 바울이 말한 것을 반박하고 비방"했다.[행 13:44-45] 또한 "주의 말씀"이 그 지역에 두루 퍼지자 "유대인들이 경건한 귀부인들과 그 시내 유력자들을 선동하여 바울과 바나바를 박해하게 하여 그 지역에서 쫓아"냈다.[행 13:50] 루스드라에서는 처음에 꽤 열매가 있었으나 "유대인들이 안디옥과 이고니온에서 와서 무리를 충동하니 그들이 돌로 바울을 쳐서 죽은 줄로 알고 시외로 끌어 내"쳤다.[행 14:19] 데살로니가,[행 17:5-8] 베뢰아,[행 17:13] 고린도,[행 18:12-17] 에베소,[행 19:8-9] 마게도냐,[행 20:3] 등에서도 유대인들의 선동으로 많은 고초를 겪었다. 이 모두가 로마서를 쓰기 전에 벌어진 일이다.

여기서 두 가지 강조할 것이 있다. 첫째로, 이런 기록은 깊은 반유대주의의 산물이 아니다. 얼마나 많은 자칭 그리스도인들이 유대인을 상대로 가공할 일을 저질렀는지 하나님께서 아신다. 그것은 우리의 깊은 수치다. 하지만 교회가 처음 시작될 때는 그렇지 않았다. 대개 박해의 주체는 권력자들이다. 교회가 확장되던 초기에도 마찬가지여서 교회는 비교적 세가 약했고 수많은 회심자들이 회당에서 나왔다. 따라서 회당의 당국자들이 복음을 가장 맹렬히 박해했다. 어쨌든 초기의 회심자들은 대부분 유대인이나 개종자였으므로, 교회의 성격이 '반유대주의'였다고 말한다면 그 단어를 오용하는 것이 된다. 게다가 바울 일행은 때로 이방인들에게도 박해를 받았으며 그런 사건들 역시 충실히 기록되어 있다(예컨대 사도행전 16:16 이하에 바울과 실라가 빌립보에서 매를 맞고 투옥된 일, 사도행전 19:23 이하의 에베소 폭동 등). 사도들이 당한 박해를 바울도 기록했고(고린도후서 11:22 이하를 읽어 보라!), 이방인인 누가도 기록했다(사도행전). 그렇다면 이런 기록의 동기는 민족적 편견이 아니라 복음이 민족과 무관하게 사람들을 갈라놓는다는 인식에 있었다.

이것이 우리가 강조해야 할 두 번째 요인으로 연결된다. 어떤 역본에는 바울이 "유대의 비신자들"로부터 건짐을 받고자 했다고 기록되어 있으나 헬라어 원문은 의미가 더 강하여 "유대에서 순종하지 아니하는 자들" 또는 "유대의 반항하는 무리"를 뜻한다. 특히 오늘날에는 이 구분이 중요하다. 우리는 '믿음'을 견해 정도로 일축하는 현대의 관점을 받아들이는 경향이 있다. 당신이 신자인지 여부는 사적인 문제이며, 당신의 성향이나 조건과 관계된 일일 뿐 궁극적 진리와는 하등 무관하다는 식이다. 그러나 바울을 비롯한 신약의 저자들은 결코 그렇게 보지 않았다. 그들은 하나님께서 먼 과거에만이 아니라 마침내 결정적으로 그 아들 예수 그리스도를 통해 자신을 객관적으로 계시하셨다고 믿었다. 아들을 죽은 자들 가운데서 다시 살리신 그분을 신뢰하지 않는 것은 단순히 종교적 취향의 문제가 아니라 고의적 불순종이며, 현대적 의미의 '불신'이 아니라 도덕적 반항이다. 자신의 견해와 취향과 우선순위를 중심이 되신 하나님보다 더 떠받드는 죄다. 그분은 비할 데 없는 자비와 인내와 사랑으로 우리에게 자신을 생생히 계시해 주셨다. 이런 하나님과 이런 계시를 믿지 않는 것은 철저히 자아에 대한 우상 숭배, 즉 자아와 그 모든 근시안적 견해를 숭배하는 죄악이다. 요컨대 극악한 반항이다.

그러니 바울이 곧 방문할 예루살렘에서 그런 사람들로부터 건짐을 받도록 기도를 부탁한 것은 당연한 일이다.

바울은 자신이 예루살렘으로 가져가는 헌금이 그곳의 성도들에게 잘 받아들여지도록 기도를 부탁한다. 이 역시 바울이 직접 한 말이다. "또 예루살렘에 대하여 내가 섬기는 일을 성도들이 받을 만하게 하고."^{롬 15:31}

이 기도 부탁은 예루살렘의 상황에 대한 바울의 목회적 민감성을 보여준다. 예루살렘의 신자들은 사실상 모두가 유대인이었다. 당연히 그중 일부는 바울의 행위를 깔보던 회심하지 않은 유대인들의 영향을 입었을 것이다. 사실 그리스도인들은 주위의 비신자들의 관점에 영향을 입을 때가 많다. 바울은 현실주의자였던 만큼 자신이 하는 일을 예루살렘의 모든 그리스도인이 이해하거나 심지어 인정해 주리라고 기대하지 않았다.

그의 우려에 또 다른 요인이 있었을 수도 있다. 그는 예루살렘 지역의 가난한 신자들을 돕고자 마게도냐와 아가야 교회들에서 모은 돈을 가져가는 길이었다. 그는 이 선물이 하나님의 사람들의 필요를 채워 줄 뿐 아니라 "하나님께 드리는 많은 감사로 말미암아 넘"치기를 간절히 바랐다.^{고후 9:12} 그런데 선물을 잘 받을 줄 모르는 사람들도 있다. 상대를 자기보다 못하다고 여길 때는 특히 더하다. 선물을 바른 마음으로 주는 데도 은혜가 필요하듯이 바른 마음으로 받는 데도 똑같이 은혜가 필요하다. 예루살렘의 성도들이 바른 태도로 받아 준다면, 하나님께 감사가 돌아감은 물론, 로마 제국 전역과 그 너머에 흩어진 온 교회에서 연합의식이 풍성히 고취될 것이다. 그래서 바울은 자신이 예루살렘에서 섬길 일을 위해 기도를 부탁한다.

바울이 자신을 위한 기도를 요청하며 독자들에게 구체적으로 제기한 문제는 이상의 두 가지다. 물론 오늘의 우리는 이와 정확히 똑같은 기도를 부탁할 일은 없다. 하지만 그것을 오늘의 유사한 필요에 적절하게 적용할 수 있다.

선교사, 교회를 개척하는 사람, 목사, 기타 영적 지도자를 위해 기도할 때 우리는 많은 필요를 염두에 두어야 한다. 예컨대 앞서 보았듯이 바울은 자신이 당연히 전할 복음을 담대히 말하게 해달라고 기도를 부탁했다. 늘 일선에서 복음을 전하는 사람들을 위해 하나님께 중보할 때 우리 입에서도 그런 기도가 떠나지 않아야 한다. 방금 살펴본 바울의 두 가지 기도 제목을 우리는 다음과 같이 확대할 수 있다.

우리는 사역을 망쳐 놓으려는 외부인의 박해로부터 기독교 사역자들을 견뎌 주시도록 기도해야 한다. 요즘은 이런 훼방이 회당에서 발생하지는 않을 것이다. 대부분의 서구 세계에서 가장 파괴적인 도전은 신체적으로 위험한 형태의 박해가 아니다. 물론 도심의 빈민가에서 사역하거나 이단과 비교와 마약 중독을 상대로 사역하는 그리스도인들은 어느 정도 신체적 위험에 직면한다. 그러나 기독교 지도자들의 활력과 열매를 위협하는 요소는 그 밖에도 많이 있으며, 그중 일부는 외부인들에게서 온다.

간혹 기독교 지도자를 쓰러뜨리려는 운동에 열을 올리는 사람들이 있다. 이따금씩 어느 유명한 그리스도인이 언론의 정말 치사한 공격의 과녁이 될 때가 있다. 내가 보았던 지방 정부들은 지독한 적그리스도(요한1서 2:18의 표현으로)의 주도로 법안을 통과시키고 법적 관료주의를 동원하여, 기독교 사역 기관과 그 지도자를 괴롭히고 제약하고 가능하면 파멸시키려 했다. 그런가 하면 내가 알았던 두세 명의 여자는 사역자를 유혹하여 쓰러뜨리는 일을 자임하여, 그중 한 사람은 유명한 성공을 거두었다. 물론 사역자들 자신이 이성과의 관계에 부주의할 때가 너무 많고, 그중 넘어지는 자들은 무죄하지 않을 뿐만 아니라 오히려 자신이 주동자일 때도 잦지만 말이다. 어떤 교단들에서는 권력 정치가 너무 살벌하고 부정하여, 좋게 말해서 성직자의 예복을 입은 교회 정치가들이 성경적 의미로 '외부인'이다. 이들 역시 기독교 지도자들을 너무 '보수주의'라거나 '성경 엄수주의'라거나 '근본주의'라고 일축하며 파멸에 몰아넣을 수 있다.

그보다 흔하게 우리 사회에서 기독교 지도자가 외부의 위험을 자초하는 이유는 외부인들이 공공연히 교회의 파멸을 꾀하기 때문이 아니다. 외부의 가치관과 영향력이 자주 그들에게 덫이 되기 때문이다. 다른 지도자들은 물론이고 안타깝게도 복음의 사역자들도 돈과 권력의 단맛으로부터 자유롭지 못한 경우가 많다. 이 조직이나 저 위원회에 가입하도록 초대받으면 지도자의 기독교적 영향력과 인맥이 넓어질 수 있다. 사실 대다수의 그리스도인들은 바로 그런 이유로 초대를 수락할 것이다. 하지만 많은 경우에 초대의 수락과 더불어 그리스도인의 입에 재갈이 물려진다. 사회적 관행과 의무가 너무 많아져 예언자적 증언을 할 수 없게 된다. 또한 사역자는 사회적 명예라는 줄에 목이 묶인 채 길들여진다.

당신도 그런 예들을 알고 있을 것이다. 굳이 오래 걸리지 않더라도 생각이 있는 관찰자라면 기독교 지도자들이 늘 외부적 위험에 처해 있는 분야가 눈에 띌 것이다. 그들을 보호하려면 하나님의 사람들의 기도가 필요하다.

우리는 기독교 지도자들의 섬김이 그 사역의 대상에게 잘 받아들여지도록 기도해야 한다. 물론 지도자 쪽에서 잘못할 때도 있으며, 그런 경우 교회가 성경의 원칙대로 다스려야 한다. 그것도 중요한 주제이나 여기서 다룰 문제는 아니다. 반대로 어떤 이유에서든 기독교 지도자들의 사역이 섬김의 일부 대상에게 전혀 받아들여지지 않을 때도 종종 있다. 이런 방해는 굉장히 해로울 수 있다.

우리 세대의 많은 사람들은 용서와 거룩함을 얻으려고 교회에 나가는 게 아니라 평안과 행복을 얻으려고 나간다. 그들은 그리스도가 과거의 계시를 어떻게 성취하셨는지 알아볼 생각은 없고, 그저 자신이 채움 받기를 원한다. 예배보다 오락을, 진리보다 말재주를, 경건보다 프로그램을 선호한다. 교회에서 이런 사람들의 목소리가 커지면 성경에 충실하고자 진지하게 애쓰는(표현 방식은 현대적일지라도) 지도자들은 고달파진다.

우리는 하나님께 지혜와 영성과 경건과 훈련과 지식을 갖추었고, 성경에 충실하며, 늘 기도하는 목자들을 보내 달라고 기도해야 한다. 그러나 또한 성도들이 그들의 사역을 잘 받아들이기를 위해서도 기도해야 한다. 비전과 영감을 품은 충실한 지도자가 너무 적은 것은 엄청난 비극이다. 하지만 주께서 보내시는 그들이 쓰레기 취급을 당하는 것은 교회의 비참한 죄목이다. 그런 일이 비일비재하다. 영적으로 깨어 있는 충실한 지도자들의 사역이 성도들에게 두루 받아들여지도록 하나님께 기도하는 사람들이 더 많아진다면, 아마도 그런 일이 줄어들 것이다.

3. 바울은 자신의 사역을 위해 기도를 부탁할 때 이미 미래의 사역을 내다본다.

이것이 바울의 기도의 '장기적' 특성에서 도출되어야 할 결론이다. 그는 "나로 유대에서 순종하지 아니하는 자들로부터 건짐을 받게 하고 또 예루살렘에 대하여 내가 섬기는 일을 성도들이 받을 만하게 하고 나로 하나님의 뜻을 따라 기쁨으로 너희에게 나아가 너희와 함께 편히 쉬게 하라"[롬 15:31-32]고 썼다. 이 기도 요청을 이해하려면 그 직전에 나오는 배경을 알아야 한다. 바울은 지금 로마에 가서 요긴한 휴가나 보내겠다고 청하는 게 아니다. 그가 설명했듯 아직 복음이 닿지 않은 불모지에 복음을 전하는 것이 늘 그의 야망이었다.[롬 15:20] 그래서 지중해의 동쪽 기슭에는 더 이상 자신이 일할 곳이 없다고 느꼈고,^{롬 15:23} 로마에 들러 독자들을 만난 뒤 스페인으로 갈 계획이었다.^{롬 15:24} 스페인에 복음을 전하며 새로운 선교지로 사역을 확장하고 싶었던 것이다. 하지만 우선은 예루살렘에 가서 돈을 전달해야 했다. 그 돈은 모교회의 가난한 신자들에게 주려고 마게도냐와 아가야에서 정성 들여 모은 헌금이었다.

그래서 예루살렘 방문과 관련하여 기도를 부탁할 때 바울은 미리 구상 중인 그 이후의 사역도 함께 생각하지 않을 수 없었다. 일단 그는 로마로 가서 서로 위안을 나눌 예정이었고,^{롬 1:11-13} 그 후에 그곳을 기반으로 삼아 스페인에 가서 복음을 전하고 싶었다. 계획대로 잘 되었다면, 그다음에 또 어디로 갔을지 누가 알겠는가? 따라서 로마에서 "편히 쉬게 하라"는 말에는 서로 위안을 나눌 것에 대한 그의 기쁨만이 아니라, 그들의 지원으로 스페인에 가려던 소망까지 담겨 있다.

기도를 보는 이런 관점에는 대국적 비전이 서려 있다. 바울은 당면한 관심사도 하나님께 자세히 아뢰지만, 또한 큰 그림을 염두에 두고 이후의 선교까지 내다본다. 그냥 현재의 문제를 헤쳐 나갈 은혜만 구하는 게 아니라 계속 이렇게 묻는다. 우리는 어디로 가고 있는가? 나가서 복음을 전하는 일을 어떻게 하고 있는가? 이 소규모의 승리는 다음 단계의 확장과 어떻게 맞물릴 것인가?

바울은 현재 진행 중인 섬김보다 몇 단계를 앞서 생각했던 것 같다. 그래서 이 기도 요청은 당면한 도전에서 그치지 않고 그 도전을 사역의 더 큰 흐름과 방향 속에 둔다. 바울은 꿈꾸는 사람이요 새로운 필요와 기회를 내다보는 사람이다. 그것이 자신의 기도 생활은 물론이고 다른 사람들에게 부탁하는 기도와도 밀접하게 맞물려 있다.

바울의 기도는 때로 사람들이 흉내 내는 두루뭉술한 일반화의 기도와는 다르다. 그런 기도를 우리도 다 들어 보았다. "주여, 온 세상의 모든 사람에게 성령을 부어 주소서. 주여, 모든 사람을 구원하여 주소서." 이런 기도에도 하나님의 속성이 일면 반영되어 있긴 하다. 주님은 악인이 죽는 것을 기뻐하지 않으시고 친히 이렇게 외치신다. "돌이키고 돌이키라. 너희 악한 길에서 떠나라. 어찌 죽고자 하느냐."겔 33:11 그러나 성경에 분명히 밝혀져 있듯이 이 기도는 긍정으로 응답될 수 없다. 따라서 그렇게 기도해 봐야 별 소용이 없다. 적어도 이런 형태로는 아니다.

하지만 나는 이렇게 전체를 뭉뚱그려 간구하는 신자가 한 명이라면 자신의 꽤나 까다로운 요구들에 함몰되어 있는 신자는 여럿이라는 인상을 받는다. 후자의 관심사는 자신의 건강이나 성공이고, 그보다 좀 낫다면 다음번 여름성경학교의 도전이나 십 대 아들의 변덕 따위다. 결국 그들은 사역의 전체 범위와 방향에 대한 의식을 완전히 잃는다. 꿈이 없을 뿐 아니라, 부흥을 위한 기도도 생전 하지 않는다. 그들은 사역의 잠재적 다음 단계나 여기서 거기로 가는 데 필요한 조치를 결코 내다보지 못한다.

당신이 중앙아프리카의 작은 부족을 섬기는 선교사라고 생각해 보라. 무엇을 위해 기도하겠는가? 명백한 기도 제목들—충분한 건강, 마을 전도, 현지인 훈련 등—외에 더 큰 비전과도 기도를 연결시키겠는가? 교회의 현지화와 적절한 토착화를 모색하겠는가? 이 부족에서 다음 부족으로 뻗어 나갈 미래를 내다보겠는가? 성경 대학이 필요한가? 필요하다면 어떤 종류의 학교를 세워야 하겠는가? 당신이 일에서 손을 뗄 날을 위해 미리 어떤 준비를 하겠는가? 이런 꿈들이 당신의 기도 생활에 영향을 미치겠는가?

모든 사람이 다 광범위한 사역, 즉각 열매가 맺히는 사역으로 부름받았다는 말은 아니다. 우리 중에는 일이 더디고 힘든 상황으로 부름받은 사람들도 있다. 하지만 그렇더라도 우리가 꿈꾸지 않고 미래의 가능성을 내다보지 않는다면, 이를 위해 기도하거나 노력하기는 어려울 것이다. 그저 하루하루 닥쳐오는 일만 처리하며 평생을 보낼지 모른다. 그보다 기회 있는 대로 당면 관심사를 더 큰 가능성과 연결시켜 사역의 지경을 넓혀 나간다면 얼마나 더 좋겠는가.

매우 중요하게 인식해야 할 점이 또 있다. 바울의 기도는 다름 아닌 복음 자체에 대한 관심이며, 빈곤한 세상에 복음을 퍼뜨려야 한다는 부담이다. 자주 인용되는 E. M. 바운즈[E. M. Bounds]의 말이 여기에 꼭 맞는다. "복음이 태생적으로 강권하는 일 중 하나가 바로 기도다. 기도가 없이는 복음을 효과적으로 전하거나 충실하게 퍼뜨리거나 마음으로 경험하거나 삶으로 실천할 수 없다. 이유는 아주 간단하다. 신앙적 직무의 목록에서 기도를 빼면 곧 하나님을 빼는 것이며, 그분이 없이는 그분의 일이 진척될 수 없기 때문이다."[3]

바울의 기도는 그래서 아주 매력적이다. 그가 자신의 섬김이 예루살렘의 성도들에게 잘 받아들여지고, 그곳의 유대인들에게 용납되기를 바란 것은 자신의 삶이 좀 더 편해지거나, 성직 위계상의 권력층에서 자신의 평판을 좋게 하기 위해서가 아니었다. 그가 자신의 길이 순탄하기를 원한 것은 다음 단계의 선교에 착수하기 위해서였다. 그는 복음을 염려했고, 복음의 확장에 뜨겁게 헌신했다. 그것이 그의 기도의 동력이었다. 우리 기도의 동력도 그것인가?

4. 끝으로 꼭 알아야 할 것은 바울의 일부 기도가 그의 바람대로 응답되지 않았다는 사실이다.

바울이 부탁한 기도는 구체적으로 세 가지다. 자신이 유대에서 복음에 불순종하는 사람들로부터 건짐을 받는 것, 자신의 사역이 예루살렘의 성도들에게 잘 받아들여지는 것, 이 모든 결과로 자신이 로마에서 "편히 쉬"고 나서 그들의 보냄을 받아 스페인에서 더 선교하고 교회를 개척하는 것이었다.

하지만 우리는 사도행전을 통해 이야기의 결말을 알고 있다. 그 세 가지 요청 중 두 번째는 응답되었고, 첫 번째는 응답되지 않았다(바울은 "유대에서 순종하지 아니하는 자들"의 선동으로 예루살렘에서 체포되었다). 그리고 스페인행은 끝내 무산된 것으로 알려져 있다. 물론 로마에는 갔으나 자신이 생각하던 방식대로는 아니었다. 그는 가이사랴에 2년 동안 구금되어 있다가 명백히 타락한 법정에서 심문을 받았고, 그 뒤에 가이사에게 상소하여 배편으로 로마로 호송되던 도중에 또 파선(네 번째 파선!)을 겪었다. 로마서의 본문에 기록된 기도를 요청할 때 그가 상상했던 결과는 분명히 아니었다.

하지만 바울의 일부 기도가 그의 바람대로 응답되지 않았다는 사실은 우리에게 위로가 된다. 우리도 똑같은 일을 경험하기 때문이다. 성경에 나오는 '응답되지 않은' 기도나, 기도한 사람이 차라리 사양하고 싶었을 응답은 비단 이번만이 아니다. 겟세마네 동산에서 예수도 "이 잔을 내게서 옮기시옵소서"라고 기도하셨다. 물론 "그러나 나의 원대로 마시옵고 아버지의 원대로 하옵소서"라고 덧붙이셨지만, 그래도 첫 요청이 예수의 바람대로 응답되지 않은 것만은 분명한 사실이다.

고린도후서 12:1-10에 바울은 "내 육체에 가시 곧 사탄의 사자"를 없애 달라고 세 번이나 기도했으나 그것은 없어지지 않았다. 하나님은 응답으로 더 많은 은혜를 부어 주셨다. 바울도 나중에는 그것이 선하고 지혜로운 응답임을 알게 되었지만 처음에 기도할 때 생각했던 응답은 당연히 아니었다.

논의의 취지상 이렇게 가정해 보자. 하나님께 무엇이든 구한 뒤에 "예수님의 이름으로 기도합니다"와 같은 적당한 공식으로 기도를 마무리하면, 매번 우리가 구한 대로 즉각 응답된다. 그러면 우리는 기도를 어떻게 보겠는가? 하나님을 어떻게 보겠는가? 기도는 신통한 마법처럼 되지 않겠는가? 하나님은 능력이 출중한 요정에 불과하지 않겠는가? 알라딘의 램프를 문질러서 불러내는 게 아니라 기도로 불러내는 요정 말이다. "오늘 제 이상형의 배우자를 만나게 하소서. 예수님의 이름으로 기도합니다. 아멘." 또는 "차드에 보낼 28명의 선교사를 후원금까지 완비하여 이번 주 내로 더 모집하여 주소서. 예수님의 이름으로 기도합니다. 아멘." 얼마나 쉽고, 잘 길들여진 종교인가.

하지만 참된 종교는 아니다. 그것은 예배가 아니라 마법이다. 그리스도의 주권에 진심으로 복종하는 게 아니라 또 다른 권력의 과시다. 선하고 지혜롭고 오래 참으시는 하나님 아버지와의 인격적 관계가 아니라 미신이다.

그분은 우리가 구한 대로 주실 수도 있고, 기다리게 하실 수도 있고, 거절하실 수도 있다. 기도 제목의 취지는 들어주시되 방법이 다를 수도 있다. 바울의 경우도 하나님께서 육체의 가시를 없애 주신 게 아니라 은혜를 더 베푸셔서, 바울이 그 가시로 인한 고통을 능히 감당하게 하셨다.

이런 깊고 풍성한 신학을 아주 실제적으로 간추린 두 편의 시가 있다. 내가 알기로는 작자 미상이다.[4]

나 주께 구했네, 믿음과 사랑과
모든 은혜에서 자라 가도록
주의 구원을 더 알고
그 얼굴을 더 간절히 찾도록.

때를 보아 내 기도에 바로
응답해 주실 줄 알았네.
강권하는 사랑의 힘으로
죄를 꺾고 쉼을 주실 줄 알았네.

대신 주님은 내 마음의
　　숨은 죄악을 보게 하셨네.
　　성난 지옥의 세력이 구석구석까지
　　내 영혼을 공격하게 하셨네.

　　나 떨며 물었네. "주여, 어인 일입니까?
　　벌레 같은 저를 죽이실 셈입니까?"
　　주께서 답하시기를 "은혜와 믿음을 구한
　　네 기도에 내 이렇게 응답하노라.

　　이런 내면의 시험으로
　　너를 자아와 교만에서 해방시키고
　　이 땅의 기쁨에서 벗어나
　　내 안에서 모든 것을 찾게 하노라!"

이런 시도 있다.

　　성공하려고 힘을 구했으나
　　순종하라고 약해지게 하셨네.
　　더 큰 일을 하려고 건강을 구했으나
　　더 나은 일을 하라고 병을 주셨네.
　　행복해지려고 재물을 구했으나

지혜로워지라고 가난을 주셨네.

인간에게 칭찬받으려고 권력을 구했으나

하나님의 필요성을 느끼라고 무력하게 하셨네.

삶을 누리려고 모든 것을 구했으나

모든 것을 누리라고 삶을 주셨네.

구한 것은 아니어도 바란 대로 다 받았으니

이렇게 기도를 응답해 주셨네.

우리가 예수의 이름으로 부르는 주권적이고 거룩하고 사랑이 많으시고 지혜로우신 아버지는 깊은 의미에서 우리의 기도보다 **우리 자신**을 더 귀히 여기신다. 기도를 과소평가하려는 게 아니다. 다만, 우리의 기도에 대한 하나님의 응답이 우리를 대하시는 그분의 마음과 분리될 수 없다는 뜻이다.

나는 처음부터 끝을 알 수 없다. 하나님만이 끝을 아신다. 그런 그분이 바울의 삶과 사역에 관심을 품으셨듯 그분의 자녀인 나에게도 관심을 품으신다. 기도란 하나님을 더 잘 알아 가는 것이고, 그분의 생각과 뜻을 배우는 것이다. 기도를 통해 나는 기다리는 법을 배우며, 종종 내 요청이 빗나가 있고 내 동기가 이기적임을 배운다.

바울의 일부 기도에 대한 하나님의 응답은 예상 밖이었지만 최고의 응답이었다(바로 그분이 하나님이시기 때문이다). 마찬가지로 우리의 기도에 대한 그분의 응답도 항상 그분께 영광이 되고, 그분의 사람들에게 유익이 된다.

복습과 묵상을 위한 질문

1. 다른 사람들을 위해 진지하고 간절하고 끈기 있게 기도하고 있는가? 그렇지 못하다면 그 이유는 무엇인가?

2. 당신의 기도에서 복음을 사랑하는 마음과 복음을 퍼뜨리려는 열망이 어느 정도나 동력이 되고 있는가? 어떻게 하면 이 부분에서 더 나아질 수 있겠는가?

3. 일부 기도가 응답되지 않았는가? 예상 밖의 응답을 받은 적이 있는가? 이런 경험을 어떻게 설명할 수 있겠는가?

4. 당신이 속한 교회나 단체의 그리스도인 지도자들에게 닥쳐올 수 있는 구체적인 장애물들을 생각하면서 그 지도자들을 위해 기도하라(다른 사람들과 함께 기도하면 더 좋다).

후기: 영적 개혁을 위한 기도

주 하나님, 이 책을 읽는 모든 사람에게 주께서 복 주시기를 간구합니다. 주님의 복이 없이는 진정한 유익이 없기 때문입니다. 정보는 넘칠지라도 긍휼이 없을 수 있고, 기도의 형식은 있어도 열매 맺는 경배와 중보는 없을 수 있습니다. 말재주는 좋아도 열정이 부족할 수 있으며, 주님의 사람들에게 감동만 줄 뿐 그들을 변화시키지는 못할 수 있습니다. 지식만 더할 뿐 지혜와 깨달음은 거의 주지 못할 수 있습니다. 또한 많은 사람을 즐겁게 할지는 몰라도 주님의 복되신 성령으로 견고히 거듭난 사람은 드물 수 있습니다.

그리하여 주님의 복과 성령의 능력을 구하오니, 우리로 하여금 주님을 더욱 잘 알게 하소서. 우리를 향한 주님의 무한한 사랑을 더욱 깊이 깨닫게 하소서. 주 하나님, 우리에게 복을 주시되 안락이나 끝없는 승리가 아니라 충실함을 주소서. 넘치는 눈물의 복을 주시고, 주님의 말씀을 알고 또 행하려는 갈급한 사고와 마음을 복으로 주소서. 의에 주리고 목마른 심정, 진리를 향한 열정, 사람들을 사랑하는 마음을 복으로 주소서. 모든 것을 영원의 관점에서 판단하는 안목을 복으로 주소서. 거룩함을 정직히 사모하는 복을 주소서. 우리에게 약할 때 강함을, 슬플 때 기쁨을, 갈등 중에 평정을, 박해나 공격을 받을 때 인내를, 유혹을 당할 때 지조를, 미움받을 때 사랑을, 일시적 유행을 쫓으며 시류에 편승하는 풍조 속에서 견고함과 멀리 보는 눈을 주소서.

거룩하시고 자비로우신 하나님, 우리가 주님께 쓰임 받아 주님의 나라를 널리 확장하게 하소서. 주님을 참으로 알고 사랑하도록 많은 사람들을 주께로 이끌게 하소서.

무엇보다 날이 갈수록 우리 삶이 하나님의 사랑하시는 아들이며, 우리 구주요 주님이신 예수 그리스도께 더욱 영광이 되게 하소서.

양들의 위대한 목자이신 우리 주 예수를 영원한 언약의 피로 죽음에서 다시 살리신 평강의 하나님, 우리를 모든 선한 것으로 무장시키셔서 주님의 뜻을 행하게 하소서. 예수 그리스도를 통해 우리 안에서 주님께 기쁨이 되는 일을 행하심으로 영원무궁토록 영광을 받으소서. 아멘.

주

서문

1. D. A. Carson 편집, *Teach Us to Pray: Prayer in the Bible and the World* (Grand Rapids: Baker; Exeter: Paternoster, 1990)

들어가며

1. David Hanes 편집, *My Path of Prayer* (Worthing, West Sussex: Henry E. Walter, 1981), 56쪽. (『기도의 오솔길』 두란노)

1. 기도 학교에서 배우는 교훈

1. 이런 주제에 대한 유익한 논의는 다음 책을 참조하라. Thomas E. Schmidt, *Trying to Be Good* (Grand Rapids: Zondervan, 1990), 3장
2. 다음 기사를 참조하라. David H. Adeney, "Personal Experience of Prayer"—D. A. Carson 편집, *Teach Us to Pray: Prayer in the Bible and the World* (Grand Rapids: Baker; Exeter: Paternoster, 1990), 309-315쪽
3. Bill Hybels, *Too Busy Not to Pray: Slowing Down to Be with God* (Downers Grove, IL: InterVarsity, 1988), 특히 101-106쪽. (『너무 바빠서 기도합니다』 IVP)
4. Patrick Johnstone, *Operation World: A Day-to-Day Guide to Praying for the World*, 개정판 (Bromley, Kent: STL, 2001). (『세계 기도 정보』 죠이선교회)

5. Stanley J. Grenz, *Prayer: The Cry for the Kingdom* (Peabody, MA: Hendrickson, 1988), 37쪽. (『기도-하나님 나라를 위한 부르짖음』 SFC 출판부)
6. 다음 책을 참조하라. D. A. Carson, *The Farewell Discourse and Final Prayer of Jesus* (Grand Rapids: Baker, 1980), 109-110쪽. 영국판, *Jesus and His Friends* (Leicester: Inter-Varsity, 1986), 108-110쪽
7. 이런 해석을 변호하는 내용은 다음 기사를 참조하라. Peter T. O'Brien, "Romans 8:26, 27: A Revolutionary Approach to Prayer?"—*The Reformed Theological Review* 46 (1987), 65-73쪽
8. 다음 책에 인용된 시다. C. S. Lewis, *Letters to Malcolm: Chiefly on Prayer* (New York: Harcourt, Brace and World, 1964), 67-68쪽. (『개인 기도』 홍성사)
9. 같은 책, 68쪽
10. David Hanes 편집, *My Path of Prayer* (Worthing, West Sussex: Henry E. Walter, 1981), 57쪽. (『기도의 오솔길』 두란노)

2. 기도의 틀

1. 헬라어 원문의 특이한 전치사구(*eis ho*)가 11-12절 이전의 모든 내용을 가리킨다고 볼 수 있다. 그래서 NIV에는 "이것을 염두에 두고"(with this in mind)라는 관용구로 옮겨져 있다(개역개정의 "이러므로"에 해당한다—옮긴이).

3. 합당한 간구

1. 원문이 약간 모호하여 일부 해석자들은 11절의 이 부분을 다르게 풀이한다. 바울의 기도를 직역하면 하나님이 "모든 선한 목적과 믿음의 역사를 이루어 주시고"가 된다. 여기서 "모든 선한 목적"을 하나님의 선한 목적으로 볼 수도 있다. 하지만 "믿음의 역사"는 분명히 신자들에 해당하며 "모든"은 십중팔구 그 두 가지를 다 수식한다. 따라서 이 부분은 지금처럼 "(너희의) 모든 선을 기뻐함과 (너희의) 믿음의 역사"로 보는 것이 가장 자연스럽다.

4. 남을 위한 기도

1. 물론 이런 구분은 어느 정도 인위적이다. 예컨대 흔히 "바울의 기도"로 분류되는 것들

도 바울의 기도에 대한 '보고'보다는 좀 더 직접적이겠지만, 역시 분명히 보고일 뿐이며 그나마 부분적인 보고다. 바울의 경우에 순전히 기도 자체인 기록은 성경에 없다.
2. 로마서 8:26-27과 같은 본문들은 바울이 기도를 언급한 대목이지만 여기에 포함하지 않았다. "이와 같이 성령도 우리의 연약함을 도우시나니 우리는 마땅히 기도할 바를 알지 못하나 오직 성령이 말할 수 없는 탄식으로 우리를 위하여 친히 간구하시느니라. 마음을 살피시는 이가 성령의 생각을 아시나니 이는 성령이 하나님의 뜻대로 성도를 위하여 간구하심이니라."

5. 사람들을 향한 열정

1. 다음 기사를 참조하라. Peter T. O'Brien, "Thanksgiving within the Structure of Pauline Theology"—*Pauline Studies* (Festschrift for F. F. Bruce), Donald A. Hagner & Murray J. Harris 편집 (Grand Rapids: Eerdmans, 1980), 50-66쪽, 특히 56쪽

6. 도전적 기도의 내용

1. 다음은 성경적 기도 신학에 대한 아주 유익하고 통찰력 있는 기사다. Edmund P. Clowney, "A Biblical Theology of Prayer"—D. A. Carson 편집, *Teach Us to Pray: Prayer in the Bible and the World* (Grand Rapids: Baker; Exeter: Paternoster, 1990), 136-173쪽
2. 즉 "지혜와 총명"을 이끄는 전치사 *en*이 보어로서 앞의 "아는 것"(지식)이라는 단어를 부연 설명한다고 보는 것이다.

7. 기도하지 않는 구실

1. Lillian R. Guild, *Ministry* (1985년 5월 28일)
2. 이 헬라어 단어의 의미에 대해서는 이견이 있다. *anaideia*를 직역하면 '부끄러움을 모름'이라는 뜻이다. 일각에서는 부끄러움을 모르는 이 속성을 문간에 찾아온 사람에게 귀속시킨다. 그렇게 늦은 시각에 그렇게 많은 양을 요구하는 그는 '아주 경솔하다.' 어의를 확대하여 그 사람의 '염치없는 고집'을 뜻한다고 주장하는 사람들도 있으나 거의 확실히 틀린 해석이다. 이 단어의 의미 폭은 쉽사리 그렇게까지 넓혀질 수 없으며, 비

유의 취지는 문을 두드린 사람의 태도가 아니라 집 안에 있던 사람의 태도에 있다. 헬라어의 *anaideia*가 뜻하는 '부끄러움을 모름'이 약간 다른 의미일 수 있음을 알면 돌파구가 열린다. 흔히 '부끄러움을 모르는' 사람은 창피한 일을 저지르기 쉬운 사람이다. 자신이 수치를 유발하더라도 개의치 않기 때문이다. 그러나 헬라어에서 '부끄러움을 모르는' 사람은 수치당할 일이 없게끔 행동하는 사람일 수 있다. 행실에 말 그대로 '부끄러움이 없고' 아무런 수치도 없다는 뜻이다. 이렇게 해석한다면 이 단어는 집 안에 있던 사람을 지칭한다. 영어로 '부끄러움을 모름'(shamelessness)이라는 단어에는 그런 긍정적 어감이 없기 때문에 2011년판 NIV에는 "부끄러움 없는 대담함"으로 적절하게 옮겨져 있다.

8. 장애물을 극복하기

1. 헬라어로 *dokimadzō*
2. 헬라어로 *ta diapheronta*
3. 즉 *dikaiosynē*
4. 여기서 내가 말하는 부흥(revival)은 남침례교 같은 단체에서 쓰는 현대적 의미가 아니라 역사적 의미다. 전자의 경우 이 단어의 의미는 '전도 집회'와 대동소이하여 '부흥을 개최하다, 부흥을 기획하다'라는 표현이 가능하지만, 역사적 의미에서는 그런 용법이 우스꽝스러울 것이다.

9. 주권적이고 인격적이신 하나님

1. 이하의 논의는 다음 책에 하나님의 주권과 인간의 책임을 자세히 다룬 부분을 압축한 것이다. D. A. Carson, *How Long, O Lord? Reflections on Suffering and Evil* (Grand Rapids: Baker, 1990; Leicester: Inter-Varsity, 1991), 11-12장
2. "백성이 많다"라고 말할 때 아버지가 many 대신 much를 쓴 것은 당연히 그 시기(1950년대 후반)에 흠정역(KJV)이 입에 붙어 있었기 때문이다!
3. 다음 책을 참조하라. J. Gresham Machen, *The New Testament: An Introduction to Its Literature and History* (재판, Edinburgh: Banner of Truth, 1976), 320쪽. 이 책의 저자는 약간 후대의 신자들에 관한 글에 하나님의 자유를 이렇게 통찰력 있게 설명했다. "사도 교회의 모든 기도에 그런 개념이 팽배해 있다. 어느 기도를 보든 하나님께 나아

가는 사람은 인격체를 대하는 인격체로서 나아간다. 하나님은 자유로우신 분이며 무엇이든 자신의 뜻대로 하실 수 있다. 그리스도를 통해 그분은 우리의 아버지시다. 그분은 자신의 피조물에 구속받지 않으시며 자연계를 초월하신다. 자녀들의 유익을 위해 모든 일을 지배하시는 그분이야말로 기도에 응답하실 수 있는 하나님이다."
4. 이런 논지를 좀 더 공부하고 싶은 독자들은 다음 기사를 참조하라. Paul Helm, "Asking God"—*Themelios* 12 (1986-87): 22-24쪽. 다음 책도 유익하다. W. Bingham Hunter, *The God Who Hears* (Downers Grove, IL: InterVarsity, 1986), 특히 4장. (『프레어』 규장)

10. 주권자 하나님께 드리는 기도

1. 이런 어법은 골로새서의 경우와 마찬가지로(이 책의 6장 참조) 바울이 독자들이나 적어도 그중 대다수를 직접 만난 적이 없음을 암시한다. 이 편지의 수신자가 에베소 교회라면 이 구절의 어법을 설명하기가 꽤 어려워진다. 사실 "에베소에 있는 성도들"(엡 1:1)이라는 지칭이 원문에 있었는지도 의문시된다. 내가 판단하기에 "에베소에 있는"이라는 말은 원문의 일부가 아니었다. 이 편지는 에베소로부터 리쿠스 계곡 어귀에 이르는 소아시아 전역(요한계시록 2-3장의 "일곱 교회"가 퍼져 있던 그 지역)의 신자들에게 보낸 회람용 서한이었을 가능성이 높다. 만일 그렇다면 그런 편지가 첫 번째로 배달된 도시는 에베소였을 것이고, 에베소에 남겨진 사본에 초기부터 "에베소에 있는"이라는 말이 덧붙여졌으리라는 게 쉽게 상상이 된다.
2. 주제와 크게 관련된 것은 아니지만 23절의 뒷부분은 꽤 어렵고 그 의미도 주석에 따라 갈린다. 나는 이 구절 끝의 헬라어 분사를 능동태("충만하게 하시는")가 아니라 수동태("충만하게 되는")로 보고 싶다. 이때 "충만함"은 이 문구에 선행하는 전체적 사상과 동격을 이룬다. 그러면 대체로 이런 내용이 된다. 그리스도는 주권적 머리로서 교회를 주재하실 뿐 아니라 교회 안에 내재하고 교회를 온전히 충만하게 하여 "완전한 충족의 극점에 이르게"(H. 채드윅의 표현) 하신다. 그리스도 안에 신성의 모든 충만이 거하시며(골 2:9), 그분은 그 충만으로 교회의 모든 필요를 끊임없이 채우신다.

11. 능력을 구하는 기도

1. 이 부분은 문장 구조가 꽤 복잡하여 어절 간의 관계에 대한 주석자들의 의견이 엇갈리며, 따라서 개별적인 간구의 가짓수도 달라진다. 여기서는 내가 해석한 문장 구조에 따

라 주해했다.
2. J. I. Packer, *A Quest for Godliness: The Puritan Vision of the Christian Life* (Wheaton: Crossway, 1990), 69쪽. (『청교도 사상』 기독교문서선교회)
3. 다음 찬송가의 한 소절이다. Haldor Lillenas, "Far beyond All Human Comprehension" (1917)
4. John R. W. Stott, *God's New Society: The Message of Ephesians* (Downers Grove, IL: InterVarsity, 1979), 137쪽. (『에베소서 강해』 IVP)

12. 사역을 위한 기도

1. 그것이 다음 책들의 중요한 연구에서 나온 주된 결론이다. G. P. Wiles, *Paul's Intercessory Prayers*, SNTSMS 24 (Cambridge: Cambridge University Press, 1974). Peter T. O'Brien, *Introductory Thanksgivings in the Letters of Paul*, SuppNovT 49 (Leiden: Brill, 1977)
2. 그런 주장을 뒷받침하려면 언어적 유사성이 필요한데 그것이 전혀 없다. 다음 기사를 참조하라. David G. Peterson, "Prayer in Paul's Writings"—D. A. Carson 편집, *Teach Us to Pray: Prayer in the Bible and the World* (Grand Rapids: Baker, 1990), 99쪽 및 수록된 문헌들.
3. E. M. Bounds, *A Treasury of Prayer*, Leonard Ravenhill 편집 (Minneapolis: Bethany Fellowship, 1961), 159쪽
4. J. I. 패커가 인용한 것으로 다음 책에 실려 있다. David Hanes 편집, *My Path of Prayer* (Worthing, West Sussex: Henry E. Walter, 1981), 63-64쪽. (『기도의 오솔길』 두란노)

일러두기

서문에 언급했듯이 이 책의 내용은 본래 일곱 편의 설교로 준비되었다. 책을 읽는 일부 설교자들은 시리즈의 본래 구성이 어땠는지 알고 싶을 수 있다. 주제별 성격이 강한 별도의 장들은 각 강해 설교의 도입부에 살을 붙인 것이다. 일곱 편의 설교는 "Praying with Paul"이라는 제목의 시리즈였는데, 활자 매체에 적합하게 편집상 손을 많이 보았다. 설교 제목과 본문은 각각 다음과 같다.
1. 기초(살후 1:3-12): 책의 머리말과 2장과 3장

2. 사람들(살전 2:17-3:13, 특히 3:9-13): 책의 4장과 5장
3. 실천(골 1:1-14, 특히 1:9-14): 책의 1장과 6장
4. 탁월함(빌 1:1-11, 특히 1:9-11): 책의 7장과 8장
5. 신비(엡 1:3-23, 특히 1:15-23): 책의 9장과 10장
6. 능력(엡 3:14-21): 책의 11장
7. 사역(롬 15:14-33, 특히 15:30-33): 책의 12장

찾아보기

ㄱ

간구, "중보기도"를 참조
감사
  간구와 감사 143-145
  은혜의 징후와 감사 54-59
  하나님께 감사를 표현하며 다른 사람들을 격려함 123-127
  하나님의 뜻과 감사 148
  하나님의 주권과 감사 251-254
거룩함 65, 84, 297, 323
결혼 165-166
게으름 147, 177-178
공적인 기도 42-44
교만 171-174
그리스도인의 체험 259, 284-286
끈기 45-49
끊임없는 기도 128, 142-143
기도 목록 32-36
기도 없는 삶
  구실들 161-179
  목사들의 경우 194-196
  하나님에 대한 무지 301
기도의 모델들 29-32, 239-242, 272
기도의 의무 168-170

ㄴ

낙심 167
능력
  능력의 자원 280-282
  성령과 능력 285-286
  영적 변화와 능력 273-280, 282-283
  영적 성숙과 능력 290-294
  하나님의 너그러우심과 능력 301
  하나님의 사랑과 능력을 앎 282-290
  하나님의 영광과 능력 302-303

ㄷ

다니엘 16, 238-239, 254
다윗 16, 139, 219-223
동기 133, 205-206, 332

ㄹ

로버트 머리 맥체인 14, 24

ㅁ

마틴 로이드 존스 32, 207
말씀. "성경"을 참조
모세 239-242

ㅂ

바쁨 163-167, 193-194
변화 279-280
복음의 사역
  선교 324-327
  지도자들을 보호함 317-320
부르심 71-75, 259-260
부흥 199-202
빌 하이벨스 25

ㅅ

삼위일체 235, 276
새 하늘과 새 땅 60, 67, 199-200, 260
선택 226-229, 236
성경
  기도의 기초 36-42, 139-140, 149
  성경 읽기 23-24
  "하나님의 뜻"을 참조
성령
  능력 156, 273, 285-286
  사랑 310-311
  성령의 중보 42
  역사하심 200

열매 198-199
은사 183
하나님과 성령을 아는 지식 150, 255-256
속사람 273-276
솔로몬 139
수치 151-153, 176
순결. "흠이 없음"을 참조
스탠웨이 주교 207
시편 309-310
신원 59-63, 67-68
씨름 312
C. S. 루이스 46-47

ㅇ

아모스 241
악의 문제 232-233
R. A. 토레이 288
열매 맺는 삶 76-78, 154-155, 198-199, 236, 322
영원
  영원에 투자함 189-190
  영원의 관점 76, 85-86, 207
  영원한 가치 74, 134, 206, 260
영적 성숙 55, 60, 74, 79, 154, 184-193, 282, 293-294, 297
영적 전투 130-131, 313-316
예레미야 16
예수 그리스도
  교회의 머리 265
  그리스도의 날 189, 196-200

그리스도와의 연합 264-265
그분께 합당한 삶 157-159
내주하심 276-278
높여지심 264
부활 263-264
사랑 283-295
십자가 65
영광 79-82
주권 265-266
예수의 재림 61-62, 198-200
욥 157, 222, 232
용서 64-66, 109-111, 174-176
우상 숭배
원한. "용서"를 참조
윌리엄 캐리 183
응답되지 않은 기도 310, 329-333
의
 의의 열매 196-199
E. M. 바운즈 327
인간의 책임 217-230, 234-235
인내 57-59, 84, 156, 198
일기 쓰기 25-26, 33

ㅈ

자기중심성 39, 66, 146, 199, 293, 302
자유 231
짝기도의 관계 26-29
J. I. 패커 16, 48-49
조셉 하트 316
조지 뮐러 183
존 스토트 294

종말론 61, 82
죄 79, 108-111, 157-158, 174-176, 200, 281, 302
중보기도
 사례 239-242
 하나님의 뜻과 중보기도 296-300
 하나님의 은혜와 중보기도 83-85
 하나님이 정하신 수단 242
진 소피아 피고트 278-279

ㅊ

찬양 36, 58-59, 253
찰스 스펄전 44
천국 62, 199
청교도들 25, 45-46, 279

ㅌ

탁월함 185-193

ㅍ

플로렌스 채드윅 85

ㅎ

하나님
 거룩하심 65
 능력 200, 262, 276, 285, 287, 293, 302-303, 313-314
 불변하심 216
 사랑 288-295
 신비 230-234, 242, 266
 아버지이신 하나님 255-257, 260,

298-300, 332
영광 255-257, 302-303
은혜 82-85
인격성 234, 239, 243-244
정의 64-67
주권 36-40, 213-244, 251-266
초월성 234-235
하나님을 아는 지식 13, 16, 148-150, 154-156, 158-159, 255, 259, 301
하나님의 뜻 40, 145-150, 237

하나님 나라 59-60
하나님의 목적 또는 계획. "하나님의 뜻"을 참조
하나님의 사람들
  그들을 향한 사랑 115-134, 184-187, 206
  영화 79-82
  정체 261
흠이 없음 133-134, 196-197
히스기야 173